Markgräflerland

Ein Gang durchs gelobte Land

Wolfgang Abel

Römerberg
Gutedel

Inhalt

Wir werden ausgehen und einkehren

Es kann später werden

Zwischen Rhein und Schwarzwald, über den Reben am Badenweiler Römerberg, liegt die Himmelswiese. Gutedel in steiler Reihe, Panorama mit Hochblauen und Vogesen, Wanderwege in alle Richtungen. Die Himmelswiese ist ein Sprungbrett für die Sinne. Auch am Tüllinger, auf der Stelli bei Feuerbach, am Castellberg, auf der Muggardter Höhe – Himmelswiesen und Panoramawege.

Losgehen, sich treiben lassen. Dörfer, Hausgärten und Neubauviertel studieren. Zum gelobten Markgräfler Land gehören nicht nur Weinberge und Winzerhöfe, sondern auch Milchschaumviertel und Gewerbegebiete. Auch da kommen wir vorbei.

Wir werden Gasthäuser und Wegweiser besuchen, die Hirschen, Rebstock und Paradies heißen. Wir werden in Weingärten und Vesperstuben Platz nehmen. Es kann später werden.

Hintenrum fahren, wo Land und Straße eins sind

1

Die Markgräfler Panoramica

Angenommen, ein Freund käme zu Besuch. Einer, der noch nicht im Südwesten war. Unsere erste Tour durchs Markgräflerland ginge von Staufen über Badenweiler nach Kandern und weiter über Ötlingen bis nach Tüllingen. Wir würden über die Dörfer ziehen, auf krummen Nebenstraßen fahren, öfter aussteigen, absteigen, sitzen bleiben. Am Ende des Tages läge das Land wie ein offenes Buch vor uns. Auf der einen Seite das Gehügel des Markgräfler Wein- und Obstlandes, auf der anderen der hohe Schwarzwald. Wir mittendrin. Das Ganze funktioniert aber nur hintenrum.

Hinde umme sagt hier, wer auf den Haupteingang verzichtet und gleich in die Werkstatt geht. Die Landstraßen Nummer 125 und 132 erschließen in cremigen Schwüngen Dörfer, Rebhänge und abseitige Winkel – es sind Straßen, die bewegen.

Auf unserer schrägen Tour hätten wir manches zu besprechen, dazwischen könnten wir auch schweigen und staunen – deshalb heißt diese Strecke Markgräfler Panoramica. Und genau deshalb ist dieses erste Kapitel wie ein langes Vorwort. Wer es gelesen hat, ahnt, worum es in diesem Buch geht. Ex-

Wege, Blicke, Trockenmauern – Castellberg bei Sulzburg

akte Touren und Details folgen später. Wer auf den folgenden Seiten keine Lust aufs Land bekommt, kann es auch lassen. Ich kann nicht mit allen gut Freund sein und will es auch nicht.

Trockenmauern, Aktivmärkte, Pendler Wahrscheinlich würde ich auf unserer Tour schon bei Sulzburg anhalten und eine Runde über den Castellberg drehen, der auch *Kastelberg* heißt. Hoch auf einen der Rebwege, die den 439 m hohen Bergkegel wie Creolen schmücken; besetzt mit zwei Kilometern langen, aufwendig restaurierten Trockenmauern. Es gibt keinen Markgräfler Soli, aber reichlich Ausgleichstöpfe und Landeszuschüsse. Viele Anträge später steht dann da und dort eine mächtige Bruchsteinmauer, die nach alter Manier ohne Mörtel aufgeschichtet wurde.

Eine aufwendige Natursteintreppe führt am Castellberg zum Aussichtsplatz bei der Schutzhütte. Wir schauen auf Spitzenlagen, die von Investment-Winzern zu ehrgeizigen Preisen vermarktet werden, aber dazu später. Außerdem würden wir den Übergang von der Staufener Bucht zum Markgräfler Vorbergland besonders gut sehen.

Bei Britzingen – Landschaftsstraße Nr. 125

Das Markgräflerland ist keine Reinkultur, sondern Sowohl-als-auch-Landschaft. Dörfer, Kleinstädte und industrielle Flächenlandwirtschaft, abgängige Höfe und kleinteiliges Gartenland im steten Wechsel. Mobile Pendler und eigensinnige Nischenbewohner bilden ein soziales Puzzle. Die Grundstimmung ist eher nostalgisch, manchmal auch etwas wurstig bis brummig, oft einfach schön. Ein Land wie ein Gemischtwarenladen, volles Sortiment.

An der Landstraße 125 bei Dottingen steht gegenüber von einem Feld mit SB-Schnittblumen ein blau-gelb gestrichener Edeka-Aktivmarkt. Parkplatz mit obligatorischer Grillhähnchenstation, geschnittene Blattsalate als Beutelware, Quinoa-Snacks. Nur drei Kurven weiter in Laufen warten Bauernläden hinter alten Mauern.

Zwischen Dottingen, Sulzburg und Laufen würde ich meinem Freund zum ersten Mal sagen, daß die Koexistenz von Gewölbekellern und Aktivmärkten typisch Markgräflerland ist. Wie der Wechsel von Bruchsteinmauern und Neubaugebieten. Kachelofen und Wärmepumpen haben wir auch.

Altes Land – Staudengärtnerei und Kirchturm in Laufen

Die Weinstraße hintenrum Um Laufen wird die Landstraße 125 endgültig zur Landschaftsstraße. Das Etikett *Badische Weinstraße* klingt zwar verzopft, entspricht aber den Gegebenheiten. Manchmal wächst das Rebland fast zum Auto rein, oder die Pracht einer Gärtnerei. Allein wie die L 125 hinunter nach Laufen führt. Wie der spitze Kirchturm unvermittelt erscheint, davor die Beete der Staudengärtnerei *Gräfin von Zeppelin*, gerahmt vom Rebmeer, über allem der Hochblauen – das wären schon mal Markgräfler Ideallinien. Vornerum führt übrigens die B 3 durch's Markgräflerland. Die Bundesstraße überläßt der Genußfahrer den Lieferanten.

Vom Winzerhof zum Showroom Der historische Kern von Laufen steht als Ensemble unter Denkmalschutz. Am alten Grundriß des Winzerdorfes hat sich bis heute wenig geändert, die Speckgürtel außenrum sind jedoch reine Neuzeit. Die Denkmalpflege im Regierungsbezirk Freiburg nennt ein Dutzend Dörfer mit einer vergleichbaren historischen Substanz, im Markgräflerland gehört auch das benachbarte Britzingen dazu. Beide Orte besuchen wir später noch eingehend.

Neue Heimat – Buchskegel an Zierschotter

Historische Höfe prägen noch heute das innere Ortsbild Laufens. Viele Wohnhäuser wurden gestelzt gebaut, mit hohem Kellergeschoß, um die Weinernte in großen Fässern lagern zu können. Vereinzelt sind noch die außenliegenden Treppen erhalten, die von zwei Seiten zum hoch gelegenen Hauseingang führen. Die Formensprache eines Winzerhofes ist nicht nur optisch bemerkenswert. Das auf Generationen angelegte Geschäftsmodell, ohne das der Bau eines Weinkellers sinnlos wäre, wirkt mittlerweile wie ein Relikt. Patchwork-Familien bauen keine Gewölbekeller, Getränketechnologen und Winzer-Investoren auch nicht.

Die neuen Weingüter erinnern mich mit ihrer Schaufenster-Architektur an Autohäuser. Ich bin überzeugt, daß in Weingütern mit einem historischem Keller eine andere Haltung zum Wein reifen kann, eine, die man auch schmeckt.

Vom Garten zum Schotter Im Neubaugebiet stehen Lebensabschnittshäuser mit elektrischen Garagentoren und blickdichten Hecken, Zierschotter setzt Akzente, Vorgärten werden gerne mit koloriertem Rindenmulch verhübscht. Mit etwas

Kein Sommer ohne Tomaten – in Laufen, Weinstraße Nr. 8

Phantasie kann man sich den Alltag hinter Zierschotter ausmalen. Ich fahre mit Freunden gerne durch Neubaugebiete. Wir reden dann über die Häuser wie über Bücher. Ein Zaun, ein Vorgarten, eine Haustür ist wie der erste Satz einer Kurzgeschichte. Manchmal könnte man Vorgärten einfach nur zuklappen.

Obst und Gemüse, Prädikatsweine und Bremsgriffe Mehr eßbare Landschaft und Manufaktur als auf der Ortsdurchfahrt von Laufen ist selten. Der Slogan „Vom Acker auf den Teller" wird hier Realität. Obst, Gemüse & Wein – alles direkt vom Erzeuger, aber nicht nur: im Atelier *Rad-Unikat* zeigt Philipp Lanz ein Händchen für die Rettung, Optimierung und Wiedergeburt von Rennmaschinen. Mein 30 Jahre altes Einzelstück von Walter in Offenburg hat Meister Lanz jedenfalls vor drohender Mumifizierung im Heizungskeller gerettet und zu neuem Leben erweckt. Nur zwei Häuser weiter, im *Hofladen Hug* an der Weinstraße Nr. 8, gibt es jeden Sommer ein selten breites Sortiment sonnengereifter Freiland-Tomaten.

Also würde ich mit meinem Freund beim großen Brunnen

Duft von Erde und Brot – Hofladen an der Laufener Weinstraße

in der Ortsmitte anhalten und auf einen etwas anderen Ladenbummel gehen. Ochsenherzen und Berner Rosen, Campagnolo-Anbauteile für das Schätzchen zuhause, frisches Gemüse, rustikale Zutaten und Bauernbrot in *Grethers Kellerladen*. Und gleich schräg gegenüber die famosen Weine aus dem VDP-Weingut Schlumberger-Bernhardt. Der leichte, quellfrische Gutedel von dort zählt zu den besten im Land, die komplexen Spätburgunder von Pinot Noir Reben auch, Obstbrände ebenso. Mehr zu diesem kleinen, feinen Referenzweingut (mit traditionellem Weinkeller) auf Seite 353.

Das Restaurant an der Laufener Weinstraße nannte sich früher sinnigerweise *La Vigna,* nach einem Küchen- und Systemwechsel heißt es seit 2019 *3 Lis – casual fine dining*. Unter Indigenen wird der Auftritt fusionierter Modernküche eher zurückhaltend bewertet. Es dauert etwas, bis der Markgräfler übersichtlich portionierte und arrangierte Elemente in sein Herz schließt. Die schattige Pergola-Terrasse hinterm Haus gehört freilich zu den Verlockungen der Landstraße, ein Sommertag läßt sich dort in genüßlicher Halbdistanz gut aushalten.

Im Hinterland vom Hinterland – Kirchhof in Betberg

Nach Betberg und St. Ilgen Am kapitalen Laufener Dorfbrunnen begänne auch unsere Schleife über St. Ilgen, Betberg und Gütigheim. Winzige Weiler, zwischen Rebhügel geduckt. Massige Kirchtürme mit steilen Satteldächern als historische Landmarken. Das richtige Geleit für eine gelassene Kutschpartie, hätte man früher gesagt. Heute ideal für eine gemütliche Radtour.

Die evangelische Betberger Kirche, erbaut im 12. Jahrhundert, liegt wie eine Festung über dem Rebland, umgeben von Gräbern hinter buckligen Friedhofsmauern, die von oberarmdicken Efeuranken gehalten werden. Auf dem Betberger Gottesacker stand eine alte Linde, ihre riesige Krone wurde jüngst wegen Alterschswäche gestutzt. Im Herbst versammelten sich dort immer Scharen von Zugvögeln zum Abschiedskonzert, die werden sich nun einen anderen Saal suchen müssen.

Sonst gibt es kaum Großveranstaltungen in Betberg, außer Glockenschlag, Gottesdienst und ab und an eine Hochzeit vor romantischer Kulisse. Weiter auffallend: die eingesetzte Glastür wirkt im romanischen Baukörper wie eine Faust im Auge; im Treppenaufgang zum Chor ist eine restaurierte historische

Maximal zulässige Höchstgeschwindigkeit bei St. Ilgen

Wandskizze rebellischer Bauern zu sehen – der Blick der Revolutionäre geht aber immer noch ehrfürchtig nach oben.

Blauenblick und Storchennest An der einzigen Kreuzung zwischen Betberg und St. Ilgen lädt eine Blauenblick-Bank zum Anhalten – und schon wieder ein Grund zum Sinnieren. Wo bitte stehen sonst noch Ruhebänke an einer Straßenkreuzung? Die anschließende kurze, abschüssige Talfahrt nach St. Ilgen ist Zone 70, was mir angesichts der reizenden Landschaft zu schnell erscheint.

Um Betberg und St. Ilgen ist Hinterland vom Hinterland, idyllisch anzusehen, sozial ruhig bis entschlafen, aber nicht ohne die Strukturprobleme des ländlichen Raums. Die Ernte von gut 150 Hektar Reben vermarktet die Winzergenossenschaft in Laufen derzeit noch. Bei den wenigsten Genossen ist der familiär anstehende Generationswechsel gesichert. In den kommenden Jahren wird die Genossenschaft also weiter schrumpfen.

Die Jungen fahren auch im Markgräflerland lieber im Cabrio oder MTB als auf dem Schmalspurschlepper durch das Land.

Unterwegs auf Bummelstrecken – bei Laufen

Und auf der familieneigenen Obstwiese hinter der Scheune wachsen eher neue Wohnkisten als Obstbäume. Die Folgen sind klar: einerseits mehr industrielle Großflächenlandwirtschaft, andererseits mehr Alibiveranstaltungen, initiiert von Moralfunktionären und Storchenbeauftragten. Es müßte mal jemand untersuchen, welchen Sinn der Bau von Krötentunneln hat, wenn gleichzeitig auf bald jeden Kirchturm Storchennester montiert werden. Auch über solche Sachen würden wir unterwegs reden.

Tabula rasa im Garten Eden Aber auch das müßte ich einem Freund sagen: Das Mosaik des Markgräfler Gartenlandes wird es in einer Generation so nicht mehr geben. Eine nachhaltige Kleinflächenlandwirtschaft mit tiefer Wertschöpfung hat keine Lobby, sie stirbt leise. Während Weltenretter immer lauter trommeln und einen Untergangstrend nach dem anderen professionell bewirtschaften.

Auch bei der Spezies Landgasthof ist das Artensterben schon fortgeschritten. In vielen Dörfern mitten im Garten Eden ist Tabula rasa. Kein verträumter Wirtsgarten, auch zwischen den

Zwei Bänke, ein Panorama: Blauenblick bei St. Ilgen

Kirchtürmen von Britzingen, Laufen, Betberg und St. Ilgen, keine Abendsonne, die das erste Glas zum Leuchten bringen könnte. Ein kluger Fahrensmann sagte einmal, Heimat sei dort, wo einen der Wirt kennt. Wo es keine Wirtschaft mehr gibt, stirbt Heimat.

Dafür stehen gleich zwei Ruhebänke mit Blauenblick am Sträßle von St. Ilgen nach Laufen. Werktags setzt am frühen Abend beachtlicher Pendlerverkehr ein und der Pendler im ländlichen Raum hat es eilig. Besonders dort, wo sich das Trödeln lohnt, also auch zwischen Betberg, St. Ilgen und Laufen.

Altbau ist seeliger denn Neubau Hinterland klingt romantisch, das Hinterland hängt aber längst am Schichtbetrieb der Spezialisten und stillen Marktführer, deren Produktionshallen weiter im Westen längs der Rheinschiene stehen. Nur die alten Gewann-Namen erinnern noch an das Dorf als Arbeitsplatz: „Weidengrund, Hahnengraben, Bohnacker, Märzenbrünnle". Das Märzenbrünnle steht jetzt in Schwundform neben dem Carport, als Bonsai-Biotop mit Umwälzpumpe.

Was lang hält, sieht auch gut aus – auch in Betberg

Einzelne Hofstellen sind freilich bemerkenswert renoviert, am Ortsrand von St. Ilgen, wo die Hohlenbergstraße mit weichem Schwung nach Betberg führt, stehen prächtige Anwesen am Dorfrand, der dadurch sein markantes Profil behält. Und jedesmal erfreut so ein Gebäude, das Jahrhunderte übersteht und noch länger stehen wird als manche korrekt vermummte KfW55-Wohnkiste. Vielleicht spricht es sich auch unter Architekten und Bauherrn rum: Nachhaltig und ökologisch ist nicht der Neubau mit kurzer Halbwertszeit, sondern der über Generationen genutzte und gepflegte Bestand.

Wir fassen zusammen Nach Laufen führen Straßen, die der Landschaft folgen und nicht umgekehrt. Hinter den uralten Dorfkirchen von St. Ilgen und Betberg grüßt der Blauen selbstbewußt, wie es sich für einen Hausberg gehört. Davor das Markgräflerland als üppige, brüchige Idylle. Ausrangierte Holzleitern hängen unter Scheunendächern, Streuobstwiesen gehen in Ruhestand. Obst gibt es trotzdem, im Edeka-Markt.

So eine Schleife über Land eignet sich nicht nur als Ausflug unter Freunden, sondern auch als Entdeckungsfahrt für ange-

Landmarke am Markgräfler Weinweg – Muggardter Rebhäusle

hende Paare. Wenn es auf einer Landpartie immer einsilbiger und verzwungener wird, könnte auch der Alltag holprig werden. Wenn sich zwei am Schwung eines Hügels freuen können, gutes Handwerk im Scheunendach erkennen, die gleichen Ruhebänke am Weg schätzen, dann sind das ernst zu nehmende Zeichen.

Man wird ja nie eins mit dem Anderen, aber dieselben Wege, Dächer und Rastplätze wären ein Anfang. Der Genuß von Landschaft verbindet wie gemeinsames Essen. Außerdem: wo sonst läßt sich die Kunst des einvernehmlichen Schweigens so üben wie an einem Herbsttag in Markgräfler Weinbergen?

Kleines Dorf, großes Panorama Auch die aussichtsreichen Rebberge oberhalb von Britzingen und Laufen eignen sich hervorragend zum synchronen Erleben. Der Fernwanderweg *Markgräfler Wii-Wegli* verläuft hier besonders panoramisch. In Muggardt grüßen drei knochige Eichen am Ortseingang, ein halböffentlicher Stammtisch steht in der Mitte des idyllisch versteckten Weilers mit gerade mal drei Dutzend Häusern. Darüber die Landmarke eines solitär stehendes Rebhäusles,

Abgerechnet wird später – Vollernter im Einsatz

flankiert von zwei Pfirsichbäumchen. Wer dort oben nicht vom Markgräflerland berührt wird, kann in der Toskana bleiben. Zwischen der Pfirsichblüte im März und der Weinlese wartet ein Garten ohne Zaun, horizontweite Sicht über den Rhein bis zu den Vogesen im Westen. Mehr Details zum Weinweg ab Seite 270.

Grapeliner und Discounter-Wein Während der Weinlese begegnen einem mitunter jene hochbeinigen Vollernter, die in einer Stunde maschinell vom Rebstock rütteln, was zehn Erntehelfer am Tag kaum schaffen. Wenn ein Vollernter in Aktion ist, klingt Weinlese, als wäre eine Straßenkehrmaschine zwischen den Reben unterwegs. Darunter leidet die Kalenderblattstimmung natürlich etwas. Andererseits sind die Automaten oft in den frühen, noch kühlen Morgenstunden vor Ort, damit das Lesegut nicht unter der Tageshitze leidet.

Weinlese hört sich gemütlich an, sie wird aber nach Maschinenminuten abgerechnet. Nüchtern wirbt ein Hersteller für seinen *Grapeliner:* „…die Möglichkeit, mit 40 Stundenkilometer Straßengeschwindigkeit den Einsatzort zu wechseln,

Ein Garten ohne Zaun – am Rosenberg bei Zunzingen

wird Sie ebenso erfreuen, wie die Tatsache, daß Sie nach einem langen Arbeitstag schneller zu Hause sind!“ Folglich gehört auch der pittoreske Tisch mit vespernden Lesehelfern zu den aussterbenden Motiven im Markgräflerland.

Maschinenlese klingt nicht nur wie eine Kehrmaschine, sie funktioniert auch so ähnlich. Die Trauben werden vom Stock gerüttelt und dann von einem Luftstrom gereinigt und gesammelt. Ein differenziertes Sortieren wie bei der Handlese – sofern mit Sorgfalt ausgeführt – ist bei Maschinenlese freilich nicht möglich.

Wer über Automatisierung im Weinbau und Vollernter klagt, sollte bedenken, daß die selektive Handlese von Trauben, womöglich in Klein- und Steillagen, nicht umsonst ist. 2,99 Euro Flaschenweine und Qualität gehen eben nicht zusammen.

Jeder hat die Wahl Stimmt, seit Jahr und Tag ist aber maximal ein Viertel der Deutschen Weinkenner bereit, mehr als drei Euro für eine Flasche Wein auszugeben. Also bestimmen Vollernter auch im Markgräflerland die Lese, maschinengängig angelegt sind die meisten Hänge ohnehin längst.

Britzingen am Abend – „Da saßen und tranken sie."

Zwischen den beiden Müllheimer Niederlassungen von Aldi und Lidl gibt es übrigens einen Verkehrskreisel mit einer symbolischen Weinbergmauer. Die Installation zeigt die Verhältnisse ganz gut, Feinkost Albrecht, Lidl und Rewe gelten mit einem Marktanteil von gut 60 Prozent als größte Weinhändler der Nation.

Nur so eine Ahnung So etwa in zehn Jahren, parallel zur Einführung digitaler persönlicher Moralkonten, nach Umwidmung der letzten Landgasthöfe in staatlich zertifizierte Ausgabestellen für rückstandsgeprüfte Verpflegung, in einem Jahrzehnt, wenn die Wegfahrsperre im E-Mobil nach einem Schorle anspricht, wenn öffentliches Sitzen, Trinken und Schmorbraten essen zu Punkteabzug im flächendeckend vernetzten Ökomonitoring führt, dann leben wir endlich in der schönen, neuen Welt.

Die Europäische Serviceagentur für ein Gutes Leben (ESAGUL) wird Lehrfahrten auf der ehemaligen Badischen Weinstraße veranstalten. Von zuverlässigen Künstlern bunt bemalte Elektrobusse werden vor ehemaligen *Ochsen* und

„Geschützt in einer Mantelfalte" – Römerberg und Badenweiler

Hirschen langsamer fahren. Gutmeinende Aktivisten werden auf denkmalgeschützte, freilich toxische Wirtshausschilder zeigen: „Schaut mal, da saßen sie früher und haben Gutedel flaschenweise getrunken. Unverbesserliche haben Fleischbrühe aus großen Schüsseln geschöpft und Blut-und Leberwürste bestellt. Danach sind sie im Verbrenner nach Hause gefahren und haben es vor dem Kachelofen getrieben. Ein Segen für Mensch, Sitte und Klima, daß solche Zeiten vorbei sind." Auch solche Geschichten denken sich zwei Freunde aus, die auf der Markgräfler Panoramica unterwegs sind.

Über die Schwärze zu Badenweilers Mantelfalten Von Britzingen führt die Schwärzestraße über einen 431 Meter hohen Sattel nach Badenweiler. An der Paßhöhe beginnt der kürzeste Zugang zur Ruine Neuenfels (vgl. S. 29). Die Schwärze-Anhöhe lohnt einen Halt, sie bietet, wie der Römerberg gleich nebenan, ein besonders schönes Panorama von Badenweiler mit dem 1.167 m hohen Hochblauen im Hintergrund.

Die Autorin ANNETTE KOLB (1870-1967), in den 20er und 30er Jahren RENÉ SCHICKELES Nachbarin in Badenweiler, schrieb

Barrique, Parkett, Furnier – Werteichen auf der Schwärze

zur reizenden Lage des Thermalbades am Fuß des Blauen, es läge „geschützt in einer Mantelfalte". Schon länger hat sich in Badenweilers Mantelfalten etwas Staub angesammelt, aus der Halbdistanz wird Kolbs Zitat noch heute offensichtlich.

Kapitale Werteichen In den Wäldern westlich der Schwärze stehen wertvolle Laubhölzer. Die Holzernte wird im Winter ab Dezember auf dem Schwärzeparkplatz präsentiert. Die Stämme liegen dann in Reihe wie eine Jagdstrecke. Wer mit der Hand über die Schnittfläche einer Eiche streicht und den typischen Duft atmet, wird nebenbei auch an jene barriquelastigen Weine erinnert, die Mode waren und sind, aber auch als „Schreinerweine" verspottet werden. In den letzten Jahren kam fast die Hälfte der Gebote, die auf Markgräfler Eichen abgegeben werden, von französischen Holzhändlern und Faßproduzenten.

Vollherbst – Schwärze, Innerberg, Hochblauen

Die obere Zahl der Bemaßung auf der Schnittfläche steht für die Stammlänge, die untere für den mittleren Durchmesser. Die kapitalen Stämme aus den Wäldern am Römerberg sind über 100 Jahre alt, Längen über zehn Meter und Durchmesser über 70 cm sind keine Seltenheit. Solche Stämme haben dann um die drei Festmeter Holz, bei einem Erlös je Festmeter Eiche um 700 Euro kann ein Stamm also um 2.000 Euro bringen, je nach Qualität und aktueller Nachfrage, die freilich stark schwankt. Am teuersten sind Stämme für Furnierholz. Walnuß bringt derzeit deutlich mehr als Eiche, Buntlaubhölzer wie Ahorn liegen auf dem Niveau von Eiche, die von der Trockenheit betroffene Buche aktuell weit darunter. Wobei die Furnierholzpreise je nach Wohntrend (hell/dunkel) schwanken.

Gutes Stammholz verspricht somit einen Ertrag, der beim zehnfachen von aufgearbeitetem Brennholz liegt. Wer um Wert und Schönheit von ausgesuchten Stämmen weiß, geht vielleicht mit mehr Ehrfurcht – und Genuß – durch einen Nutzwald. Anschauung bieten jene Laubwälder, die direkt beim Parkplatz Schwärze beginnen. Außerdem: Regionale Küche und ein Esstisch aus heimischem Holz passen zusammen.

„Hocken bleiben" – Feierabend, Ochsenterrasse Ötlingen

Pause machen Wir sind jetzt schon ein paar Seiten unterwegs, durch die Hintertür, auf Nebenstraßen, mit Ansichten, die sich daraus ergeben. Langsam dürfte klar sein, wie es weitergeht: landschaftsverbunden, lustbetont, einer Einkehr nicht abgeneigt. Also Zeit für eine erste Pause.

Das nahe Badenweiler ist eher Ziel als Etappe, deshalb gibt es dazu ein eigenes Kapitel ab Seite 229. Ein paar Kilometer weiter im Süden beginnt dann das Markgräfler Oberland. Johann-Peter-Hebel-Land, Schatzkästlein und Paradiesgärtle. Neuerdings auch ein großer Beschleunigungsstreifen, jeder muß, alles fließt. Manche Nische am Rande des großen Stroms werden wir auf den folgenden Streifzügen anschauen. Aber nicht alles. Wer alles sehen will, bekommt nichts mit.

Von Weil-Ötlingen oder von der Tüllinger Höhe aus gesehen, wirkt der Zusammenfluß von Autobahn und Rhein, Stadt und Provinz, durchaus erhaben. Der Blick reicht übers Rheinknie und wie so oft im Südwesten gibt es nebenan eine Vesperterrasse. Wo sich Wanderweg und Weinkrug die Hand geben, werden wir rasten. „Komm ins Offene! Freund!", sprach Hölderlin. „Bleib' hocken!", sagt der Markgräfler. Beide haben recht.

Weinweg und Himmelswiese am Badenweiler Römerberg

Günstige Ausgangspunkte am Weinweg nahe der Landstraße125, Staufen - Sulzburg-Laufen - Müllheim-Britzingen: **Bei Sulzburg** Parkplatz am Fuß des Castellberges (Wegweiser gegenüber vom Sulzburger Sportplatz oder am Wanderparkplatz). Aussichtsreiche Rundwege führen um den Castellberg und das Naturschutzgebiet an der bewaldeten Kuppe (439 m), viele Varianten.

Zwischen Laufen und Britzingen Der Wanderparkplatz Muggardter Höhe (405 m) liegt nahe beim weithin sichtbaren Rebhäusle (Bilder S. 8, 21). Die gut 5 Kilometer lange Weinweg-Etappe Britzingen-Muggardt-Sulzburg gehört zu den schönsten Partien des Markgräfler Weinweges.

Zwischen St. Ilgen und Betberg Die Straßenkreuzung (Wegweiser: Am Kreuzweg, 284 m) zwischen den Dörfern wäre eine Wegmarke für Radtouren in der Vorbergzone des Hochblauen. Kaum Verkehr, weite Sicht auf das nördliche Markgräfler Hügelland.

Bei Badenweiler und Müllheim Schwärze-Waldparkplatz. Festplatz des Britzinger Sommerfestes Ende Juli. Wegweiser (435 m). Zur Burgruine Neuenfels 1,8 km; der ansteigende Waldweg kreuzt den Ehebach und endet auf einer Zinne der Anlage auf 595 Metern Höhe; grandioses Panorama über die Südwestecke Deutschlands. Zum Römerberg 2,5 km

Niederweiler-Friedhof (Wanderwegweiser, Parkplatz) guter Einstieg auf den Weinweg, weiter nach Norden z.B. über: In den Hürsten, Himmelswiese und Römerberg nach Britzingen, Muggardt, Sulzburg.

Erbauung seit Jahrhunderten – am Tüllinger Lindenplatz

2

Pilgern am Tüllinger

Alle waren schon mal auf dem Tüllinger. Historische Referenzmarkgräfler wie Johann Peter Hebel, der Maler Hermann Daur, stille Naturen, grillende Rowdies, Philosophen, Floskelanten und die ganze Vogelschar. Seit Jahrhunderten pilgern Suchende auf die Höhe und hinterher sehen wir klarer und weiter. Auf einer Rangliste von Markgräfler Erleuchtungsorten läge der Tüllinger weit vorn.

Dabei erscheint das letzte Stück Südschwarzwald von der Ebene aus gesehen zunächst undramatisch. Ein Höhenrükken zwischen unterem Wiesental und Rheintal, höchstens 460 Meter hoch, mehr gestreckte Anhöhe als Berg. Oben Laubwald, anschließend Reben, nebst einem Mosaik aus Obstwiesen und Schrebergärten. Unten rum die näher kommenden Siedlungsränder von Weil und Lörrach. Im Süden mit dem Tüllinger Lindenplatz ein weiter Balkon über dem Alltag.

Daseinsverstärkung Von einer Aussichtsbank auf der Tüllinger Höhe betrachtet, sieht manches gleich anders aus: es lockt ein Premium-Panorama mit Schwarzwald, Jura, Vogesen und einem Rheinknie, das zur verflochtenen Metropolregion wurde. Seit jeher reicht der Atem Basels bis weit ins Markgräflerland hinein, vom Tülllinger aus wird diese Dominanz besonders

Beginn des Markgräfler Weinweges in Alt-Weil

deutlich. Man blickt auf einen Landstrich, der wie kein anderer im Südwesten während der letzten Jahrzehnte verändert, durchgemischt und verdichtet wurde. Das Dreiland am Rheinknie wurde im Sog von Weltkonzernen wie Roche, Novartis et al. zu einem Labor der Moderne. Die Wirtschaftskraft des 200.000 Einwohner Stadtkantons Basel entspricht in etwa der einer wohlsituierten westdeutschen Millionenstadt. Auch das stille bis klammheimliche private Kapitalvermögen dürfte bei weitem höher sein als in deutschen Bling-Bling-Metropolen.

In Zürich lebt man vom Zins, in Basel vom Zinseszins, heißt es jedenfalls in der Schweiz. Auch vom Tüllinger aus betrachtet, erscheint das Rennen im Laufrad durchaus freundlich. Oft liegt ein gnädig weich zeichnender Dunst über dem Rheinknie mit den beiden Roche-Türmen, die aus der Ferne etwas Bauklötzchenhaftes haben.

Höhe verzaubert, auch wenn über Basel ein weiter, oft föhnig heller Himmel steht, könnte man auf dem Tüllinger fast glauben, daß dort unten alle nur spielen wollen, auf dem großen Campus zu beiden Seiten des Rheins. Aber das ist die eine,

Hoch hinaus – Blick von Ötlingen gen Basel

die globale Sichtweise. Gleich nebenan geht es sehr regional weiter, auf dem Wii-Wegli durch Gutedelland.

Wege am Tüllinger gibt es viele Vom Parkplatz in Obertüllingen sind es nur ein paar Schritte zum zentralen Wanderwegweiser am Lindenplatz (430 m), womit zugleich das populärste Eck eines prominenten, viel besuchten Balkons erreicht wäre. Von Ötlingen führt ein historischer Marktfrauenweg über den Buckel rüber nach Lörrach, auch sehr beschaulich, aber deutlich ruhiger als die freizeitaktive Variante über den Lindenplatz.

Das Wii-Wegli ist der Markgräfler Charakterweg und seine Auftakt-Passage gehört zu den Höhepunkten. Man könnte auch unten in Alt-Weil bei der Kirche beginnen, wo es einen zweiten Lindenplatz gibt. Ein historisches Emailleschild an einer Kastanie markiert den Verlauf, der über 82 Kilometer von Weil bis nach Freiburg-St. Georgen führt und die Tüllinger Höhen natürlich nicht ausläßt – oberhalb der Reben führt die Route panoramisch nach Ötlingen.

Von Alt-Weil über den Tüllinger-Panoramaweg bis rüber

Nah und näher – Tüllinger Reben, Weiler Häuser

nach Ötlingen sind es nur knapp vier Kilometer, aber schon diese Kurzstrecke erschließt ein buntes Spektrum menschlichen Strebens. Heute sind kaum noch Marktfrauen unterwegs, eher Damen mit leichtem Gepäck und Zweithund. Halbhöhenlage gibt es nicht nur im Stuttgarter Kessel, sondern auch in Weil zwischen Röttelnweg und Isteiner Straße. Und wie so oft, wo mehrverdient und nachverdichtet wird, gibt es manches Sittenbild zu sehen. Das Gesamtereignis Wandern besteht aus diversen Disziplinen, nicht nur der Weg zum Gipfel, auch ein Streifzug durch höhere Wohngebiete macht bewandert.

Ortstermin in Halbhöhenlage Es ist ein früher Nachmittag, friedlich ruhen die Vorgärten am Fuße der Tüllinger Höhe. Nur manchmal muß Mutti mit Benno an Bord tüchtig rangieren, bis der Zweitonner unterm Carport steht. Zum Glück sorgt eine hohe Sitzposition im Dschungel unserer Vororte für Überblick. Bei blonden Frauen in schwarzen Range Rovern, die durch Spielstraßen rollen, frage ich mich manchmal, was die Konstellation so speziell macht. Vielleicht ist die Doppelhaushälfte am Wendehammer eine Vollzugsanstalt, deren Regeln freiwillig be-

Naturnahe Sitzgelegenheit auf dem Tüllinger Campus

folgt werden. Ausbruch zwecklos, sie kriegen dich wieder zwischen Beckenboden-Workout und Delphinmatrix. Man kann das Bürgerliche aber auch so pragmatisch wie Claude Chabrol sehen: „Bürger sind Menschen, die regelmäßig duschen und in der Lage sind, halbwegs gesittete Gespräche zu führen.“

Als älterer Wandersmann ohne Verpflichtung zu Fahr- und Spanndiensten habe ich es einfacher. Über Weilweg, Katzgaß oder Torgaß geht es hoch zum Panoramaweg am Tüllinger. Die Dynamik des Wirtschaftsraumes am Rheinknie wird mit jedem Höhenmeter anschaulicher, auch an Siedlungsrändern, die in Weinberge hineinwachsen und an den E-SUVs, die in solchen Vierteln zum korrekten Ton der Intensivmobilen gehören.

In scharfem Kontrast dazu stehen jene Kleingärten, die ihren Namen dem Leipziger Orthopäden Daniel Gottlob Moritz Schreber (1808-1861) verdanken. Schreber war ein typischer Volksertüchtiger seiner Zeit, der sich später auch als schwarzer Pädagoge einen Namen machte. Schrebers Bestseller „Ärztliche Zimmergymnastik“, erschien im Jahr 1855. So umstritten Schreber war, die Präambel der Zimmergymnastik gilt bis

Frühling am Panoramaweg – wilde Weinbergtulpen

heute. „Soll geist'ges Leben wohl gedeih'n, so muß der Leib die Kraft verleih'n" – so klang Pilates im Jahr 1855.

Tulpengelb, Easyjet-Orange Die ersten Schrebergärten mit Laube, Obstspalier und Regentonne entstanden ursprünglich in Nachbarschaft der düsteren Industriereviere der Gründerzeit. Als „Armen- und Spezialgärten" wurden Schrebergärten zur Förderung der Volksgesundheit angelegt und von jenen beackert, die in den Städten Arbeit fanden. Es ist kein Zufall, daß eine der größeren Gartenkolonien in der Südwestecke nahe am früh industrialisirten Rheinknie entstand. Und es ist auch kein Zufall, daß IT-Wanderarbeiter ihr Glück am Wochenende neuerdings zwischen Laube und Hochbeet suchen.

Zu Füßen der Kleingärten am Tüllinger liegt kein Markgräfler Schatzkästlein im Hebelschen Sinne, sondern eine Boomtown. *Agglo* heißt der Siedlungsbrei im Schweizer Mittelland, auch die Region am Rheinknie ist eine grenzüberschreitende Agglomeration geworden. Nach der Wirtschaftskraft, auch wegen Schweizer Multis wie Roche und Novartis, können es die gut 500.000 Einwohner im Großraum Basel mit jeder europäischen

Bauklötze staunen – Vitra Campus, Design Museum, Frank Gehry

Großstadt aufnehmen. Die Dynamik konzentriert sich freilich zu beiden Seiten des Rheins, aufwärts wird der Tüllinger zu einem Gartenzimmer mit trinationaler Aussicht.

Im März erscheint das tiefe Blau der Traubenhyazinthen als eine der ersten Blüten zwischen den Rebzeilen. Auch der Laubaustrieb, das Gelb der Weinbergtulpen und das orangefarbene Leitwerk der Easyjets beim Anflug auf Basel-Mulhouse geben ein breites Farbspektrum. Und wie so oft ist es nur ein Wechsel in der Beleuchtung oder der persönlichen Perspektive, der solche Bilder zum stillen Fest werden läßt. Oder zum banalen Durcheinander.

Warum das ausgerechnet hier steht? Weil sich im Dreiländereck die Dinge so intensiv durchdringen wie selten im Markgräflerland. Weil zwischen den Tüllinger Gärten und dem Airport Basel-Mulhouse nur ein paar Kilometer Luftlinie liegen. Schrebergärten und Gleisbündel, Airport, Autobahn und Rheinhafen. Ein Campus hier, einer dort. Vitras architektonische Ausrufezeichen am Stadtrand von Weil sind zu sehen, auf der anderen Rheinseite die Roche-Türme und der Novartis Campus. Über allem der Tüllinger als weitere Variante eines

Frühlingsausbruch – am Tüllinger Lindenplatz

Campus. Üppige Weinbergflora, mehr Übersicht und weniger designte Sitzgelegenheiten als weiter unten.

Vom Diener zum Götzen Panoramawege versprechen eine Lösung vom Alltag. Es sind säkularisierte Pilgerwege, Kurzstrecke, aber immerhin. Rund ums Jahr lockt der weite Blick auf Basel und die Burgundische Pforte. Darüber ein Himmel, der oft strahlt, wenn über dem Schwarzwald schon dunkle Wolken stehen. Und immer wieder diese verwitterten Bänke. Breite Bänke, auf denen vier Menschen nebeneinander sitzen können. Manche Tüllinger Pilger kommen mit einem Buch hoch, setzen sich und bleiben stundenlang an Ort und Stelle.

Die Holzbänke auf dem Tüllinger wurden gezimmert, nicht designt. Ihre Eichendielen überdauern Generationen. Andernorts dominiert Design mit kurzer Halbwertszeit, womit sich eine Frage aufdrängt: Wie konnte die besondere Formgebung so rasch vom Diener zum Götzen aufsteigen? Warum diese Ergriffenheit vor Namen? Könnte es sein, daß die Heiligenverehrung in säkularer Zeit stets Nachschub braucht? Auch

Auf der Wiesentäler Seite – Oestreicherweg am Tüllinger

in Vitras Hallen, die in Gehweite am Fuß des Tüllinger liegen, ist zu beobachten, wie aus Betrachtung Anbetung wird. Auch deshalb lohnt ein Besuch auf dem Vitra Campus – allein wegen des Unterschieds zwischen einer *Nelson Bench* von Vitra und den Holzbänken am Tüllinger.

Manchmal wird eine Pause auf so einer Bank zum Moment, den es nur einmal gibt, zum persönlichen Fest, das in keinem Kalender steht. Oben am Lindenplatz, wo besonders breite Bänke stehen, wird die Aussicht nochmal gesteigert. Der Platz lohnt auch wegen der Baumveteranen, die im Frühjahr mit lindgrüner Frische grüßen, oder im warmen Oktoberlicht leuchten.

Stille Geister kommen allerdings nicht an Ausflugstagen oder Grillabenden, und schon gar nicht zu Feuerwerksterminen wie in der Silvesternacht oder am Abend vor dem Schweizer Nationalfeiertag am 1. August. Der Tüllinger ist kein verschwiegener Ort, aber gut für die Gesamtschau. Außerdem eignen sich vierhinternbreite Eichenbänke zum Beschweigen oder Bereden einer hängigen Angelegenheit.

Eins geht noch – VitraHaus (Herzog & de Meuron, 2010)

Ausgehen und Einkehren

Günstige Ausgangspunkte für Touren über die Tüllinger Höhe sind der Alt-Weiler Lindenplatz (Bild S. 32). Das Wegnetz oberhalb von Alt-Weil ist engmaschig, eine Runde läßt sich vielerorts abkürzen oder auch verlängern. Bereits auf Aussichtshöhe liegt der Lindenplatz bei Obertüllingen (Parkplatz, Wegweiser, 430 m). Kurzer Zugang zu Panorama- und Marktfrauenweg auch ab Ötlingen, Wegweiser Oberdorf, am oberen Brunnen (362 m). Entfernungen ab hier: Marktfrauenweg 1 km, Tüllinger Lindenplatz 2,5 km, Alt Weiler Lindenplatz 3,5 km, Lörrach 5,5 km.

Moderne neben Natur Auf einer Runde zwischen dem Weiler Vitra Campus, Tüllinger Berg und Ötlingen lassen sich Modernes Design und Naturnähe verbinden. Ausgangs- oder Endpunkt könnte das Tagescafé im 2020 runderneuerten Vitra Haus sein. Parkplatz hinter den markanten Haus-Containern; sonntags heftiger Ausflugsbetrieb.

Für Touren gen Tüllinger muß nur die Straße vor dem Vitra Haus gequert werden, dann rechts halten: der Verner Panton Weg führt zum Weilweg am Fuß der Tüllinger Höhe. Farbsäulen markieren den Anfang des Panton-Weges. Weiter aufwärts die Wegweiser Kapf/Panoramaweg/Tüllinger Weg.

VitraHaus, Vitra Café Im Vitra Haus das sec gestaltete Café und ein Shop (Literatur, Devotionalien, Mitbringsel). Auf den Etagen darüber die

Treff- und Angelpunkt – Drei König, Lörrach

Präsentation der Vitra Home Collection (Privatkunden-Sortiment). Café, Shop und Design Museum täglich geöffnet. **Vitra Campus** Infos zur Architektur, Führungen, Design Museum: design-museum.de

DREI KÖNIG, Lörrach Mehrspartenhaus am Marktplatz, wie fast alle Betriebe im Dreiländereck viel von Schweizer Gästen besucht; man rechne mit entsprechendem Preisniveau. Im oberen Stock ein Stadthotel, der im Dreiländereck gastronomisch aktiven Wio-Group. In der Mitte das elegante Restaurant, seit 2020 von den beiden Gastronomen der Wollbacher Alten Krone betrieben (vgl. auch dort). Parterre bietet das Drei König Café und Delikatessen ein modern aufgestelltes, kommunikatives Angebot, mittags und abends mit Bistroangeboten an blanken Holztischen, zudem eine qualitativ sortierte Feinkost-Theke. Das Café-Bistro Drei König ist – wie der Wilde Mann gegenüber – seit Jahr und Tag eine Hausnummer in der Lörracher Ausgehlandschaft mit Optionen von früh bis später abends. Man entscheide nach Neigung.

Drei König, Café, Bar, Restaurant, Hotel, 79539 Lörrach, Basler Straße 169 (am Alten Markt). **Wilder Mann,** Basler Straße 172, zum-wilden-mann.com. **Mättle**, Lö-Tumringen, 2020 eröffnetes Wirtshaus mit Biergarten am überplanten Areal an der Wiese, gehört wie das Hotel Drei König zur: wio-group.de

Markttage in Lörrach: Di, Do und Samstagvormittag. Der Lörracher Wochenmarkt gehört zu den größeren der Region, besonders am Samstag wird der Marktbesuch mit Einkehr zum Gesellschaftstermin.

Der Himmel vor der Haustür – Ötlingen

3

Eine Runde Ötlingen

Zwischen Rebland und Himmel – Ötlingen ist ein Premiumdorf, ab vom Gewühl und doch nah der Autobahn. Touristisch gesehen ein handliches Halbtagsziel mit knapp 800 Einwohnern. Heimat und Weltoffenheit in einem; inklusive Dreiländerblick, vier Einkehren und Wanderwegen ab Gasthaustür.

Die Immobilienpreise auf einem der schönsten Balkone des Markgräflerlandes sprechen für sich, sie erreichen städtisches Niveau, sofern ein Objekt auf den Markt kommt. Wobei die Nachbarschaft zu einer der letzten Dorfscheunen vermutlich als Standortvorteil vermarktet wird. In Blickweite zu Basel ist die Unschuld vom Lande ohnehin ein Mythos. Das gilt für die gesamte Südwestecke, wo das Markgräflerland längst nicht mehr so ländlich ist, wie es heißt. In Lörrach und Weil heißt es: „Wir können in den Ferien überall hinfahren, teurer als bei uns zuhause wird es nicht." Und in Ötlingen ist die Dorfveredelung noch gründlicher ausgefallen als anderswo. Ferienwohnungen, Kunsthandwerk und Galerien gedeihen prächtig.

Außerdem schmückt sich Ötlingen mit dem Titel Art-Dorf. Seit 2007 werden Fassaden längs der Dorfstraße mit großfor-

Hermann Daur: Ötlingen im Vorfrühling, 1921

matiger Malerei unterschiedlicher Qualität geschmückt. Sicher steckt hinter solchen Initiativen gute Absicht, andererseits gilt – google Gottfried Benn – seit jeher die Warnung: „Das Gegenteil von guter Kunst ist gut gemeint."

Die Größe der Beschränkung In einem historischen Innenhof, in dem heute Gäste des *Café Inka* vor feinen Kuchen und Gemüse-Quiche sitzen, hatte der Markgräfler Maler Hermann Daur sein kleines, karges Atelier. Ein kleines Hinweisschild an der verwetterten Fachwerkfront erinnert an das Schaffen des Heimatmalers. Daur wurde 1870 in Lörrach geboren. Nach dem frühen Tod des Vaters, der in einer Lörracher Stoffdruckerei arbeitete und das Talent seines Sohnes früh förderte, verließ Daur schon mit 15 Jahren das Gymnasium, um sich in Basel als Zeichenlehrer ausbilden zu lassen. Daurs Hoffnung war, als Lehrer zum Unterhalt der vierköpfigen Familie beitragen zu können.

Schon nach wenigen Monaten wurde sein Talent aber drängender als der Wunsch nach fester Anstellung und sicherem Einkommen. Daur brach die Ausbildung ab. Über Umwege

Gerhard Völkle: Sehnsucht Heimat – gesehen in Ötlingen 2019

– unter anderem als Uhrenschildermaler im Schwarzwald – fand Daur schließlich an die Karlsruher Kunstakademie, wo er schließlich als Meisterschüler von Hans Thoma arbeiten konnte.

Nach Studienreisen begann Daurs Zeit als freischaffender Maler, im Jahr 1906 zog er nach Ötlingen, 1909 folgte eine längere Reise ins Engadiner Fextal. Trotz mancher Anläufe und Anregungen fern seiner Heimat, blieb Daur stets lokal verwurzelt. Daur galt bald als „der Einsame vom Ötlinger Berg", in der Motivwahl so lokal orientiert wie bei der Einkehr. Der *Ochsen*, gleich gegenüber seines Hinterhof-Ateliers, wurde zu Daurs Wirtschaft der Wahl. Der Maler des Markgräfler Oberlandes, dessen Werk nur in engen Kreisen Beachtung fand, starb am 21. Februar 1925, am Tag seines Geburtstags.

Es gibt Stimmen, die Daur hohe, auch höchste Qualität bescheinigen, eben weil er sich beschränkte. Hermann Eris Busse, zu Daurs Zeit exponiert als Schriftleiter der „Badischen Heimat", verglich Daur mit den Großen der Zeit, lobte aber völkisch umwölkt stets auch Daurs unbedingte Heimatver-

Hermann Daur: „Die Linde“, 1906

bundenheit. Viel später und professoraler im Ton bemerkt der Freiburger Kunsthistoriker Hans H. Hofstätter im Jahr 2000 zur Dauerschen Heimattreue: „Seine Engadiner Bilder mögen jenen recht geben, die damals meinten, Daur hätte sich viel zu früh in sein Markgräfler Dorf zurückgezogen und seine malerischen Möglichkeiten noch lange nicht ausgeschöpft. Er war da anderer Meinung und wollte zeigen, welchen Reichtum die Natur in einer so begrenzten Kulturlandschaft dem Künstler bieten kann.“

Simplify your Life Wenn ich es recht sehe, gehört der wache Blick auf das Lebensumfeld zu den positiven Zügen eines Landbürgers. Dies gilt vor und nach dem Aufkommen von Entschleunigungstrends und Verzichtsideologien. Eine produktive Mischung aus Selbstbewußtsein und Selbstbeschränkung kennzeichnet manchen Markgräfler bis heute. *Reduce to the max*, heißt der Spruch dazu. Nur nicht hudeln, heißt es hier.

Hermann Daurs selbst erlebte, aber leise artikulierte Sicht der Heimat ist zweifellos aus der Mode gekommen, gerade

„Auf einsamer Höhe" – Hermann Daur, 1902

unter zeitgenössischen Großgestaltern. Man denke nur an Herzog & de Meurons *VitraHaus* in Weil, dessen demonstrativ übereinander gestapelte Glasfront-Giebel die Geometrie der Ötlinger Hausfronten plakativ zitieren (vgl. S. 40).

Auch manches Bildnis der Freilichtgalerie Ötlingen ist laut und farbig ausgefallen. Daurs Blick auf das Markgräflerland ist nicht modern, aber ruhig und tief. Seine Bilder haben Bestand. Heimatmaler hört sich etwas beschränkt an, aber nicht jeder hat das Format zum Verzicht auf Größeres.

Mit dem gelernten Sattler und Autodidakten Karl Rösch (1912-2001) gibt es einen weiteren Ötlinger Maler, der leise Farben, Pastell und Zwischentöne schätzte. Rösch ließ sich sicher auch von Daur inspirieren, angeblich verkaufte er sein erstes Bild schon mit 16 Jahren, er legte aber zeitlebens Wert darauf, daß sich jeder ein Werk von ihm leisten kann (vgl. S. 54). Es heißt zudem, Rösch sei noch mit 87 Jahren in den Reben und auf der Kirschbaumleiter gestanden. Malen für alle, in die Kirschen solang' es geht. Kein schlechter Plan für ein ausbalanciertes Arbeitsleben.

Kritische Besucher in einer Daur=Ausstellung
(Postkarte an Freund R.)

Farbe und Anmaßung Das eine oder andere bunte Bild längs der Ötlinger Dorfstraße zeigt unfreiwillig, wie expressiv heute gelebt wird. Auch mancher Neubau auf dem Lande, der im Raum steht, wie hingestellt und nicht abgeholt, hat sich vom Daurschen Blick maximal entfernt. Kunst am Bau, manchmal wäre etwas weniger Farbe wohl getan.

„Warhafftig steckt die Kunst in der Natur, wer sie herauß kann reyssen, der hat sie." Albrecht Dürers Diktum war über Jahrhunderte eine brauchbare Leitline. Aus heutiger Perspektive klingt Dürers „herauß reyssen" wie eine Anstiftung zur Dekonstruktion. Jahrhunderte und eine Aufklärung später konnte Salvador Dalí den Spieß umdrehen, sich selbst zum Zentrum der Welt erklären und mit dickem Ego behaupten: „Ich bin der einzige Künstler, den die Natur kopiert." Eine Einstellung, mit

Heimkehr vom Hebelschoppen
Postkarte an Freund K.

der Dalí seiner Zeit weit voraus war. Heute gehört die Anmaßung im kulturellen Komplex zum guten Ton.

Elemente aus ihrem gewohnten Kontext lösen und in einen neuen Zusammenhang stellen, versucht ein mancher. Viele kommen über den Effekt nicht hinaus. Bei Überdosierung kann das Herausreißen und neu Arrangieren von Elementen auch zum Kalauer werden: „Ist das Kunst oder kann das weg." Aber wer will richten? Das letzte Wort hat auch in Ötlingen der Betrachter.

Kunst und Kulinarik Auch in der höheren Gastronomie wurde eine Zeit lang tüchtig dekonstruiert und arrangiert: Chorizo an Kabeljau auf schwarzem Schiefer, geflämmter Lauch mit Miso-Mayonnaise, fliegende Buffets, Redesign von Lebensmitteln. Schäume kommen, Schäume gehen.

Auch ein Energiebündel – Rebwellen

Derzeit marschiert die Avantgarde stramm rückwärts. Ultraregional und klimakorrekt heißen die Etiketten, die Galeriepreise für Lebensmittel rechtfertigen sollen. Den von Abstiegsängsten geplagten Mittelbürger läßt das freilich kalt, sie wollen nichts „herauß reyssen", sondern unter sich bleiben und billig satt werden. Das entsprechende Format heißt Straußenwirtschaft, es hat enormen Zulauf. Auch der Flugplatznomade sucht am Feierabend keine komplexe Kreation, sondern Ofenbank und Kartoffelsalat. Das passende Format Landgasthof ist in reiner Form leider seltener als eine Kunstgalerie.

Vincent Klink, einer der wenigen deutschen Köche, die etwas von Küche, Kunst und Musik verstehen, sagt zum Thema Kreativität am Herd: „Nie mehr als drei Aromen pro Teller und zwar so, daß man sie auseinanderhalten kann." Türmchen, Schäumchen und gewollte Konstruktionen nennt Klink „Matsche". Auf der anderen Seite des Flusses verfassen Zwangskulinariker wie Jürgen Dollase hoch bedeutende Texte, die sich so elegant lesen wie ein Maschendrahtzaun.

Warum das ausgerechnet hier steht, hat übrigens einen

Katzenklappe, old style – Innenhof Café Inka, Ötlingen

Grund. Neben mir saßen mal zwei wichtige Männer auf der Terrasse des Ötlinger Ochsen. Also dort, wo Bedeutendes und Banales fließend ineinander übergehen, sozial und gastronomisch. Die beiden Männer sahen schweigend gen Basel, dann folgender Dialog:

Erster schwarz Gekleideter: *Kunstwerke sind Beispiele zu einer Regel, die sich nicht angeben läßt. Wer hat's gesagt?*

Zweiter schwarz Gekleideter: *Weiß nicht.*

Erster schwarz Gekleideter: *Kant.*

Landwirt und Landlust Ötlingens Dorfstraße läßt sich wie ein langes Schaufenster betrachten, das den Wandel auf dem Land zeigt. Bei Ausflugswetter erscheinen kaum Traktoren, sondern in munterem Wechsel CH-Luxuskarossen, Elektrobiker und die üblichen zwei Damen mit drei bis vier Hunden. Zu Letzteren fällt mir Nietzsche ein: „Wo immer ich gehe, folgt mir ein Hund namens Ego."

Landwirte im blauen Arbeitskittel sind in einem Dorf wie Ötlingen fast ausgestorben. Die Küfergasse heißt nur noch so

Provinz trifft Metropole – Ochsenterrasse, Ötlingen

und die alljährliche Herbstkampagne (so hieß die Weinlese im Südwesten einst!), hat ihre Bedeutung fürs ländliche Leben längst verloren. Allenfalls Kleinwinzer und ihre Freunde inszenieren die Weinlese noch als gemeinsames Erlebnis. Bilder vom Vesper auf langer Bank sind seltener als jene mit einem Vollernter auf großer Fahrt.

Mittlerweile werden im Markgräflerland etwa zwei Drittel der Weinlese maschinell erledigt. Und wer bindet noch Rebwellen, um seinen Grundofen anzufeuern? Dafür gibt es in der Volkshochschule Kurse für „Kreatives Weidenflechten".

Von der Ötlinger Ochsenterrasse schweift der Blick über jenes satte Land am Oberrhein, das sich in den letzten Jahren grundlegend verändert hat: von der Provinz zur Metropolenregion mit unscharfen Konturen. Grenzen zwischen Stadt und Land sind von gestern. Klare Räume, die mit allen Sinnen erfahren werden ebenso.

Mit dem Verschwinden der realen Landwirtschaft konnte das Landleben als mediengerecht gestylte Idylle zum großen Thema werden – die LANDLUST Auflage hat die des SPIEGELS längst überholt. Wobei der Hype um die Scholle eine Sofa-

Altes Bauernhaus, Karl Rösch (1925), heute: Gasthaus Blick

Erscheinung bleibt. Regionalität ist in aller Munde, auf den letzten Streuobstwiesen verfault die Ernte weiter im Gras. Auch die Kirschernte mit der langen Leiter bleibt ein Minderheitenprogramm. Alte Landsorten gerne, aber bitte ohne Schorf und billig – also wachsen die Spalieranlagen weiter. *Landlust* blättern ist das eine, vom Land leben das andere.

Ein Dorf, vier Einkehren In Ötlingen gibt es sage und schreibe vier sehr unterschiedliche, auch sehr spezielle Gaststätten: Der legendäre *Ochsen* mitsamt seiner Terrasse, das kleinfamiliäre *Rebstüble,* das seit Jahren beliebte *Café Inka* im historischen Hinterhof und den Panoramaplatz *Blick,* seit 2020 mit neuem Betriebssystem – somit genug Optionen, um einen Tag gastronomisch anzureichern. Die Kleinspeisen und Kuchen im Café Inka, die Wohnzimmerstimmung im Rebstüble, das Panorama der Ochsenterrasse und der angesagte Blick liegen nur ein paar Schritte auseinander. Dennoch liegen Welten zwischen den Plätzen. Der Gast kommt nach Ötlingen und geht seiner Wege – gilt für Ausgang und Einkehr.

Ein Kirchturm weist den Weg – im Ötlinger Rebland

Ausgehen und Einkehren

Ausgangspunkte für Touren Ötlingen liegt an der hohen Kante zwischen Ballungsraum und Weinberg, der Kirchturm thront über allem. Touren zwischen Kaffeespaziergang und Panoramawanderung sind ab oberem Dorfbrunnen möglich. Dort ein zentraler Wanderwegweiser (Ötlingen Oberdorf, 362 m); Entfernungen: Daur Hütte 1 km, Tüllinger Lindenplatz 2,5 km (schöner, klassischer Panoramaweg), Marktfrauenweg/Käferholz (mit Blick auf Lörrach und das untere Wiesental) 3 km, Lindenplatz Altweil 3,5 km, Lörrach über Käferholz 5,5 km.

Die Landpartien vor den Toren Basels Seit Jahrhunderten reicht Basels Kultur und Kaufkraft bis weit ins Markgräflerland. Basels bessere Familien boten Anstellung für Hauswirtschafterinnen aus dem Wiesental und bis heute sucht die Schweizer Wirtschaft im Grenzland nach Dienstboten und Wissenschaftlern.

Auch die Landpartie, der Sonntagsausflug in den großen Kanton, hat in der grenznahen Schweiz lange Tradition. Seit jeher fährt man gerne ins Markgräfler Oberland zu Cordon bleu, Leberle und Rösti. Mit Wohlgefallen betrachtet das Franken-Patriziat sein Gemeinwesen von oben

Ein Bild von einem Gasthaus – der Haltinger Hirschen

und genießt dabei die Vorzüge eines preiswerten Markgräfler Viertele. Dabei läßt sich dann sinnieren, ob es Luxus ist, Chronometer zu tragen, aber kaum Zeit für Ausflüge zu haben.

Auch die auffallende Zahl von Luxuskarossen vor den Ötlinger Panorama-Terrassen von Ochsen und Blick hat historische Vorbilder. So erinnern sich alte Haltinger noch, wie lebhaft es im letzten Jahrhundert vor den besseren Lokalen zuging. Parkplätze waren auch früher schon recht knapp, etwa in Weil-Haltingens ‚Großer Gass' vor dem legendären **Hirschen.** Dem Basler Daig (Eigenname der schweigsamen oberen Tausend) mundete es dort in der gediegenen Stube oder auch im besserbürgerlichen Biedermeiersalon. An Sonntagen standen die Landauer derer von Sarasin, Vischer und Merian äpfelnd vor dem legendären Gasthof. Die Professoren Nietzsche und Burckardt (ck-dt) kamen, später dann u.v.a. der Sammler und Galerist Beyeler mit Gefolge.

Der Haltinger Hirschen steht seit 1747, nach einer sehenswert aufwendigen und denkmalgerechten Sanierung ist das Anwesen seit 2019 wieder geöffnet. Stube (links), Salon (rechts), Gewölbekeller und der rückwärtige Garten mit Remise bilden ein gastronomisches Ensemble aus der Hochzeit des Bürgerlichen, das im Markgräflerland wenig Konkurrenz hat. Eine Augenweide, wobei das architektonische Niveau der Sanierung – jedenfalls bislang – über dem kulinarischen Vermögen steht (hirschen-haltingen.de).

Meerblick – Ochsenterrasse, Ötlingen

OCHSEN, Ötlingen In Ötlingen heißt es: „Der Ochsen ist halt der Ochsen." Heißt: Man muß den Ochsen nehmen wie er ist. Heißt auch: es muß ja keiner hin, es kommen eh mehr als genug. Das stattliche Anwesen ist eine Art öffentlicher Privatclub. Großartige Lage, patiniertes Ambiente, gereicht wird Basisverpflegung mit Holzofenbrot, kalt und warm. Einsilbige Bestellannahme und Auslieferung gehören zum Betriebssystem wie eine Kommandozentrale hinter der Theke, die keine übertriebene Servilität ausstrahlt; in der Rolle des beflissenen Galantiers wird man den Gastgeber selten erleben.

Der knorzige Charakter des rauchgeschwängerten, von keiner Renovierung verwässerten Gastraums ist ein Unikum, das die Grundstimmung im Hause reflektiert. Das evangelisch möblierte Nebenzimmer mit Traumblick könnte ein Festsaal sein, es dient jedoch in all seiner Schlichtheit als Reserve für Nichtraucher, andrängende Preußen, sowie als Obdach bei Unwetter und besonderem Anlaß. Die Ochsenterrasse ist eine großartige Bühne für alle, die einen Auftritt im Sitzen bevorzugen, inklusive Meerblick.

Wobei das Meer, von Ötlingen aus betrachtet, aus einem Häusergewoge am Rheinknie besteht, aus dem zwei helle, schmucklos gestufte Roche-Türme ragen. Die wurden in der Basler Zeitung wegen ihrer orbitanten Normalität bereits als ‚mittelmäßige Käseraffeln' umschrieben. In der kleinen Metropole Basel könnten Architekten wie

Clublokal für Luxusflüchtlinge – Ochsenstube in Ötlingen

Herzog & de Meuron vermutlich auch leere Umzugskartons als Nonplusultra an neuer Sachlichkeit verkaufen.

Zurück zum Ochsen: Für Luxusallergiker, Hockenbleiber, Freunde von blauer Stunde, blauem Dunst und mancher Skurrilität des Gastgewerbes ist der Platz unschlagbar. An schönen Wochenenden wird es lebhaft bis turbulent, was Wirt, Serviertöchter und Stammgäste zur Kenntnis nehmen, aber selten aus der Fassung bringt. Kalt- und Warmspeisen, auch das kompakte Getränkeprogramm paßt zum frugalen Rahmen. Küche und ausgesucht wenige Konsumweine könnte man auch als Beilage zur besonderen Lage und speziellem Ambiente verstehen. Mit einem Wurstsalat und Brägele vom Eisenherd bleibt man auf der sicheren Seite der Karte, die als praktischer roter Faltkarton ausliegt. Bei gelassener Grundstimmung ein Platz hart an der Kante, der seinesgleichen sucht.

Ochsen (Fam. Marx), 79576 Weil-Ötlingen, Dorfstraße 82, Tel. 07621-62 228. Gästezimmer in einem nüchtern gehaltenen Gästehaus nebenan, einige mit Balkon. **Preise**: günstig. ♣ Begnadete Panoramaterrasse, gasthaus-zum-ochsen.de.

Große Tapete, hohe Erwartungen – Café Inka, Ötlingen

CAFE INKA, Ötlingen Anfang 2021, unmittelbar vor dem Druck dieses Buches, gab das bisherige Pächterpaar Claudia und Thorsten Krüger seinen Rückzug bekannt, was schade ist. Die beiden haben ihre Sache durchweg gut gemacht, qualitativ und leidenschaftlich gewirtet, geboten wurde Tagesgastronomie mit Niveau und Sinn für die besondere Atmosphäre der Liegenschaft. So bleibt derzeit nur die Hoffnung, daß sich Nachfolger finden werden, die dem feinen Platz und den Erwartungen der zahlreichen, teils langjährigen Stammgäste gerecht werden.

Der ungewöhnliche Name des Hauses erinnert an die prächtigen Panorama-Tapeten mit Szenen aus dem alten Peru; der denkmalgeschützte Wandschmuck wurde 1819 in Paris für den ehemaligen Wirtshaussaal gefertigt. Erst im Jahr 1988 wiederentdeckt, restauriert und am alten Platz installiert, bildet das Panorama nun den außergewöhnlichen Rahmen für ein feines Tagescafé mit stilsicher renovierten Räumen, einem Drei-Tisch-Laubengang zum historischen Innenhof, der zur stimmungsvoll-ländlichen Einkehr lädt – frei von Betonformsteinen, Plastikstühlen und anmontierter Dreschflegelromantik. In der Summe ein Ensemble, das von innen raus stimmt (bei Hochbetrieb störte bislang allein die etwas anstrengende Akustik im Gastraum).

Seit Jahren schon wird das Inka von Liebhabern und Ausflüglern am Tüllinger mitunter fast überrannt, was alte Fragen aufwirft: Warum gibt es nicht mehr solcher Plätze? So schwer kann es doch nicht sein, ein

Rastplatz für die Seele – Café Inka

stimmiges und gefragtes Konzept zu etablieren: Ohne altdeutsche Sättigungskuchen, ohne beliebiges Mittelmaß. Stattdessen eine kompakte Karte, deren Qualitätskonzept vom aromatischen Kaffee über ein breites Teeangebot und ausgesuchte Gutsweine bis zum feinen Olivenöl am Salat reicht. Dazu vielleicht eine Suppe, ein Aperitivteller, zeitgemäße Vesper und ein paar kleinere warme Gerichte.

Zum Standard zählten bislang auch Quiche Lorraine, sowie Käse-, Gemüse- und hausgemachte Obstwaien. Letztere wurden nicht mehrstöckig überladen, sondern nach Alemannisch-Schweizer Vorbild dünn belegt, was auch für eine animierende Obst-Teig-Ratio sorgt.

Es wäre schön, wenn zumindest ein paar dieser Klassiker den nun anstehenden Pächterwechsel überleben würden. Ein so besonderer Gastplatz hat auch in Zukunft höheren gastronomischen Einsatz verdient.

Café Inka, 79576 Weil-Ötlingen, Dorfstraße 95, ♣ beschaulicher Freisitz in einem historischen Innenhof und Tische in der geschützten Laube. Tel. 07621-58 98 601; cafeinka.de.

Wohnzimmerwirtschaft: Andrea Brunner, Martin Sütterle, Rebstüble

REBSTÜBLE – Ötlingen Andrea Brunner, vormals Gastgeberin im Café Inka, wirtet nun – unterstützt von ihrem Partner Martin Sütterle – im Wohnzimmerlokal Rebstüble. Drei Einkehren in einem Umkreis von 100 Metern, auch die Gastronomie läßt Ötlingen zum Ziel werden. Die kleine Küche und die beiden lauschigen Stuben liegen im denkmalgeschützten ehemaligen Meierhof des Basler Dominikanerordens. Optische Akzente setzen Bilder von Hermann Daur und Gerhard Völkle. Für familiäre Atmosphäre sorgen Bollerofen und Teppiche in einer heimeligen Stube für gerade mal zwei, drei Dutzend Gäste. Auch der kleine Freisitz zur Dorfstraße paßt zur persönlichen Handschrift im Stüble.

Die Stärke in so einem kleinen Format liegt einmal mehr in der Beschränkung. Andrea Brunner bietet ihr bewährtes Programm, es gibt solang' es gibt: Vesper und Tagesgerichte in der Pfannkuchen- und Schäufeleklasse, Salate mit hausgemachtem Kartoffelsalat, regionale Weine, etwa von Karl Heinz Ruser, Tüllingen und vom Ötlinger Weingut Vinessli, das am Eck direkt gegenüber liegt. Das Rebstüble lebt mit seinen Gastgebern und von Gästen, die den Charakter einer familiären Einkehr von einem Rummelplatz unterscheiden können.

Rebstüble, Dorfstraße 90, Tel. 07621-1628460, ♣ kleine Terrasse, aktuelle Öffnungszeiten: rebstueble.de, (des öfteren Extras und geschlossene Gesellschaften).

Abwarten und Gutedel trinken – Sommerterrasse Blick, Ötlingen

BLICK, Ötlingen Die hausbreite Glasfront und der Wintergarten sorgen nicht nur für weiten Dreiländerblick, sondern auch für das typische Ötlinger Aus-dem-Alltag-Gefühl. Im Sommer 2020 kam mit Markus Kuhn ein neuer Gastgeber auf die exponierte Liegenschaft, die zuvor biederen Gasträume wurden entrümpelt, aufgefrischt und mit Zutaten im Flohmarkt-Crossover zeitgenössisch ausstaffiert (im Untergeschoss des Hauses ist ein Maßatelier für hochwertige Rennräder).

Nicht nur der Betrieb, auch das Publikum zeigte sich schon kurz nach dem Start runderneuert. Mehr Ausgehszene, weniger Pensions- und AHV-Berechtigte. Die Karte bietet vom nackten Markknochen über

Der Kirchturm weist den Weg – vom Tüllinger nach Ötlingen

einen Catch of the day bis zu Leberle und Wurstsalat einige Angebote für die illustre Besucherschar. Wie in der Küche läuft auch beim Service manches nach dem Motto ‚Probieren geht über Studieren'. Meine Zwischenbilanz: Flexibilität und Langmut helfen beim Genuß des Blicks.

Das Panorama ist garantiert, das Betriebssystem ist noch auf dem Weg oder schon wieder am Start. Der Gastgeber ist Kommunikator und Macher, kein Bewahrer der reinen Lehre. Will heißen: man sehe im Blick den Treffpunkt, den besonderen Platz, um mit einem Fläschle in den Abend zu gleiten. Ein kulinarisches Rundum-sorglos-Paket gehörte bislang nicht zum Lieferumfang. In gelassener Stimmung ist der Blick ein außergewöhnlicher Ort, dessen überirdische Lage manche Widrigkeit vergessen läßt.

Blick, Ötlingen (Markus Kuhn), Langgass 2, Tel. 07621-1614302; Akuelle Öffnungszeiten und gastronomisches Programm auf einer Facebook-Seite.

Von Johann Peter Hebels Chrützweg zum Kreisverkehr

4

Um Binzen – Kreisel und Kreuzweg

Markgräflerland ist nicht nur Gutedelland. Zu den gewöhnungsbedürftigen Passagen auf dem Markgräfler Weinweg gehört auch die Fußgängerbrücke über die A 98 in Binzen. Wanderweg quert Autobahn, ein überraschender Aspekt auf einer Fernwanderung.

Am Unterlauf der Kander, in der fruchtbaren Ebene um Binzen, Eimeldingen und Efringen-Kirchen beschränkt sich die Flurbereinigung sehr offensichtlich nicht nur auf Weinberge und Obstwiesen. Zu Beginn des Jahrtausends sorgte der Bau des zehn Kilometer langen Katzenberg-Bahntunnels jahrelang für eine Großbaustelle. Am Isteiner Klotz wird industriell Kalkgestein abgebaut und seit jeher ist der Südwestzipfel nicht nur Weinidylle, sondern ein gewerblich ausgesprochen wüchsiges Hinterland. Mit Optionen für Dienstleister der Basler Pharmaindustrie, Schlafplatz für Gastarbeiter, Ladenzeile für Schweizer Einkaufstouristen; in und um Weil auch Operationsgebiet für Clans und Ethnien, deren Sozialverhalten nicht von der Waldorfschule stammen dürfte.

Baumärkte und Autohäuser fallen auch in Binzen etwas größer aus. Das Oval des Möbelmarktes *Wohnpark* erinnert an ein Tempodrom. Ein gestyltes Hotel im Eimeldinger Ge-

Isteiner Klotz – Emil Bizer, 1933

werbegebiet heißt Schlafstadt, das Restaurant im Locationstil Sichtwerk, das Café Tagtraum. Der wiederbelebte Eimeldinger *Löwen* heißt zwar noch so, er hat auch seinen Gewölbekeller behalten, aber es schmeckt anders, nach Geschäftsreise und Bewirtungsbeleg. Der zwischen Bundesstraße und Lärmschutzwand der Bahn eingepaßte, eingepresste Hotelneubau des Löwen zeigt zudem, was Siedlungsdruck bedeutet: Saft pro Quadratmeter.

Einen Kreisel weiter, im Fischinger Mega-Bauernladen *Fünfschilling* wird das Rustikale im Stil eines Freizeitparks inszeniert und palettenweise vermarktet. Am Binzener Großkreisel Dreispitz gibt es alles, was eine moderne Vorstadt ausmacht. Heimtiermarkt Fressnapf, Büromarkt Resin, Ladesäulen, sowie *Emma*, ein Café-, Tagesbar- und Catering-Hybrid im zeitgenössischen One-World-Macchiato-Style. Die Prärie zwischen Entenkreisel und Binzener Dreispitz ist Boomtown Markgräflerland. Man bekommt alles, was zwischen Büro und Homeoffice gebraucht wird.

Auf meine Frage nach dem Weg zu einem Café antwortet mir eine ältere Landfrau: „Beim Entenkreisel Richtung Aldi

Alles im Fluß – auch in Binzen am Dreispitz

abbiegen, dann über die Brücke." Beim Kreisel Richtung Aldi – kürzer läßt sich unser neues Deutschland nicht beschreiben.

Und wenn de amme Chrützweg stohsch,
und nümme weisch, wo's ane goht,
halt still, und frog di Gwisse z'erst,
's cha dütsch, Gottlob, und folg si'm Roth.

In der Markgräfler Ebene, wo Kreuzwege zu Kreiseln wurden, ist das so eine Sache mit JOHANN PETER HEBELS Versen. Halt mal still am Binzener Dreispitz. Frage dein Gewissen und folge seinem Rat, bevor du abbiegst zu einem Wohnpark mit 20.000 Quadratmetern auf drei Etagen.

Das Markgräflerland ohne Autos Vor bald einhundert Jahren ging eine Modernisierungswelle über einen damals noch ländlichen Südwesten. Der große Markgräfler Maler und Landschaftsverdichter EMIL BIZER (1881-1957) setzte in den 30er Jahren des letzten Jahrhunderts erste Bahnschranken in seine Bilder. Schlanke Telegrafenmasten malte Bizer mit zaghaftem Strich an den Rand von Feldwegen. Schäferwagen, Ochsen-

Abstrakt – Weintraubenkreisel an der Bundesstraße 3 bei Efringen

karren und stolze Landfrauen mit Kopftuch und Hacke bilden bis zu seinem Tod im Jahr 1957 den Vordergrund seiner Bildkomposition.

Die letzte Phase eines bäurisch geprägten Markgräflerlandes hat niemand atmosphärisch dichter als Emil Bizer erfaßt. Automobile, selbst Traktoren bleiben für ihn bis zuletzt kaum darstellungswürdig. Dafür sind seine Himmel voll Leben und Dynamik; bewundernd heißt es über Bizer, „er konnte die Luft malen." Aber wer schätzt heute gemalte Luft, wer hat einen Sinn für die Schwüle eines Markgräfler Sommertages? Zu Lebzeiten mußte Bizer seine Bilder eher verscherbeln als verkaufen (zum Wandel von Landschaft vgl. auch ab S. 359 ff).

Heute käme ein Markgräfler Landschaftsmaler am Verkehrskreisel nicht vorbei. Für Fliehkraft, Globalität und Druck im Kessel gibt es kaum ein besseres Motiv. Hebels Kreuzweg wurde zum Kreisverkehr. Alles im Fluß, nur weiß keiner so recht, wie und wo es weitergeht. Lauter Chancen, kaum Ziele.

Symptomatisch sind sie alle, die Bundesstraßen-Kreisel von Eimeldingen, Efringen, Müllheim und Heitersheim. In Müllheim wartet an der Bundesstraße ein toskanischer Oli-

Arbeiter am Rhein, Emil Bizer um 1934

venbaumhügel, vor der Winzergenossenschaft Schliengen ein Multimedia-Kreisel, mit Rebfragment, Wasserlauf und Kugelleuchten. Bei Efringen ein gutslefarbener Traubenkreisel.

Heute meeten, morgen waldbaden Neben dem Verkehrskreisel gibt es noch weitere Symbolorte, an denen Biographien verhacktstückt werden. Das Neubaugebiet, vorne der Carport, hinten die Kräuterspirale. Traditionsreste werden auf Heimattagen recycelt, wo Eingeborene den Sepplhosenträger geben. Gekocht wird im Fernsehen, dann riecht es in der Küche nicht nach Fisch.

Gerne trägt der volksnah sich gebende Bürgermeister zum Dorffest einen weichgespülten Landhausjanker. Ein Janker im Markgräflerland hätte zu Hebels Zeiten deplatziert gewirkt, zu badischem Oktoberfest oder Dorfweihnacht paßt er. In Dörfern, die keine mehr sind, gedeiht der ländliche Eventismus besonders gut. Neo Nature heißt der Megatrend zum Kasperltheater bärtiger Easy-Jetter. Heute meeten, morgen waldbaden.

Emil Bizer hat sich gegen tariflich vereinbartes Chillen entschieden. Man sieht es seinen Bildern an, bis heute. (Eine

Kürbisalarm – Hofladen Fünfschilling in Fischingen

Werkschau Emil Bizers bietet die Dauerausstellung im Markgräfler Museum in Müllheim (vgl. S. 260 f).

All in one in Fischingen Ein Bauernladen kann doch keine Sünde sein, oder? In Fischingen gibt es einen Mega-Bauernladen mit Großraumgastronomie, Weingut und Konditorei. Natürlich gehe ich dort nicht zum Essen. Als Schaufenster des aktuellen Konsumverhaltens ist der Multifunktionstreff am Ortsrand von Fischingen aber ein ergiebiger Ort.

Skalierung von Landlust kann auch so aussehen: eine ehemalige Straußeneinkehr wird zur Eventlokation, im hallengroßen Bauernladen steht Plantagenobst in Schüttcontainern. Über den stets bemühten, selten souveränen Aushilfenservice erfährt man: „Unser junges Team sorgt für einen freundlichen und unkomplizierten Service."

Von der Leistungsfähigkeit der heimischen Landwirtschaft zeugen hühnereigroße Pflaumen und makellose Äpfel, die aussehen, wie sie schmecken, rundlich und süßlich. Wer sucht, mag hinter der Kulisse Strukturen erkennen, die sich zum Bild fügen. Das tonnenschwere Rollgerät der Effizienzlandwirt-

Bäume schaffen Räume, Straßen und Kirchtürme auch, Fischingen

schaft, die Sichtbetonfassade der Verkaufshalle, Markgräfler Frizzante in der Gitterbox. Summe: Bei Fünfschilling gibt es alles für alle. Nimm sechs, zahl fünf. Ein Hofladen-Supermarkt als Sittenbild.

Nur als Illusion erscheint mir, was sein könnte, wenn der landwirtschaftliche Fokus von der Menge auf die Qualität verlagert würde. Wenn in Fischingen oder sonstwo im Markgräflerland ein professionell organisierter, kapitalstarker, womöglich ökologischer Musterhof entstünde. Ein Leuchtturm im Stil der *Hermannsdorfer Landwerkstätten* in Oberbayern, von Rolf Bühlers *Bäuerlicher Erzeugergemeinschaft Schwäbisch Hall*, von Thomas Hoofs Holsteiner *Gut Manhagen* und seinem Projekt *Essbare Landschaften*.

Auch ein beliebtes Format wie die Ortenauer *Marktscheune* in Berghaupten fehlt bis heute in unserer Region, in der viel Geld sitzt, aber wenig Wille zur Reform. Nur nebenbei: Binzen ist eine der Gemeinden in der Südwestecke mit dem höchsten Durchschnittseinkommen pro Einwohner.

Megastraußen und Eventhöfe, von mir aus. Es fehlt aber ein breites Schaufenster des regionalen Qualitätslandbaus inklusi-

Feigen im November – Gärtnerei Hoch-Reinhard, Fischingen

ve handwerklich erstklassiger Weiterverarbeitung durch geeignete Gastronomie. Ein ganzheitlich aufgestellter Musterbetrieb mit hoher Fertigungstiefe. Von der Scholle bis zum Teller keine Kompromisse, sondern Originalqualität. Ist das so schwer zu begreifen? Im Südwesten bleibt es derweil bei einzelnen widerständigen Inseln, eine davon besuchen wir auf Seite 77.

Frisches Gemüse, späte Feigen Landwirtschaft ist ein weites Feld, Vermarktung à la Fünfschilling ist nicht die einzige Option. Auch auf der fruchtbaren Ebene zwischen Fischingen, Binzen und Haltingen gibt es Betriebe mit anderen Strukturen. Die Bioland-Gärtnerei *Hoch-Reinhard* gilt seit Jahren als leistungsfähiger Betrieb mit einem selten breiten Sortiment von Schnittblumen bis Wintergemüse; Inhaber Yogi Reinhard gehört auch zu den Initiatoren der wiederbelebten Dorfgasthäuser *Sternen* in Istein und *Anker* in Efringen-Kirchen (vgl. dort). Ein Beispiel für Klimagunst und Fruchtbarkeit in der äußersten Südwestecke ist die Feigenhecke vor der Gewächshausfront der Gärtnerei. Hier habe ich noch im November reife Feigen an Büschen gesehen, die in vollem Laub standen.

Bei Istein – Maschinenlese und Baselblick

Der *Seebodenhof* gleich nebenan bietet frische Milch ab Hof im Direktvertrieb an, außerdem gibt es dort delikates Bauernhofeis. Zum Haltinger Hofladen von *Stefan Fuchs* und seinem Feinobst vom Tüllinger mehr ab S. 81.

Mehr Zufahrten als Wege Wer auf dem Markgräfler Wiiwegli über Land geht, wird in einem weiten Bogen um Fischingen geführt. Die Route verläuft hier auf halber Höhe mäßig aussichtsreich in den Reben. Die Weinberge am Fuß des Läufelbergs wirken so ausgeräumt und aufgeräumt wie die Ebene. Keine Steinmauern, kaum Hecken, stattdessen lange Rebzeilen, die effektiv bewirtschaftet werden können. Arbeiter sieht man in solchen Weinbergen selten. Modernes Agrarland ist nicht fußläufig, aber maschinengängig, also kaum Wege, sondern asphaltierte Zufahrten. Hier holt der Vollernter in einer Stunde soviel, wie eine Gruppe Erntehelfer am Tag kaum schafft. Maschinenlese kostet höchstens halb so viel wie Handlese und damit wäre klar, wie Discount-Weine gelesen werden *müssen* und weshalb eine selektive Handlese damit nicht konkurrieren kann – und nicht will.

Bei Fischingen – Relikt im Weingarten

Wachsen oder weichen Inmitten der arrondierten Lagen um Fischingen wirken die letzten Rebhütten an Aussichtspunkten wie Nostalgiereste. So ein Rebhaus sagt mir: Weinberge sind nicht nur optimierte Ertragslandschaft, sondern auch Besinnungsorte, Kleinkapellen. Zumindest für jene, die nicht vom Ertrag leben müssen. Für Winzer gilt der Markt und deshalb fügt sich die ausgeräumte Rebflur um Fischingen gut zur nahen Genossenschaftskellerei in Efringen-Kirchen. Die ehemalige Bezirkskellerei heißt jetzt heimeliger „Markgräfler Winzer e.G.".

Der größte Erzeugerbetrieb des Markgräflerlands präsentiert seine Edelstahltanks selbstbewußt neben der Bundesstraße hinter einer Glasfront. Will heißen: schaut ihr Heckenwinzer, hier spielt die Musik, hier werden Preis und Menge gemacht. Mit der Ruhe, die im Wort ‚Weinkeller' anklingt, ist es im umkämpften Weinmarkt längst vorbei. Auch im Markgräflerland ist zuviel Wein auf dem Markt und der Druck wird durchgereicht bis zum letzten Nebenerwerbswinzer. Das jährliche *Traubengeld,* einst Stolz der Genossen, wird immer öfter zum

Alles hat seine Zeit – Weg, Zaun und Dach in Ötlingen

Ärgernis und dann zu einem Motiv der Betriebsaufgabe. Natürlich gilt gerade im genossenschaftlichen Weinbau die Regel vom „Wachsen oder Weichen".

Unter den Genossenschaften ging Efringen voran, die Mitte fusioniert hinterher, der Rest verschwindet, gibt auf oder stirbt leise. Für hausgemachten Druck sorgen Zertifizierungslobby und Aktionisten mit allerlei Initiativen. Der Druck internationaler Märkte und die Zunahme administrativer Auflagen sorgen weiter für eine resignative Stimmung in der heimischen Landwirtschaft. Vielleicht denkt jemand daran, daß nicht nur Insekten und Wirbellose, sondern auch ganze Erwerbsformen aussterben können. Zum Beispiel der kleinbäuerliche Familienbetrieb.

Idealisten, die mit einem Hektar geerbter Reben aus Spaß an der Freud weiterwinzern, wird es immer geben. Ebenso begabte, oder zumindest initiative Selbstvermarkter, die ihre Nischen finden. Der große Rest braucht Mindestgrößen, muß Fläche kaufen oder pachten. So verschwindet das Mosaik der Nebenerwerbler wie der Feierabenddialog nach der Rebarbeit.

Weiße Wolke – Obstblüte um Binzen, 1956

Landwirtschaft ist keine Rückzugsoption aus der Moderne, sie ist längst Teil davon. Aufgesogen und verdaut.

Einkehr in Binzen Lassen wir unsere Tour durch Leben und Reben im Südwesten versöhnlich ausklingen. Auf den ersten Blick wirkt Binzen wie auf Speed. Ein Kreisel als Symbol des Ruhelosen, Schweizer zum Einkaufen, Deutsche zum Arbeiten. Eine Hauptstraße wie ein Beschleunigungsstreifen, am Ortsrand Wohnmärkte und Bauparks, oder umgekehrt. Jedenfalls geht es zügig hin und her zwischen den letzten Staffelgiebelhäusern und den Hochregalen im Gewerbegebiet am Dreispitz.

Bei Hornbach bekommt der Mensch alles für ein Leben zwischen Einzug und Umzug, inklusive Faltkartons und Ausleih-Anhänger „Alles Stehende und Ständische verdampft" – daß eine These von Karl Marx 150 Jahre später ausgerechnet im Baumarkt Realität wird, hätte auch niemand gedacht.

Als die Beschleunigung im Dreiländereck noch nicht allgegenwärtig war, sah Binzen etwas anders aus. 1965 wurden 1.500 Einwohner und 12.000 Obstbäume gezählt. 30 Jahre später heißt es in der Landkreisbeschreibung von Lörrach über die

Obstvielfalt – Hofladen Stapflehus in Binzen

Binzener Hauptstraße „es beginnt sich in zunehmendem Maße städtisches Gepräge einzustellen". Mittlerweile gehört das vorstädtische Gepräge zum prägenden Element einer 3.000 Einwohner Gemeinde, deren Bewohner ein mittleres Einkommen haben, das zu den höchsten im Landkreis zählt. Die mittlere Daseinszufriedenheit wird vom Zensus nicht erfaßt.

Saft und Kraft von nebenan Nur wenige Meter abseits vom Betrieb auf Binzens Hauptstraße, steht ein historisches Anwesen mit einem markanten Staffelgiebel zur Straße, in der angebauten Scheune gibt es einen Hofladen namens *Stapflehus-Lädeli.* Im dem kleinen, ansprechenden Hofladen von Familie Krumm hängt gleich rechts neben dem Eingang ein historisches Schwarzweißfoto (vgl. links oben). Das Bild von 1956 zeigt die Obstblüte um Binzen, das Land weiß getupft als wäre ein Daunenkissen geplatzt. Durch die Wiesen von damals führt heute die A 98 nach Lörrach und Rheinfelden am Hochrhein, wo das städtische Gepräge nochmals zunimmt.

Im synchronen Betrauern von Bäumen und Generieren von Gewerbesteuer, Krippenplätzen und Moralangeboten hat es

Obst in mancher Form – Hofladen Stapflehus in Binzen

die Gesellschaft weit gebracht; und zu allem sollte der Verkehr halt auch noch fließen. Das ist ziemlich viel auf einmal, aber nicht nur in Binzen.

Alles Stehende vergeht, aber nicht restlos. Das *Stapflehus Lädeli* steht für Vielfalt und Tiefe der Obstkultur um Binzen, auch für eine eigenständige Landwirtschaft im erweiterten Sinn, wozu auch der exemplarisch sorgfältig bestückte Hofladen zählt – Renate Krumm ist Gärtnerin und Gestalterin und man sieht es: Säfte, Wein, Edelbrände, darunter auch von seltenen Sorten, guter Apfelessig, eine große Auswahl an Eingemachtem, Marmeladen und Gelees von eigenem Streuobst, dazu kaltgepresste Speiseöle und einiges mehr aus handwerklicher Produktion. Vor allem eine Einstellung zu Land und Frucht, die es weiter draußen im Gewerbegebiet nicht gibt. In der Mühlenstraße 2/Hauptstraße; stapflehus-binzen.de.

Gleich gegenüber gibt es mit dem gemeindeeigenen, modern gestalteten *Café-Bistro* am Rathausplatz noch eine Insel im Strom der Zeit. Ein gastronomischer Neustart des attraktiv gelegenen Cafés ist im Frühajhr 2021 erfogt (vgl. unten).

Ebenso bemerkenswert das kleine, feine ökologische Wein-

Landmarke im Rebland – der Ötlinger Kirchturm

gut des Überzeugungswinzers *Gerhard Aenis*, Hauptstraße Nr. 34, mit einem besonderen, weil authentischen Sortiment an trockenen, durchgegorenen Weinen und Winzersekt.

Ausgehen und Einkehren

Günstiger Beginn oder Etappe einer Tour auf dem Markgräfler Weinweg könnte der Rathausplatz in Binzen sein (Einkehr vgl. unten). Von dort durch das Dorf nach Norden in Richtung der beiden Wegweiser Im Berg/Brunnackerbrünnli, bzw. nach Süden über den Wegweiser Finstere Mättle nach Ötlingen; in beide Richtungen sind zahlreiche Varianten durch das Rebland möglich. Auch an der Kreisstraße von Binzen über Fischingen nach Egringen liegen Ausgangspunkte für Rebrunden am Fuß des Läufelbergs.

Café & Bistro am Rathausplatz, Binzen Auf dem Platz vor dem Rathaus steht ein historischer Jura-Kalksteinbrunnen, der schon an Basler Vorbilder erinnert, auch die gediegene Einkehr an der Stirnseite des Platzes fällt auf. Schon optisch wirkt das moderne Tagescafé wie ein Gegenentwurf zu den üblichen Aufbackstationen. Das attraktiv und zentral gelegene Objekt wurde im Frühjahr 2021 neu verpachtet und möbliert, die ortsbekannten Gastronomen des Emma-Tagesbistros im Binzener Gewerbegebiet sind nun auch für das kulinarische Programm

Spargel auf dem Teller, Wein im Keller – Rebstock, Egringen

am Rathausplatz verantwortlich. Geplant ist ein Café-Bistro-Hybrid mit Mittagstisch, an manchen Abenden auch Barbetrieb. Architektur ist reflektierte Gegenwart, ein gepflegt aufgebautes Weckle (das heute natürlich Panini heißt) spiegelt auch die Zeit. Wie ein Café mit einem Konzept, das zum Gast sagt: es geht auch anders. Die Gemeinde hat hier einiges Geld in die Hand genommen und man wünscht, daß die neuen Pächter dem Potential des Platzes gerecht werden. Dann könnte sich hier eine Einkehr etablieren, die einen Rathausplatz zu dem macht, was er sein sollte. Ein Vorbild.

79589 Binzen, Rathausplatz 3, ♣ angenehm belebte Terrasse beim Brunnen im Ortszentrum.

REBSTOCK, Efringen-Kirchen, Egringen Ein konventioneller Landgasthof mit ebensolcher Karte, die – wie oft im Grenzland – die Schweizer Kundschaft fest im Auge hat. Also gibt es Rahmschnitzel, Zürcher Geschnetzeltes, Filet und Rösti. Zur Saison auch Gänse, Wild und Spargel, wochentags Mittagstisch. Der zuverlässige Ortswinzer **Dirk Brenneisen** baut seine Weine im Holzfaßkeller des Hauses aus und vermarktet sie mit zeitgenössischem Understatement als Tafelwein. ♣ Wintergarten und ein stimmungsvolles Gartenabteil unter der Kastanie, 79588 Egringen bei Efringen-Kirchen, Kanderner Straße 21, Tel. 07628-90370; rebstock-egringen.de, Gästezimmer im eigenen Hoteltrakt.

Beruf und Berufung – Stefan Fuchs, Obst vom Tüllinger

OBST VOM TÜLLINGER, Stefan Fuchs, Weil-Haltingen. Der Obsthof von Familie Fuchs liegt in der Kirchstraße und damit in einem Teil der alten Dorfmitte, die so alt nicht ist. Im Kriegsjahr 1940 wurden weite Teile des Dorfs durch französischen Artilleriebeschuß zerstört, der Wiederaufbau erfolgte nach dem Schema eines nationalsozialistischen Musterdorfes. An begradigten Straßen wurden lange Eindachhöfe errichtet, deren Wohnteil und Ställe unter einer Firstline liegen. Dabei wurden die Anwesen oft mit etwas Abstand vom Straßenverlauf gebaut, teils mit Gärten vor dem Wohnteil. So entstand jenes ungewohnt systematische, auch großzügige Haltinger Dorfbild, das sich von dem unzerstörter Markgräfler Haufendörfer deutlich unterscheidet.

Der eine oder andere Haltinger Stall wird längst als Garage oder Wohnung genutzt, bei Familie Fuchs hielt der Erwerbsobstbau Einzug und er wurde zum Hauptmieter. Mit Hofladen, Lager, Kühlzelle und Brennraum, mit einem Dirigenten, fünf Vollzeitstellen und 12 Hektar Kulturland auf den fruchtbaren Böden zwischen Tüllinger Höhe und Bundesstraße. Der Wandel vom kleinbäuerlichen Mischbetrieb und Genossenschaftsvermarkter zum spezialisierten Feinobstproduzenten mit 100 % Selbstvermarktung ist ein Generationenprojekt, ein nimmermüder Akteur des Ganzen ist Stefan Fuchs.

„Ich versuche meinen Beruf als gärtnerisches Handwerk auszuüben. Was ich mache, haben mir andere vorgesungen." Ein Sortiment wie es

Schatz im Korb – Goldparmänen

Stefan Fuchs bietet, muß freilich mehr erarbeitet als besungen werden. Der Hofladen bietet 20 altbewährte, aber auch vielversprechend neue Apfelsorten, ein Dutzend Tafelbirnen, Kirschen, 20 Zwetschgensorten. Wobei letztere in einem selten weiten Zeitfenster geerntet werden, das idealerweise von der letzten Kirschwoche Ende Juli bis in den Spätherbst reicht. Saftige Zwetschgen also bis zur Basler Herbstmesse, „erst wenn sich das Riesenrad dreht, ist Schluß", meint Fuchs nicht ohne Stolz zu seiner Spätlese, die an einem Winkel des Tüllingers reift, der vegetativ sehr spät dran ist.

Am Beginn des Obstjahres stehen die Beerenfrüchte, auch hier sorgt „gärtnerisches Handwerk" für den Rahmen, zu dem auch feinmotorische Fertigkeiten gehören. Mit Erdbeer- und Himbeerpflückern im Akkordlohn kann Fuchs nicht arbeiten; wenn die Frucht in Genußreife zum Kunden kommen soll, muß sie besonders gefühlvoll geerntet werden. Zur Qualität gehören Geschmack und optimale Ernteabläufe, gerade beim sensiblen Beerenobst beschleunigt eine grobe Ernte den Verderb.

Beruf, Berufung, Leidenschaft – beim Ausleben seiner Möglichkeiten ist Stefan Fuchs weit fortgeschritten. Er schwärmt vom „weinsäuerlichen Aroma" des Freiherrn von Berlepsch, der zu den besten Tafeläpfeln überhaupt gehört, dicht gefolgt vom erfrischenden, Monate lagerfähigen Winterglockenapfel. Eine Sorte, die aus dem üblichen Sortiment fast verschwunden ist, weil ihre Früchte gerne vom Stamm fallen.

Land- und Obstpartie – von und mit Stefan Fuchs (li)

Über die Gestalt einer Frucht, über die kurzachsig-bauchige Vereins-Dechantsbirne, Schalenpunkte, Berostung und Schmelz könnte man mit Fuchs ein Colloquium abhalten, besonders wenn eine Birne auch noch Doyenné du Comice heißt. Es ist wie so oft, wer etwas richtig macht, mag andere Dinge im Leben nicht mehr falsch machen.

Es ist schon ein paar Jahre her, das saßen wir an einem Juliabend mit Familie Fuchs auf dem freien Feld am alten Weg nach Weil. Eine lange, reich gedeckte Tafel stand im Gras, umgeben von Beeten und Beerenspalieren, gerahmt von Obstbäumen. Wir redeten über Erdbeersorten, Kirschwochen, Fruchtfliegen, alte und neue Hagseicher, die Welt im Detail und am Stück. Es war ein so sinnvoller wie sinnlicher Abend.

Zusammenfassend möchte ich festhalten, daß in gärtnerisch erzeugtem Obst eine Menge an Arbeit steckt, aber auch an Genuß. Von der reifen Frucht führt ein direkter Pfad zur kulinarischen Leidenschaft. Wegweiser sind rund ums Jahr im Haltinger Hofladen erhältlich.

Obst vom Tüllinger, Familie Fuchs, 79576 Weil-Haltingen, Kirchstraße 1, Tel. 0179-822 61 13, Hofladen (Fam. Fuchs sen.); unter der Woche Di bis Fr 15 bis 18 Uhr; Sa 8 bis 12 Uhr; Mo bis Sa auf dem Marktplatz, Basel, obst-vom-tuellinger.de.

Muß man suchen und finden – Efringer Idylle

5

Zwei Gesichter von Efringen-Kirchen

Efringen-Kirchen trägt seinen Doppelnamen zurecht. Die 9000-Einwohner-Gemeinde, fusioniert seit 1942, wird von Landstraßen und einer Bahnlinie getrennt und so manches hat hier zwei Gesichter, mindestens. Wer vom Bahnhof aus die Hauptstraße Richtung Ortsmitte und Rathaus geht, erreicht eines dieser Landesfördermittel-Zentren mit Alibiskulptur und Flachwasserzone, ein öffentlicher Raum wie aus dem Katalog.

Auch die unvermeidlichen Pflanzenkübel sind präsent, also langweilen sich Oleander und Palme bis zum Eintritt der ersten Nachtfröste. Dann wird hoffentlich das Wasser aus der illuminierten Zentralpfütze abgelassen und die Dämmerung senkt sich gnädig über ein städtebauliches Ich-weiß-nicht-was-soll-es-Bedeuten. Nur nicht am Freitagvormittag, dann ist Markt. Der Landeszuschuß und die Unwirtlichkeit öffentlicher Plätze wurden auch in Efringen zum unzertrennlichen Paar.

Nur wenige Schritte weiter, im Kirchener Gewinkel zwischen Gässle, Bergrain und Auf der Pfalz, sieht alles wieder anders aus. Keine heimatvertriebenen Palmen, sondern blühende Hausgärten und liebevoll gestaltete Höfe. Ein alter Dorfkern als Organismus, Bürger im Glückswinkel. Dinge wachsen und

Ein Angebot – die Bank am Haus

durchdringen sich. Es wird gewerkelt, Restlandwirtschaft, Ateliers, ganzheitliche Heilverfahren, der gemischte Satz einer Gemeinde im Transit. Efringen-Kirchen hat viele Gesichter.

Lob der Hausbank Da und dort steht im alten Kirchen auch noch eine anständige Hausbank vor dem Eingang, was immer ein Zeichen ist. Eine einladende Hausbank, kein Türvorleger, auf dem *Welcome* steht. Eine Bank, auf der man sitzen und miteinander reden kann, ohne einen Termin zu vereinbaren. Eine Bank, auf der so schöne Worte wie Freizeit oder Feierabend Platz haben. Ein soziales Angebot ohne öffentlichen Fördertopf, leider vom Aussterben bedroht.

Bei den KfW-55-Kisten, die nach Lebensabschnittsplanung aussehen, jedenfalls nicht nach Lebenskunst, steht keine Bank vor dem Haus. Dafür gibt es eine Türkamera und eine Gebäudehülle, deren Luftdichte $n_{50} \leq 1{,}5\ h^{-1}$ erfüllen muß (stimmt wirklich). Wer möchte eigentlich unter solchen Kriterien vor sich hin altern, subventioniert und klimaneutral weggesperrt?

Die meisten dieser „Sie-haben-Ihr-Ziel-erreicht“-Häuser machen zur Straßenseite die Schotten dicht. Sie haben keine

Oleander an Flachwasserzone – Rathausplatz, Efringen-Kirchen

Schauseite, stehen mit dem Rücken zur Gemeinde und zeigen, daß sie mit ihrer Umgebung nichts zu tun haben wollen. Es sind rechtwinklige Kisten ohne Gestaltwert. Die Gestalt einer schönen Hausbank sagt etwas, sie ist eine ausgestreckte Hand.

Zwischen Biotop und Autobahn Das aufstrebende Efringen-Kirchen ist mit seinen Gewerbeflächen keine Rebland-Idylle – wer die will, besuche das ländliche Blansingen, das versteckte Huttingen, den Dorfkern von Alt-Istein oder einen anderen der neun eingemeindeten Ortsteile rundum. Dafür ist in Efringen-Kirchen der Formenschatz einer Ortschaft zu sehen, die zum Transitraum wurde. Autobahn und Schweizer Arbeitsplätze liegen nebenan. Es gibt Kleingärten und dressierte Vorgärten, beseelte Wohnhäuser und Bauten, deren Eingangstür an eine Isolierstation erinnert.

Eine Hausbank auf Rheinwacken und ein Rathausplatz mit Betonsteinpflaster markieren die Pole auf einer Ortsrunde. Nur fünf Gehminuten liegen zwischen den alten Markgräfler Winkeln ‚Auf der Pfalz' und dem Platz vor der Ortsverwaltung. Eine Einkehr, in der sich die Dinge setzen können, gäbe es auch noch.

Der Reiz des Schlichten – Anker in Efringen-Kirchen

Hafen auf dem Lande Der bereits vor Jahren wiederbelebte *Anker* wäre das seltene Exemplar einer stattlichen Dorfgaststätte, die nach freundlicher Übernahme zu einem Treffpunkt für alle wurde. Wirten statt künsteln, könnte ein Hausmotto sein. Differenzierte Kulinarik sollte allerdings keiner erwarten. Nach einer kleinen Ortsbegehung einkehren, wäre aber sicher keine schlechte Idee. Der Anker bietet klare, aufgeräumte Gasträume, deren französische Türen sich zu einer halbrunden Terrasse öffnen. Von der aus betrachtet, erscheint die Doppelgemeinde Efringen-Kirchen mitunter noch wie ein Dorf. Und dann sitzt wenig später ein Paar am Kachelofentisch und er sagt zu ihr: „Ich sag‘ nur ZDF: Zahlen, Daten. Fakten." Einmal mehr, ein Dorf im Wandel.

Die Gesichter von Efringen-Kirchen lassen sich auch auf einer Schleife durch das Gewerbegebiet beim Breitenstein erkunden. Das bietet zwar keine Wandergruppenoptik, andererseits sind Gewerbegebiete auch nichts anderes als komprimierte Themenwege.

Im Ruhestand – die lange Holzleiter

Themenpfad Gewerbegebiet In Efringen residiert zum Beispiel ein Erzeugergroßmarkt, der darauf achtet, daß unsere heimischen Früchte möglichst glatt, groß und fest, um nicht zu sagen hart und deodoriert, im Regal ankommen. Pflückreife und Genußreife sind bekanntlich zweierlei, Kalibrierung und Geschmack auch. Wir werden der Wirkung von Handelsklassen auf die Landschaft im Markgräflerland noch öfter begegnen, etwa im nächsten Kapitel am Römerweg zwischen Huttinger Kreuz und Bamlach oder im reizenden Eggener Tal am Fuß des Blauen, wo jetzt lange Spaliere stehen wo früher Obstwiesen waren.

In Efringen laufen diese Linien zusammen, im Gewerbegebiet. Holzleitern sind ein Auslaufmodell. Leitern hängen allenfalls noch unter einem Scheunendach, auf dem Altenteil. Wer je einen Kirschriesen abgeerntet hat, weiß warum Obstbäume schon länger nicht mehr in den Himmel wachsen. Auch mit einer neuen Hüfte steht niemand auf die alte Leiter. *Kirschenstrich* ist übrigens der traditionelle Name für die acht Wochen

Nützlich bei der Holzernte – Handschuhe, Marke Bison „Wald“

dauernde Erntezeit, die einst ganze Dörfer auf den Beinen hielt. Aber genug der Nostalgie.

Zu den Sehenswürdigkeiten im Gewerbegebiet zählt auch das Firmengebäude von *Stächelin*. Ein Veredelungsspezialist und Lieferant für Natursteinböden, Küchenarbeitsplatten, Badausstattung etc. Auf der Internetseite der *Natursteinmanufaktur* heißt es: „Das Lager (...) glänzt mit einer beeindrukkenden Vielfalt von rund 250 verschiedenen Natursteinen. Seines gleichen in Deutschland sucht Stächelins Spektrum und Qualität an Quarziten, die vorwiegend in Brasilien als ‚weißer und beiger Quarzit‘ abgebaut werden.“

Stächelins Showroom zu den Themen Wohnen und Repräsentieren mit Stein ist mehr als 2000 Quadratmeter groß. Am Rande sei erwähnt, daß weiter kanderaufwärts bei Malsburg rotschimmernder Granit abgebaut wird, außerdem stützen Kalksteine vom Isteiner Klotz noch heute manchen Weinberg.

Vom Werken zum Grillen Schließlich wäre auch noch *Schachenmeier* zu erwähnen. Ein Systemhaus, an dem das fast verschwundene Wort ‚Werkmarkt‘ an der Fassade steht (wie

Heiß, Heißer, Napoleon – High End Grill bei Schachenmeier

Stächelin im Gewerbegebiet beim Breitenstein, nahe am Traubenkreisel). Für das Werken in Haus, Hof und Umschwung bietet Schachenmeier lauter nützliche und schöne Sachen. Eisenwaren kurz und lang, Handwerkszeug, Schutzkleidung, Kleinteile. Man bekommt das alles auch online, ich habe meine Wippkreissäge aber dort gekauft, der Seniorchef hat sie seinerzeit persönlich ausgeliefert, frei Haus plus Handschlag.

Eine Wippkreissäge schont die Finger beim Brennholzsägen, was auch beim Schreiben von Vorteil ist. Eine Säge mit 505 mm Blatt genügt zum Brennholzschnitt für den Hausbrand übrigens vollauf, vom gesparten Geld im Vergleich zu einem Modell mit 700er Blatt können Sie gerne Oase-Bücher kaufen.

Auch ein Werkmarkt geht mit der Zeit. Wo früher Geräte zur Brennholzverarbeitung standen, steht bei Schachenmeier jetzt ein beeindruckendes Sortiment an High-Tech-Gasgrillgerät in den Größen L bis XXL. Die Mittelklasse-Modelle von Napoleon haben mittlerweile sechs Drehregler, einen extra für die 800°-Sizzle-Zone. Im alten Europa wird das Werken offenbar vom Grillen verdrängt. Außerdem: in gewissen Fachgeschäften

Vollkaskoeinkehr – Walsers Restaurant & Landhotel, Efringen

sollten Männer ihre Frauen nicht beim Einkauf behindern. Bei Schachenmeier ist es ähnlich, nur andersrum. Ich weiß, ein unkorrekter Satz. Stimmt aber trotzdem.

Ausgehen und Einkehren

Eine Runde durch Efringen und Kirchen Eine Ortsrunde in Efringen-Kirchen, etwa vom Bahnhof die Hauptstraße abwärts in den historischen Dorfkern von Kirchen, erschließt neue Mitte und alte Winkel. Für undogmatische Wanderer wird sogar das Gewerbegebiet Breitenstein westlich der Bundesstraße zum Themenpfad (vgl. S. 90). Wem das zuviel an an Perspektive ist, der könnte auch einfach eine Runde durch die Weinberge am Efringer Ölberg drehen. Der Panoramaweg vom Bahnhof über den Wegweiser am Huttinger Kreuz (388 m) garantiert Rheintalsicht und Distanz vom Alltag.

Panoramaweg Schafberg Beginn beim Bahnhof, knapp 4 km, 110 Höhenmeter, unterwegs Infotafeln zu Regionalthemen vom ökologischen Weinbau bis zur Rheinregulierung unter Tulla, aber keine zur bereits erfolgten Tieferlegung der Rheinauen. Wegweiser an der Strecke: Am Tannenrain, Weinlehrpfad, Huttinger Kreuz, Überm Kalkwerk (387 m).

Speisen im Salon – Walsers Landhotel am Efringer Bahnhof

WALSERS Landhotel & Restaurant, Efringen-Kirchen Walsers Restaurant ist eine gastronomischen Instanz im Dreiländereck, geboten wird ein kulinarisches Vollkasko-Programm. Es kommen Gäste von nebenan bis international, vom Business-Lunch bis Abendrunde. Urban und jung, reif und gediegen, geschäftlich und privat, kaum ein gastronomischer Wunsch, den Familie Walser nicht erfüllt. Die Küche arbeitet auf der Höhe der Zeit, mit einer Zuverlässigkeit, wie sie nur reife Gastgeber bieten. Dazu paßt der elegant-bürgerliche Speisesalon und ein verglaster Anbau, ebenfalls modern und luftig möbliert. Der Wintergarten öffnet sich zu Terrasse und Platz. Rechts vom Eingang der kleine Schankraum mit etwas Lokalkolorit am Stammtisch; einen Gewölbekeller gibt es auch noch.

Der Gast fühlt sich bei Walsers gut aufgehoben. Der Service läuft routiniert und paßt zur lösungsorientierten Grundstimmung im Haus. Offensichtlich, daß hier Reformgastronomie ohne Rahmtöpfle-Irrtümer geboten wird. Es gibt keinen Hype of the day, sondern Vorspeisen to share. Symptomatisch für den Betrieb wäre auch das Mittagsangebot: das wechselnde Lunchmenü wird nicht als lästige Pflicht verstanden, sondern genauso sorgfältig gekocht und serviert wie die Abendangebote. Darunter zeitlose Klassiker wie die delikat-lockeren Montagskalbfleischküchle oder auch der Samstagstafelspitz – die Werktags-Dreigänger für knapp 20 Euro sind kleine Festessen zum Alltagspreis, nach Preis und Qualität ziemlich konkurrenzlos in der Südwestecke.

Einfach schön – Anker, Kirchen

Wer eine zuverlässige und gepflegte Einkehr schätzt, kommt an Walsers kaum vorbei, in der Südwestecke gibt es wenig Alternativen zu einem modernen, aber nicht modischen Programm. Die Karte bietet alemannische und mediterrane Klassiker wie geschmorte Kalbsbäckle, Cordon Bleu, Vitello tonnato und die Bouillabaisse mit Aioli und Röstbrot (wahlweise als große und kleine Portion) haben Referenzqualität, Specials wie Fondue und Raclette erweitern das Spektrum. Abends stets auch Fischgerichte, obligatorisch in Grenznähe die Verneigungen vor Schweizer Wünschen. Somit bietet Walsers Optionen vom Zweckessen bis zur privaten Abendeinkehr mit Übernachtungsoption. In seiner Klasse in und um Efringen gesetzt.

Walsers Landhotel & Restaurant, Bahnhofstraße 34, 79588 Efringen-Kirchen, Tel. 07628-8055244, www.walsers-hotel.de. ♣ Wintergarten, anschließend die angenehme Terrasse im Baumschatten. Sieben moderne Gästezimmer und eine Suite im Haupthaus; weitere Zimmer nebenan im Gästehaus mit Tagungsraum. **Preise**: mittags günstig-mittel, abends gehoben.

ANKER, Kirchen Ansehnliches Dorfgasthaus, das wiederbelebt zum Treffpunkt wurde. Wobei der Anker seit jeher eine Institution war, alte Gäste erinnern sich noch an den seidenmatten, in Jahrzehnten aufgetragenen Nikotinglanz der Wände. Die wurden weiß gestrichen, die hohen und luftigen Räume sind aufgefrischt, aber nicht verhunzt. Der Anker

Dorfwirtschaft 2.0 – Sternen, Istein

ist eine attraktive Wirtschaft, auch dank einer im Markgräflerland selten offenen und großzügigen Raumwirkung, was unter Betrieb freilich zu lauter Akustik führt. Auch die gut gemeinte, aber nicht mehr als deftige Küche sorgt für Werte im rustikalen Bereich.

Die Waien nach Anker-Art sind eher hoch als dünn; die frischen Salate aus dem Anbau der Fischinger Bio Gärtnerei von Yogi Reinhard – der auch Miteigentümer der Liegenschaft ist – gehen soweit in Ordnung, kurz Gebratenes dito. Pasta und mediterrane Positionen der Karte werden deutsch zubereitet, also warm und reichlich. Wer gastronomische Grundsicherung erwartet, wird selten enttäuscht, sicheren Trost spendet die schöne Weinauswahl.

Anker, Basler Straße 48, 79588 Efringen-Kirchen, Tel. 7628-8001175, **Preise**: günstig-mittel. ♣ Terrasse; anker-efringen-kirchen.de.

STERNEN, Istein Der Sternen und der Anker in Kirchen gehören zusammen, beide Häuser werden auch mit einem ähnlichen Konzept bespielt, das da heißt: Wiederbelebung einer Dorfwirtschaft, das Kommunikative steht vor dem Kulinarischen. Schnitzel, Salat und Waien gehören zum Basisprogramm. Der Sternen bietet zudem einen Saal für Feiern, im Herbst auch Metzgete. Gut, daß es Allzweckhäuser gibt, die zur Nahversorgung beitragen. Man geht da hin, das ist Grund genug. In der Vorstadt 36, Tel. 07621-1350, ♣ Biergarten unter der Kastanie, zum-sternen-istein.de.

Kirschen rot, Spargel tot – eine Runde Obstland

6

Farbe und Duft – Römerstraße und Weinweg

Vom Isteiner Klotz im Süden bis Bad Bellingen im Norden reichen die Markgräfler Vorberge bis dicht an den Rhein. Das Plateau bildet einen fruchtbaren Höhenrücken mit Obstplantagen und Golfbahnen, dazwischen liegen weit verteilt einige Siedlerhöfe. Die alte Römerstraße führt über diesen grünen Balkon über dem Rheintal.

Neben der Römerstraße erschließt ein Netz von Betonpisten und gut befestigten Feldwegen dieses etwas andere Markgräflerland. Es gibt kaum Neubau- oder Gewerbegebiete; Huttingen, Blansingen und Bamlach liegen im Schutz einer Senke, dazwischen viel Raum für Streifzüge – nicht so sehr zu Fuß, eher mit dem Rad oder zum Autotrödeln wäre diese Tour eine Option. Abseits von Römerstraße und Wiiwegli sind die Wege eher arm an Abwechslung. Im Hochsommer verschwinden weite Feldschläge hinter meterhohen Maisgalerien; Subventionsprofis nennen das auch *Grüne Energie*. Für Landschaftsästheten ist hier keine Königsetappe. Rumtreiber finden aber ein Stück Markgräflerland, das einen in Ruhe läßt.

Während der acht Kirschwochen ab Anfang Juni gibt es kaum andere Regionen, in denen die Früchte dermaßen mundgerecht wachsen. Schwer hängen die Äste in den Plan-

Wachstum unter der Haube – Hagelschutznetz

tagen, über Kilometer Fruchtbarkeit und Fülle in Armweite. Dennoch sind Eigentumsverhältnisse zu respektieren, kollektiver Mundraub wird schnell zur Landplage. Gegen eine Hand voll Wegzehrung wird niemand etwas haben, aber nur dort, wo ältere Einzelbäume und Hochstämme nicht mehr abgeerntet werden. Der Fruchtdiebstahl hat in den letzten Jahren weiter zugenommen. Die Saat geht auf, Willkür vor Eigentum.

Kirschen satt Halbstammanlagen liefern meist Industriekirschen für Saft oder Marmelade, sie werden nicht gepflückt, sondern maschinell geschüttelt. Tafelkirschen produzieren professionelle Erzeuger mehr und mehr in umzäunten Anlagen (wg. Wild und Vagabunden); die Haine werden zudem von flexiblen Dächern oder Netzen geschützt. Zur Abwehr von Fruchtfliegen und Hagel, auch zur Reifesteuerung oder gegen Sonnenbrand werden dann die Vorhänge zugezogen.

Im Erwerbsobstbau sind neue Züchtungen mit niederen Stämmen, kleinen Kronen und großen Früchten – Kaliber 28 Millimeter plus – gefragt. Tafelkirschen bringen Erlöse um die 5 Euro je Kilo – und damit mehr als Weintrauben. Große Kir-

Drei Namen als Programm – Wegweiser bei Bad Bellingen

schen reagieren in der Reifephase allerdings besonders empfindlich auf Platzregen und Hagel. So gehört die überdachte Kirschkultur auch im Markgräflerland zum Landschaftsbild.

Die arbeitsintensive Erntephase im Kirschenjahr hatte früher einen eigenen Namen. Im *Kirschstrich* mußten alle verfügbaren Kräfte mithelfen, wer zwei freie Hände hatte, war dabei. „Ich komm', aber erst nach den Kirschen", heißt es noch heute unter Landwirten, wenn es um Nachbarschaftshilfe geht.

An einem heißen Sommertag schmecken Süßkirschen in der Frühe am besten – hat mir jedenfalls ein älterer Markgräfler Landbewohner erzählt. Weil in der Morgenkirsche noch die Kühle der Nacht gespeichert sei. Wer zeitig über die Höhen um Bellingen streift, kann dem nachgehen.

Im ruhigen Westen zwischen Bad Bellingen, Blansingen und Huttingen begegne ich auf einer Tour zur Kirschenzeit gerade noch einem erwachsenen Mann, der auf der Leiter steht – vor einem Siedlerhof, der Kirschenhof heißt. Das Markgräfler Wiiwegli führt unmittelbar am Hof vorbei, auch an einem Hofstand mit reifen Kirschen frisch vom Baum.

Unscheinbar und betörend – Rebblüte Mitte Juni

Drei Liegenschaften auf dem freien Feld oberhalb von Bellingen heißen wie sie liegen: der Kirschenhof umgeben von Kirschbäumen, der Pappelhof von Pappelsäulen. Weit oben am Berg die Wirtschaft Berghof, hinter einer Reihe von Nadelbäumen. Das *Berghofstüble* liegt in Panoramalage über dem Rheintal, mit Blick von Gartenterrassen und einen Glashaus-Wintergarten. Der Gast wird bedient, er bekommt Speisen, bei manchen weiß ich nicht, was soll es bedeuten. Die Preise harmonieren freilich mit der erhöhten Lage des Lokals.

Obst geht mit der Zeit Die weite Flur zwischen Huttingen und Bamlach ist nicht nur Kirschenland, sondern auch eine Region der weiter wachsenden Sonderkulturen mit umzäunten Himbeer-, Brombeer- und Stachelbeeranlagen. Manche davon sind größer als Fußballfelder. Aber was heißt schon groß, andernorts würde man sagen klein wie Fußballfelder. In Osteuropa legen hiesige Discounter Quadratkilometer weite Obstplantagen an. Modernster Standard, überdacht, digital gesteuert, über 50% von der EU gefördert. Wenn diese Erträge hier auf den Markt kommen, beginnt eine neue Runde im

Frei am Samstagmorgen – Ich geh' Reben spritzen . . .

Verdrängungskampf. Blaubeeren sind übrigens das neue Ding beim Beerenobst, möglichst als Ganzjahresanbau.

Beerenobst gehört auch bei der Erzeugergenossenschaft in Efringen zum wichtigsten Marktsegment. Sein Anteil am Gesamtumsatz beträgt mittlerweile 30 Prozent (Zwetschgen um 25 %, Kernobst 20 %, Kirschen 15 %). Nicht mit Kirschen, sondern mit roten Johannisbeeren beginnt mein persönlicher Hochsommer. Jedes Jahr Ende Juli hat meine Mutter einen Geburtstagskuchen gebacken: Johannisbeerkuchen, mit einem rehbraunen Eischaum-Haselnuß-Guß, es war mein Sommerfestaroma. Solange es ging, hat Mutter alles gut gemacht. Nicht nur Johannisbeerkuchen.

Duft und Brise Beim gleichmäßigen Gehen werden Erinnerungen wach, auch Riecherinnerungen sind dann plötzlich wieder da wie ein Flash. Der Duft von Brennesseln in der Sonne, auf denen behaarte Raupen von Tagpfauenaugen fressen. Ein scharfer Sommergeruch, Jahrzehnte nicht in der Nase und dann an einer Stelle des Römerwegs plötzlich wieder da.

In den Reben sorgen ab Juni die unscheinbar blühenden

„Weihrauch der Erde" – René Schickele über die Heubrise

Gescheine für einen süßlichen Duft, der an die Lindenblüte erinnert, nur feiner. Allein der noble Duft der Rebblüte wäre ein Grund für eine Tour durch die Weinberge. Allerdings wird während der abgehenden Blüte auch gespritzt, und die Windfracht einer Rebspritze duftet anders.

Anarchie & Agrarindustrie „Hinterm Stall gilt kein Gesetz, hinterm Silo gibts keinen Gott" – hieß es einst weiter draußen, als die EU noch wenig zu sagen hatte. Etwas anarchisch Selbstbewußtes hat auch manches Bild am Weinweg: wenn die letzten Samstagmorgen-Nebenerwerbswinzer mit der Spritze in die Reben fahren und der alte Eicher nagelt wie ein Dachdecker vor dem aufziehenden Gewitter. Oder die alten, hüftsteifen Haudegen, wie sie über Feldwege rumpeln, ihren alten Benzwagen im Schatten eines Nußbaumes parken, dann erst mal auf der Ladekante sitzen bleiben und eine rauchen. Wie mancher in der Baumkrone steht, oben, wo es keine Berufsgenossenschaft gibt.

Auch die Heubrise gehört nicht mehr zum Duft des Frühsommers. Mit dem Aufkommen der Mais- und Biomasse-

Biomasse Zwischenlager – Silageballen

Industrie und neuen Ballenpressen hat die Heuernte in der Ebene ihre Bedeutung verloren. „Weihrauch der Erde“, nannte René Schickele den Duft beladener Heuwagen. Moderne Hochdruckpressen produzieren keinen Weihrauch, sondern folierte Rundballen.

Vom Heu zur Gülle Die Geschichte vom Heu zur Jauche läuft so: Bei Freilandhaltung von Großvieh galt einst die Faustregel ein Stück Vieh braucht einen Hektar Grünland als Futterfläche. Wer Futter zukauft, hält mehr Vieh, als er Land hat. Noch ertragsorientierter ist die landlose Milchviehhaltung in Offenställen. Der Schwemmmist wird in Güllebecken gesammelt und dann ausgebracht. Durch die Düngung mit Flüssigmist wird Grünland zwar zur Verrieselungsfläche für Gülle, die Biomasse-Erträge steigen dabei. Fett gedüngte Wiesen wachsen schneller und sie können früher im Jahr gemäht werden. Eine frühe Mahd überleben aber nur Pflanzen, die den Dünger gut nutzen, schnell wachsen, früh blühen und schon vor dem ersten Schnitt Samen ausbilden.

Früher Schnitt und intensives Düngen führen zu einer Ver-

Ein Kickplatz als Bühne – Sportplatz Huttingen

armung der Wiesen. Aus artenreichen Blumenwiesen werden starkwüchsige Grasbestände, mit Löwenzahn und Hahnenfuß als Zeigerpflanzen. Im Mai, wenn die Wiesen zum ersten Mal geschnitten werden, regnet es oft und die Nächte sind taufeucht, dann kann das Gras auf der Wiese nicht durchtrocknen. Also läßt man es nur anwelken und produziert Silage, die zu Rundballen gepreßt und mit Folie balliert am Feldrand oder beim Stall gelagert wird. Wie Biomasse-Zwischenlager sehen Silageballen in freien Natur auch aus.

Wo Grünland maschinell bewirtschaftet werden kann, nehmen Silagebereitung und Stallfütterung zu – weiße Ballen statt Heubrise. Der Viehbestand kann bei Stallhaltung erhöht werden, aber nicht nur. Eine Kuh, die Silage und Kraftfutter maulgerecht serviert bekommt, bringt mehr Milch und sie scheidet mehr aus. Mehr Mist, grünere Wiesen, mehr Ballen.

Fußball, Bulldog, Rüblikuchen Auf dem Land zwischen Blansingen, Welmlingen und Huttingen liegt keines dieser 99 Lieblingsziele, die man gesehen haben muß. Man kann hier manches, muß aber nichts. Man könnte am traumhaft gelegenen

Eine von 90 – Rüblitorte auf dem Bulldog-Treffen, Welmlingen

Kickplatz oberhalb von Huttingen ein Flaschenbier nehmen. Wo sonst heißt eine täglich geöffnete Sportheimgaststätte *Rheinblick* (vgl. S. 113), wo sonst gibt es neben der Eckfahne ein Panorama auf Rheintal, Basel und Jura? Man kann auch die paar Schritte vor zum Wanderwegweiser an die Klotzenstraße gehen und sich ein Ziel aussuchen.

Zum reizend gelegenen Picknickplatz über dem Isteiner Klotz geht man auf dem Festungswaldweg in einer Viertelstunde (die Autozufahrt ist 200 m vor dem Platz gesperrt). Runter in den reizvollen, historischen Dorfkern von Istein sind es ab Sportplatz eine halbe Stunde zu Fuß. In Welmlingen am Brunnen rasten ginge ebenfalls, unter der Linde am Milchhäusle.

Beim Treffen der Bulldogfreunde wird der alte Ortskern von Welmlingen (*Wälmlige*) ein Ziel für Volkskundler. Am ersten Oktoberwochenende ist das Dorf auf den Beinen, es kommen fast 300 Traktoristen, die ihr Gerät im Dorf verteilt präsentieren, dazu gut 3000 Besucher. Landfrauen backen bald 100 Kuchen, es riecht nach Gulaschsuppe, Kesselfleisch, Sauerkraut und feinstem Staub aus Dieselrössern. Man hockt und glüht vor, das Markgräflerland ohne Filter.

„Bergkäse, Hafer & Eberesche" – Traube, Blansingen

Brennnesselöl im Distinktionsmenü Auch Blansingen wäre eine kleine Dorfrunde wert, ob mit oder ohne Einkehr ist dann eine Sache von Budget, kulinarischer Neigung und realen Öffnungszeiten. Zur Wahl stehen die exklusive *Traube* (mit Stern und Hauben) oder auch der mit einem rustikalen *Römerstüble* wiederbelebte Römische Hof (ohne Stern und Haube).

In der Traube wird tüchtig fermentiert, kreiert, auch mit Brennesselöl oder Kiefernöl aromatisiert. Menüs ab 79, korrespondierende Säfte ab 42 Euronen. Für Extremgourmets sicher eine Option. Die Speisenausgabe erstreckte sich bislang von Mittwoch bis Sonntag, jeweils ab 18 Uhr. Im feinen Landhaus gibt es modern eingerichtete, behagliche Zimmer.

Zum Kulinarischen läßt die Traube wissen: „In unserer Küche arbeiten wir mit den besonderen Eigenschaften der Elemente und lassen uns von ihnen für unser Menü inspirieren." Stimmt, es kochen alle nur mit Wasser. Das Menü liest sich very contemporary im Gourmetstakkato, etwa: „Leinsam & Bärlauch, Buchweizen & Mais". Zum Finale vielleicht „Bergkäse, Hafer und Eberesche"?

Römischer Hof wird Römerstüble, in Blansingen

Vesper im Stüble Blansingen liegt nicht isoliert, aber etwas abseits, ansprechend in die Hügel gebettet. Das Dorf scheint sich zu genügen, es vermittelt Ruhe und Zufriedenheit, wenig wirkt für Tagestouristen herausgeputzt. Die Bundesstraße verläuft weiter landeinwärts, was kein Fehler sein muß. Laßt sie doch fahren, mag man sich in Blansingen denken.

Archäologische Funde belegen den altbesiedelten Status von Blansingen. Im Mittelalter gelangte das Dorf dann durch eine Schenkung an das Kloster St. Blasien. Über Jahrhunderte blieb die Landwirtschaft dominant, das Handwerk war unbedeutend. Die Dimension mancher Torbögen und Scheunen zwischen Alemannenstraße und Gänsmattenweg ist beachtlich, mancher Hof im Oberdorf wurde sorgfältig restauriert.

In zentraler Lage an den historischen Achsen Blansingens liegt der denkmalgeschützte *Römische Hof*. Das imposante Anwesen mit dreiseiten Innenhof wurde bis 2017 als Gasthof bewirtschaftet. Nach dem Verkauf der Liegenschaft gab es 2020 einen ersten Neustart der Gastronomie als *Römerstüble*. Derzeit wird auf dem Anwesen saniert, wovon die Vesperstube ab 2021 ebenfalls profitieren soll.

Hart an der Kante – Markgräfler Weinweg oberhalb Kleinkems

Die historische Hofstelle, 1744 erbaut, galt einst als landwirtschaftliches Mustergut. Bis heute beeindruckt das imposante Format des Innenhofs. Bleibt zu hoffen, daß der Platz bald wieder zur Einkehr lädt. Blansingen auf Twitter: Uraltes Dorf am Römerweg, günstige Lage, kaum Durchgangsverkehr. Buchweizen & Mais in der Traube; Vesper im Römerstüble.

Wege, Hinweise, Einkehren

Touren Abschnitte, die zum beschaulichen Gehen animieren, gibt es auf dem Höhenrücken vom Isteiner Klotz über Blansingen bis Bad Bellingen. Ein weites, offenes Agrarland ohne verpflichtende Ziele. Man könnte über Feld-, Wald- und Wiesenwege radeln, den Obstplantagen auf der Höhe folgen, oder auch in den einzigartig gelegenen Reblagen am Isteiner Klotz ein ambulantes Rucksackviertele genießen. Und manchmal steht das Kalkwerk fast romantisch im diffusen Licht des Spätherbstes, fast schon eine Kreidefelsen-Stimmung.

Wegkreuz Sportplatz Huttingen (382 m), von hier Abstecher zum 1,6 Kilometer nahen Isteiner Klotz (320 m), Vesperplatz. Dort weite

Ein Hauch Caspar David Friedrich – Spätherbst am Isteiner Klotz

Sicht aufs Rheintal, aber leider auch etwas Dauerbrumm von der A 5.

Weingut am Klotz In den Weinbergen oberhalb von Istein, südlich einer markant stehenden Kalkfelsnase, gab es einst den Reingerhof. Baulich ein schlichter Siedlerhof, allerdings in exklusiver Lage, umgeben vom eigenen Rebland. Wie das Anwesen stehen auch die Weinstöcke in erster Lage über dem Rheintal auf Kalkverwitterungsböden, die im Markgräflerland selten sind. Der Hof wurde lange Jahre unter seinem Potential als einfache Straußenschenke betrieben. Nach dem jüngsten Verkauf wird die Liegenschaft derzeit von zwei bekannten Winzerfamilien (Keller, Oberbergen; Reinecker, Auggen) zum ambitionierten Projekt ertüchtigt. Die ersten beiden Jahrgänge der Weine vom Klotz gibt es bereits, eine provisorische Vinothek ebenfalls, in welchem Umfang Gastronomie und eventuell auch Gästezimmer dazukommen, soll sich in naher Zukunft entscheiden. Lage und Potential des Anwesens sind einzig, deshalb im Auge behalten. Weingut am Klotz, Auf der Festung 2, 79588 Istein, bei Efringen Kirchen, weingut-am-klotz.de.

Blansingen Ein Ausgangspunkt oberhalb von Blansingen wäre das Wegkreuz und die Parkbucht am Römischen Hof (Wanderwegweiser, 391 m). Eine aussichtsreiche Schleife führt rüber nach Huttingen (5 km). Weitere Ziele ab Römischer Hof: zum Isteiner Klotz 6 km, Kapelle Maria Hügel 4 km, Bellingen 5,5 km, zum Wegweiser an der Römerstraße 0,6 km (ab hier Zugang zum Wiiwegli), vgl. nächste Seite.

In erster Lage – Weingut am Klotz, oberhalb Istein

Bioladen-Sonnenhof, Blansingen Am Ortsrand liegt ein Demeter-Aussiedlerhof mit breitem Bioladen-Sortiment; sonnenhof-blansingen.de.

Wiiwegli Auf dem Höhenrücken zwischen Bellingen und Isteiner Klotz, verläuft der Markgräfler Weinweg teils an der steilen Westkante, also direkt über Rheintal und Autobahn, was häufig für Aussicht sorgt, aber auch für Blick auf die Autobahn.

Einkehren Mit einer reichen Auswahl an stimmungsvoll gelegenen Einkehren kann eine Landpartie längs der Römerstraße in und um Blansingen nur partiell dienen. Erste Wahl für eine Etappe nahe Weinweg und Römerstraße wäre das 2021 neu eröffnete Römerstüble (vgl. dazu auch S. 107); falls eine Einkehr dort nicht ansteht, bleibt wenig anderes, als seitwärts nach Bamlach oder sacksteil abwärts nach Kleinkems auszuweichen.

Down Under Eine Diretissima stürzt von Blansingen durch die Weinberge unvermittelt runter in den eng gepackten Dorfkern von Kems, wo die Gassen Am Scherbenrain und Alte Weinstraße direkt an die Unterführung der Rheintalbahn anschließen. Den Ortsrand von Kems prägen schmucklose Siedlungsarchitektur und ein Zementwerk. Die Gesamtschau wird von der kleinen Kapelle auf dem Hügel nur wenig verklärt, das imposanteste Gebäude des Landstrichs ist ohne Zweifel der Neubau der Autobahnmeisterei an der Ostseite der Autobahnauffahrt Efringen-Kirchen. Im Dorf Kems erinnert die strahlend neue Fassade der

Hähnchen & Schäufele – Storchen, Bamlach

Blume nach jüngster Renovierung nur noch zart an ihr Namensvorbild; das konsequente Angebot an Cordon Bleu, Rückensteaks, Filets und Entrecôte ist – auch bei Schweizer Gästen – weiter gesetzt. Ein Entrecôte wird wahlweise begleitet von Pfifferlingrahm, Madagaskarrahm oder auch Kräuterbutter, Wildgerichte werden mit Rahmsauce gereicht, für Vegetarier bleibt wenig Spielraum außer Pommes mit Salat. Fast alles Fleisch wird als Tellergericht oder Portion gereicht. blume-kleinkems.de.

Blansingen, Kems, Bamlach Elektroradler, die noch drei, vier Balken auf dem Akku haben und auf dem Römerweg unterwegs sind, könnten an eine Talfahrt von Blansingen nach Kems denken, alle anderen sollten den drohenden Wiederanstieg mit Sorgfalt abwägen.

Bamlach liegt freundlicher und höher am Hang, auch weniger eingezwängt als Kleinkems; zudem gibt es neben Golfcourts und beliebtem Campingplatz (mit Resto), immerhin ein Galerie-Café und einen waschechten Landgasthof. Noch ein Ort weiter das besserbürgerliche Traditionshaus Schwanen in Bad Bellingen mit einem Michelin-Bib und moderat-gehobenem Angebot.

STORCHEN, Bad-Bellingen-Bamlach Auf Touren längs der Römerstraße empfiehlt sich der Storchen als rustikal-robuste Einkehr (mit Gästezimmern). Der Gastraum des Traditionshauses wurde erst unlängst kräftig modernisiert, kulinarische Oldies wie Toast Hawaii und Kalbsrückensteak Bombay haben

Mal was anderes – Galerie Café, Bamlach

aber noch immer einen festen Platz im Programm. Auch die fixen Abend-Extras der breit aufgestellten Karte zeigen, daß es hier um eine konventionelle Küche geht, die nach einer Radtour oder Distanzwanderung üppig nährt; Gäste aus dem nahen Bad Bellingen und vom beliebten Campingplatz schätzen die Extras im Storchen. Jeden Montagabend gibt‘s frische Schweinehaxe mit hausgebackenem Brot, Dienstag Schäufele im Brotteig, Freitag frische Hähnchen, im Winter freitags Kesselfleisch mit Meerrettich und Hausbrot (jeweils ab 18 Uhr). Kurz und satt, der Storchen ist ein vitales Landgasthaus mit mehrheitsfähigem Ambiente und Programm, bei entsprechender Erwartung in Bamlach alternativlos.

Storchen (Fam. Hugenschmidt), 79415 Bad Bellingen-Bamlach, Rathausstraße 3, Gästezimmer, Tel. 07635-547, storchen.eu

GALERIE CAFÉ, Bamlach Tagescafé und Galerie in einer Scheune aus dem 18. Jahrhundert, geprägt vom Stil der Gastgeberin Astrid Towers. Luftige Stimmung, ausgebauter Heuboden, Freisitz zur Dorfstraße. Am Eingang die Kuchentheke, es gibt zudem Vesper und Kleinigkeiten; wenn es kälter wird auch eine Tagessuppe; manches davon Bio. Als

Fußball unser – Kickplatz Huttingen

Etappe bei schönem Wetter, auch bei Unterzuckerung nach einer längeren Tour immer einen Besuch wert. Diverse Veranstaltungen und wechselnde Ausstellungen im Jahreslauf. Belchenstraße 7, galeriecafe-bamlach.de.

Fußball in Huttingen Der Huttinger Kickplatz liegt himmlisch auf einem Plateau zwischen Huttingen und Isteiner Klotz. Schon in Huttingen-Dorf fehlt es nicht an Wegweisern zum Kickplatz, gleich neben dem Rasenplatz gibt es noch ein Kunstrasenfeld und eines für Beach-Volleyball, letzteres mit grandiosem Blick auf Basel, Schweizer Jura und ein Stück der Alpenkette – eine selten erhabene Bühne für Amateursport.

Die Überhöhung des Spiels ist in der Kreisliga A West nicht so weit wie in großen Stadien, es herrscht familiäre Stimmung auf dem Campus, eine Art Hock mit Spielbetrieb. Zum Kinderturnier bringen Fußballmütter Kaffee und Kuchen unter der Haube mit. Wer möchte, kann einkehren, außerdem gehört der Duft eines frisch gemähten Fußballplatzes zum Sommer – wenn es schon keine Heubrise mehr gibt.

Sportheimgaststätte Rheinblick, täglich geöffnet, Tel. 07628-466, fc-huttingen.de.

Alles, was Frauen über Holz wissen sollten

7

Holzkultur im Kandertal

Feuer weckt unsere Instinkte, ohne das Feuer wäre der Mensch nicht, was er ist. Mit einem Korb Brennholz kommen Wärme und Geborgenheit ins Haus. Auch Autonomie, sofern man nicht nur Heizer, sondern auch Holzmacher ist. Außerdem ist Feuer exklusiv, keines brennt wie das andere. Womit der Kaminofen gegenüber dem Fernseher einen weiteren Vorteil hätte. Es paßt allerdings zur Klimareligion, daß ein Ursymbol des selbstbestimmten Lebens auf dem Index der Tugendwächter steht. Zu individuell, das Material unkontrollierbar (auch steuerlich), zu viele Schadstoffe, also Sünde. Selbst Holz hat seine Unschuld verloren.

Holz und Sünde Also führe uns nicht in Versuchung/sondern erlöse uns vom Lodern der Flammen/denn dein ist das Klima der Welt und ihre Rettung/und die Energie eines reinen Gewissens/Amen.

Leider hat sich trotz aller Stoßgebete der bundesdeutsche Brennholzverbrauch im letzten Jahrzehnt verdreifacht. Verbrannt werden gut 45 Millionen Ster – ein Holzstapel, der um die Welt reicht. Aber der Herr gibt auch, er läßt in Deutschland immerhin viermal soviel Holz nachwachsen wie verheizt wird.

Solange wir nicht als Ketzer verhaftet werden, machen wir

Pufferspeicher vor dem Scheunentor

Waldrandbewohner also weiter. Wir sind Klimaheiden, wir glauben an das Heil der Strahlungswärme; nicht nur am Freitagabend, vor dem Abflug ins Wochenende.

Ein Revierförster aus dem Kandertal, der nach seiner Pensionierung zum spätberufenen Windaktivisten wurde, hat mir einmal erzählt, wie wichtig das Holzmachen für die älteren Wälder ist. Wenn es nicht mehr rund läuft mit dem Schlepper, der Säge und dem Spalter, fielen die Senioren regelrecht in sich zusammen. Kann sein, daß sie dann noch ein, zwei Jahre auf dem Hof Anfeuerholz machen. Aber wie fühlt sich ein Holzmacher, der Spriessele macht, vielleicht wie ein Segler im Tretboot? Das Holzmachen ist ein großes, ernstes Spiel. Große Spiele müssen nicht immer gut ausgehen, aber sie machen zufrieden und warm.

Zweieinhalb Kilo gut getrocknetes Holz (mit ca. 15 % Restfeuchte) haben den Brennwert von einem Liter Heizöl, also etwa 10 Kilowattstunden. Ein Ster (Raummeter) gestapeltes Buchenholz wiegt etwa 370 Kilogramm, er ersetzt damit etwa 180 Liter Heizöl. Auch wer sein Holz fertig gesägt liefern läßt

und dafür um die 89/90 Euro pro Ster bezahlt, bekommt seine Wärme günstiger als beim Heizen mit Öl. Das Knistern gibt es gratis on top.

Stapel, Borke, Trocknung Ich schaue gerne auf das Holz vor dem Haus, auch auf die Werkstatt im Freien, am Holzplatz. Nicht auf die Menge, das wäre banal. Es kommt auf die Stapel- und Stütztechnik, auf Abdeckung, Format und Holzart an. Holzlager sind Charakterbilder, Holz kann exakt bis engstirnig, freestyle oder einfach nur schlampert aufgesetzt sein.

In einem großartig erzählten Sachbuch, das zum Bestseller wurde, hat der Norweger Lars Mytting die Kultur vom Holzfällen, Hacken und Feuermachen beschrieben*. Eine geistreich und unterhaltend geschriebene Kulturgeschichte für alle Holzmacher, die nicht nur sägen, sondern auch reflektieren möchten. Es geht über Themen wie: Sollte Rinde unten oder Rinde oben gestapelt werden? Kann Holz zu trocken sein? Die Kunst, das Aschefach zu leeren. Mytting erzählt auch davon, daß es im 19. Jahrhundert in waldreichen Regionen der USA üblich war,

* Lars Mytting, Der Mann und das Holz. 222 Seiten, Insel Verlag.

Holz läßt tief blicken

daß sich junge Frauen mögliche Ehemänner nach der Ästhetik ihrer Holzstapel aussuchten – leicht gekürzte Kostproben:

Gerader, solider Stapel = *Aufrechter, solider Mann*
Niedriger Stapel = *Vorsichtiger Mann, möglicherweise schüchtern*
Hoher Stapel = *Große Ambitionen, Vorsicht Einsturzgefahr*
Ungewöhnliche Form = *Freidenker, offenherzig. Auf Schwächen achten.*
Halbfertiger Stapel, Scheite auf dem Boden = *Unstet, faul, versoffen*

Holz, Frauen und Kunst Nicht nur junge Damen, auch ältere Holzmacher verstehen die Sprache des Holzes. In Skandinavien sagt man, der Mann komme mit sechzig Jahren ins Holzalter. Aus langer Erfahrung entwickelt er, wie ein Arzt, die Fähigkeit zur Blickdiagnose. Hinter jedem Stapel steht ein Mensch, eine Spalttechnik, ein Ofen. 25-Zentimeter-Scheite sprechen für Teilzeitheizer, 33er passen zum Hausbesitzer, zur Königsklasse gehört, wer Meterscheite in seinen Grundofen schieben kann, in dem womöglich Brot gebacken wird.

Buche gilt im Markgräflerland als Referenzmaterial, weiter oben im Wald ist eher das schnell wärmende, harzhaltige Na-

Scharfe Kette, guter Schnitt – Hannes S. aus M. an der Feile

delholz erste Wahl. Mitunter kommt es zur Frontenbildung, Laubholz versus Nadelholz. Natürlich schwört jeder auf „sein Holz“; im Zweifel ist Holz vom eigenen Grund das beste und wenn es die drehwüchsigsten Krüppel sind.

Buchenholz gehört mit 570 kg je Kubikmeter (neben der Eiche mit 550 kg) zu den dichtesten heimischen Hölzern, darüber liegen nur noch Hainbuche (660 kg) und Ilex (675 kg). Fichte (380 kg) gehört wie Pappel und Erle zu den wenig dichten, also leichten heimischen Hölzern – unabhängig von Dichte und Raumbedarf bleibt jedoch der Brennwert je Kilo Holz der gleiche. Dennoch gibt es Unterschiede: Armdicke Prügel von Hasel, Kiefer oder Lärche geben ein besonders heißes Feuer, sie sind ideal zum Brotbacken, Lärche taugt zum Brennen. Birke duftet und brennt gut an, Eiche heizt lang und gleichmäßig, brennt aber schwer an. Das Anfeuern mit Kiefernzapfen und maximal daumendicken Fichten- oder Tannenspriessele gibt besonders im Schwedenofen ein ansprechendes Bild.

Die Arbeit am Holz ist übrigens das Gegenteil von zeitgenössischer Kunst. Die agiert bekanntlich nicht ruhig und gelassen, sondern verstörend oder plakativ, also galerietauglich. Wobei es auch unter Holzmachern Konzeptkünstler gibt. Die lassen sich einen Polder astreiner Eschenstämme an einen ebenen Waldweg rücken und spalten die Meterrollen in Viertelscheite, die aussehen, wie mit dem Laser geschnitten. Damit setzen die Minimalisten dann Stapel auf, die einen Nachbarn als elenden Dilettanten erscheinen lassen. Wer noch eins draufsetzen möchte, kuratiert das Ganze in Birke, à la norvégienne. Mit Meterscheiten von der Birke wird jeder zum Künstler, oder zum Innenarchitekten, oder Illusionisten. Die Filialen der Burgerbraterei *Hans im Glück* zitieren Naturnähe und Ursprünglichkeit mittels Birkendekoration.

In Kunstzirkeln wird in einem möglichst komplexen und intransparenten Prozeß über richtige und falsche Normverletzung geurteilt und das Objekt bepreist. In der Holzszene stürzt ein schlecht gebauter Stapel einfach in sich zusammen. Die Botschaft von Brennholz bleibt für jeden sichtbar. Vielleicht berührt eine schöne Holzbeuge deshalb eher als manche Videoinstallation auf der ART BASEL.

„Ein Künstler ist jemand, der sich auf einen Wettkampf mit Gott einläßt", meinte PATTI SMITH. Der Holzmacher scheut den Wettkampf mit höheren Instanzen, er spart Kräfte, indem er seine Säge scharf hält und genau hinschaut. „Du mußt das Holz ansprechen", sagt man dazu. Holzmacher kämpfen nicht mit Gott, sondern mit Hängern, Rückschlägern und Astknorzen. Entsprechend unterkomplex ist die Preisfindung je Festmeter. Sägen, spalten, aufsetzen. Zufuhr kommt extra.

Aura, Preis und Wirkung Von so durchschaubaren Regeln hat sich der Kunstmarkt weit entfernt. GERHARD RICHTER traf bereits 1967 mit seinem Galeristen eine Vereinbarung, nach der sich der Bruttowert seiner Bilder ermitteln ließ: „Verkaufspreis eines Bildes ergibt sich aus folgender Formel: Höhe + Breite x 10 = DM." Damals lag der sogenannte Richterfaktor oft noch im einstelligen Bereich, heute erreicht er Werte über 10.000; Gierzuschlag für die Vermittlungsinstanzen kommt extra. An-

Im Atelier – auf der Egerten bei Wollbach

gesichts solcher Verhältnisse darf man fragen, wie lange der Kunstbetrieb noch als Gegenentwurf zum Spätkapitalismus inszeniert werden kann. Kommt der Crash bei Wandaktien?

Der Preis für Scheitholz ist variabel, aber er bleibt stets im Rahmen bürgerlicher Möglichkeiten. Vielleicht ist es kein Zufall, daß der Hirschen auf der Egerten bei Kandern gerne von Basler Wirtschaftskapitänen und Galeristen besucht wird. Im Hirschen wird der Urmeter einer Landgaststätte seit hundert Jahren gelebt, nach dem jüngsten Generationswechsel mitunter auch mal inszeniert. Familie Geitlinger macht dort Schweineschmalz-Rösti und warme Küche auf einem eigenwaldbefeuerten Holzherd. Frieder Geitliger sorgt für Brennholz und Rösti, akkurat wie eh und je. Wovon man sich im Schopf gegenüber vom Hirschen oder auf dem Bild oben überzeugen kann.

Am Rand: Vor Jahren hat ein Galerist im Hirschen Filet mit Rösti verzehrt, während draußen der Rolly mit Chauffeur und laufender Standheizung wartete, was selbst für den Hirschen eine ungewöhnliche Konstellation war.

Auch schon etwas länger ist es her, daß Holzmacher zweimal

Manufakturware – Buchenscheiben aus Sitzenkirch

am Tag im Hirschen einkehrten. Auf dem Weg zum und vom Holz. Ein Buckel oberhalb Egerten heißt übrigens Buchholen. Heute kommen in den Hirschen mehr Kultur- als Holzschaffende. Die Aura der Holzmacher haben die wenigsten.

Handgefertigte Scheiben (für Fasnachtsfeuer): Das feinstaubintensive Scheibenschlagen am Samstag oder Sonntag (Funkesunndig) nach Fasnacht bedarf im Markgräflerland keiner Erklärung und bislang noch keiner Ausnahmegenehmigung. Die Rituale variieren von Ort zu Ort, Standardspruch zum Schlag: „Schibi, schibo, die Schiibe soll go, die Schiibe soll suure, em Dingsbums (Name des Opfers) an d'Schnuure! Manufaktur-Scheiben mit abgekanteten Ecken gibt es beim Scheibenmacher Rudolf Engler, Kandern-Sitzenkirch, Mühlenstraße 3, Tel. 07626-7183; ein Ring mit 50 Stück zu 15 Euro genügt für den Anfang.

Kultur unter der Kastanie: Seit fünfundzwanzig Jahren gibt es in Riedlingen mit dem „Theater im Hof" ein so familiäres wie hochklassiges Sommerfestival. Von Ende Juli bis Mitte August kommt auswärtige Kultur in die Provinz, die Gemeinde lauscht, goutiert und diskutiert unter der alten Kastanie im historischen Riedlinger Innenhof. Lesungen, Musik, Gesang, Schauspiel, Austausch. Eine Exzellenzinitiative, organisiert vom in Kandern-Riedlingen lebenden Regisseur Dieter Bitterli und seiner Frau Dorothea. Frühzeitig Plätze sichern: theaterimhof.de.

Gut vorgesorgt

Holz statt Pilates Holz macht mehrmals warm, das wissen alle, die Holz gesägt, gespalten oder aufgesetzt haben. Holz hilft auch gegen soziale Kälte. Wer Holz macht, gehört nicht zum Prekariat. Thomas Hoof, Gründer des Gute-Dinge-Händlers Manufactum, schreibt zur Befriedigung beim Holzmachen: „Neben den Scheiten bringt ein solcher 10-Stunden-Tag auch noch die Erfahrung einer tiefen, wohligen, in alle Fasern des Körpers reichenden Müdigkeit, wie man sie am Schreibtisch auch mit drei Nachtschichten nicht zustande kriegt. Man lernt beim Abendbier dann wieder, was eigentlich ein ‚Feierabend' ist." (aus: *brand eins*)

Holzmachen ist wie Yoga, es macht achtsam und hält geschmeidig; man bekommt ehrliche Muskeln und manchmal hilft es auch den Gedanken auf die Sprünge. Als Kleinwaldbesitzer kann ich die ganzheitliche Wirkung des Holzmachens bestätigen. Für schwere Fälle gibt es einen Nachbarn mit Unimog und einen Spezialisten, der sich eine 12 Tonnen Seilwinde zugelegt hat. Im Hauptberuf ist der gute Mann Mediziner. Auch andere Holzmacher am Ort könnten sich Heizöl aus erster Pressung leisten, aber sie machen Holz und sind

Im Holz steckt Haltung – auch in Wittlingen

zufrieden und friedlich. Ungemütlich wird es erst, wenn man uns das Feuermachen verbietet.

Gentrifizierung im Kandertal Je weiter es die Kander abwärts geht, desto kleiner die Holzstapel und größer die Neubaugebiete. Eindrucksvoll zeigt dies eine Tour auf dem reizvollen Radweg, der ab Kandern bachnah talauswärts führt.

Am östlichen Ortsrand von Rümmingen fallen schon seit Jahrzehnten Hochbauten auf, die man auch Wohnsilos nennen könnte. Längs der L 134 entstand ein ‚Markgräfler Ensemble' neueren Datums. Die Kuben hinter der Schallschutzwand sind ein Beleg mehr für die These, daß Architektur „den Stand der Dinge" spiegelt. Für die einst imponierende Fülle regionaler Formen und Materialien ist heute weder Platz noch Sinn. Wo früher ein Speicher war, kommt jetzt ein Penthouse drauf. Es dominieren rechte Winkel, Normfassaden, Schießscharten-Fenster über Eck. Ein Bezug zur Umgebung ist nicht zu erkennen. Stattdessen wurden gedämmte Würfel in den Kategorien Sunshine, Penthouse und Markgräfler Höfe vermarktet; allesamt natürlich „innovativ, nachhaltig und elegant".

Respekt, die im Wiesental können es auch

Sunshine-Häuser spiegeln den Stand der Dinge: Berufsnomaden werden einziehen, sie werden ihre Wohnwelt im pandemischen Katalogstil möblieren, den Erstbezug feiern und doch stets auf dem Sprung sein. Sunshinehäuser entwickeln Sprengkraft, wenn statt des zweiten Kindes die Krise kommt.

In Münchens schnell wachsenden Randgemeinden lassen sich gezielt Eheberater und Scheidungsanwälte nieder. Das Klumpenrisiko in solchen Vierteln sorgt für gute Kundschaft.

Von der Kander zum Wollbach Im Jahr 1895 wurde die Kandertalbahn als normalspurige Nebenbahn eröffnet, 2020 fuhren Züge zum 125. Jubiläum. Mit der Nebenlinie kamen Holz und Papier, Dachziegel und Tonwaren aus dem oberen Kandertal ins Rheintal nach Haltingen. 1978 wurde der Linienbetrieb eingestellt, Busse und LKW-Verkehr hatten die Regionalbahn ersetzt. Seit 1986 verkehrt das *Chanderli* an Wochenenden von Mai bis Oktober als dampfbetriebener Nostalgiezug. Im Rahmen zukünftiger Nahverkehrskonzepte wird auch über eine Reaktivierung des Linienverkehrs auf der historischen Linie nachgedacht (kandertalbahn.de).

Chanderli on Tour – Halt in Hammerstein

So fährt man durch‘s Tal und sieht einen Bilderbogen: Holzbeugen, Penthäuser und Nostalgiezüge. Das Sommerfestival in Riedlingen, die Rösti von Egerten, Einkehren in Wollbach und Tannenkirch gibt es auch. Die Holzmacher werden hoffentlich noch lange tätig sein, nicht nur im Kandertal.

Und dann wäre da noch eine kleine Bergpartie für jeden, der die Tiefe der Räume schätzt. Von Kandern-Hammerstein geht es schmalspurig hoch nach Egisholz und weiter durch prächtigen Wald auf die Egerten. Die Partie bietet Baselblick um Egisholz, später Laubwald mit säulengeraden Buchen. Die nicht asphaltierte Waldfahrstraße ist auch für Kraftfahrzeuge erlaubt, allerdings hat die Piste einen hohen Scheitel, für Tiefergelegte also kaum geeignet. Oben im Wald steht ein abgewetterter Wegweiser an einer Kreuzung. Es tönt und duftet dort, wie es in Neubaugebieten nie tönen und duften wird. Ich wünsche mir, daß ein paar solcher Kreuzwege bleiben, Kreisel gibt‘s genug.

Waldpartie – von Hammerstein auf die Egerten

Adressen und Hinweise

Touren um Wollbach Ein Ausgangspunkt für eine Runde auf halber Höhe zwischen Kandertal und Wollbachtal wäre Egisholz. Ein Wanderwegweiser steht nahe der Straße, die hoch nach Egisholz und weiter nach Egerten führt, der Wegweiser Egisholz (388 m) liegt nahe einem frei stehenden Trafohäuschen. Von hier nach Egerten 1,4 km, zur Baselblickhütte oberhalb Wollbach 1,2 km, nach Wollbach 2,5 km.

Ein zweiter Ausgangspunkt an der Baselblick-Hütte (Wegweiser 375 m), ebenfalls am Westweg gelegen. Von hier nach Egisholz 1,6 km, abwärts bis Wollbach ein Kilometer; dort der zentrale Wanderwegweiser (Kronenplatz, 315 m) am Gasthof ‚Alte Krone', Einkehr, vgl. S. 130. Beim Verkehrsamt in Kandern gibt es die kostenlose und nützliche Faltkarte „Rund um Kandern" mit einer Luftaufnahme der Region und allen relevanten Wegen und Einkehren rund um Kandern.

Am Buchholen Reizvolle Höhenwege führen von der Baselblick-Hütte durch Reben und Wald am 466 m hohen Buchholen rüber auf die Egerten (knapp 2 km). Auf den Südhängen des Wollbacher Hausbuckels Buchholen ein idyllisches Landschaftsmosaik aus Reben, Gärten und Obstwiesen. Dazu oft Blick auf die Südwestecke mit Basel und Jura. An einem Herbstnachmittag kommt zum Sonnenuntergang Dorfjugend an den Buchholenweg, sie vergnügt sich mit Drohnenflug und Flaschenbier.

Ein Klassiker – Hirschen, Egerten

HIRSCHEN – Kandern-Egerten Im versteckten Kanderner Ortsteil Egerten steht ein schönes, altes Gasthaus – und die Einheit steht noch so, wie sie erbaut wurde. Eine Brauereilaterne an der Fassade wäre hier so deplatziert wie ein Reklame-Sonnenschirm im Garten. Vor Jahren wurde das in Fraktur gemalte Hirschen-Schild über dem Eingang dezent aufgefrischt, es ist ein Symbol für ein gastronomisches Kammerspiel im traditionellen Rahmen. Werktags ab 18 Uhr sitzen die Gäste an schlichten Holztischen, serviert werden Vesper und einfache Klassiker von Schnitzel bis Filet. So war es und so ist es im Grunde auch nach dem Generationswechsel. Nach dem legendären Patron Max Geitlinger kümmern sich dessen drei Kinder um den Hirschen. Der einzige Enkel, Max der Zweite, verantwortet die Zukunft des Anwesens. Der Juniorwirt ist ausgebildeter Winzer, was die Weinkarte des Hauses prägt, alle seine Weine sind durchgegoren und sie werden nach langem Hefelager unfiltriert abgefüllt. Manches Eigengewächs erscheint, wohl auch mit Blick auf die Schweizer Kundschaft, recht selbstbewußt kalkuliert.

Max Geitlinger ist ein motivierter Gastgeber, also gibt es nicht nur naturreine Weine im Stil der Zeit, sondern auch Ideen, ohne die der Hirschen auf die lange Sicht nicht auskommt. Die reiche Tradition nicht als Ruhekissen, sondern als Chance zu nutzen, wird die Aufgabe der kommenden Jahre sein. Auf der in Rindsleder gebundenen Karte stehen wie eh und je nur einige Positionen, die können nun auch zu Menüs kombiniert werden. Darunter die haustypisch daumendick geschnitte-

Eigenes Gewächs – Max Geitlinger im Hirschengarten, Egerten

nen Schweine- und Kalbsschnitzel, die mit klarem Bratensaft serviert werden. Schäufele, Kalbsrückensteak, auch ein Rindsfilet sind ebenfalls möglich. Unmöglich im Hirschen sind Modegerichte – Bärlauchschaumsüppchen und Blütendeko müssen draußen bleiben. Dafür kommen animierend frische Salate im Glasschüssele, auch bei anderen Beilagen ausschließlich Bewährtes, geraffelter Kartoffelsalat, eher helvetisch als schwäbisch zubereitet. Dezidiert nicht kalorienreduziert ist die schön krustige Schweineschmalz-Rösti, sie wird wie alles Warme auf dem Holzherd gebrägelt. Lassen Sie bei entsprechender Disposition noch etwas Appetit für die gute Obstwaie mit cremigem Schlagrahm.

Bemerkenswert, was hier dank klarer Haltung geboten wird. Hierzu gehört auch der familiär-unaufgeregte Service, der ländlich-schlichte Gastraum mit geölten Dielen, reiner Wein und Gäste, die aus dem Gröbsten raus sind. Eine selbstbewußte Mischung vom Landmann bis zur Basler Gesellschaft findet am Rande der Wälder eine Relikteinkehr, die ziemlich einzig im Südwesten ist. Es bleibt die Hoffnung, daß die beteiligten Akteure den Herausforderungen der Zukunft gewachsen sind. Der Hirschen ist ein Unikat.

Hirschen (Familie Geitlinger), 79400 Egerten-Nebenau. Tel. 07626-388, hirschen-egerten.de, **Preise:** mittel. ♣ Besonders stimmungsvoller Garten im Hof unter der großen Kastanie, bewirtet bei angemessenem Sommerwetter.

Aufgestellter Landgasthof – Alte Krone, Wollbach

ALTE KRONE, Kandern-Wollbach Die Krone ist ein rustikales Gasthaus mit zwei holzgemütlichen Stuben und einer lauschigen Gartenterrasse mit Laube und Kastanie. Mit dem letzten Wechsel der Gastgeber vor gut sechs Jahren erfuhr das Haus eine fulminante Wiederbelebung. Das Betriebssystem wurde jünger, das Angebot saisonaler, der nostalgisch, ländliche Charme des Landgasthofs blieb erhalten.

Man wird hier freundlich und engagiert bewirtet. Die Küche bleibt bodenständig, teils auch ambitioniert (Fischgerichte, Extras nach Jahreszeit, Wildkarte im Herbst). Auf einige Standards ist Verlaß, besonders der dünne Flammkuchen (in diversen Varianten) vereint krossen Teig mit cremigem Rahm. Rumpsteak mit Salat und Bauerbrot oder auch das bald ziegelhohe Cordon Bleu vom Kalb wären klassische Plats de Resistance, die von wütendem Hunger bezwungen sein wollen.

Es geht aber auch eine Nummer kleiner, dank unser aller Wurstsalat, der hier mit Wurzelsalaten garniert wird, zudem gibt es diverse Röstikombinationen, etwa mit gratiniertem Ziegenkäse. In der Summe ist die Karte mehrheitsfähig, der Service effektiv und zugewandt. Bei realistischer Erwartung eine robuste Landpartie im Kandertal.

Alte Krone, Nebenauerstr. 23, 79400 Wollbach bei Kandern, altekrone-wollbach.de, Tel. 07626-315; altekrone-wollbach.de. ♣ Terrasse unter der Kastanie. **Preise**: mittel-gehoben.

Waie und Brägel – Hirschen in Holzen

HIRSCHEN, Kandern-Holzen Ein stattliches Haus mit besonders großzügigen Gasträumen, die schlicht, aber nicht reizlos möbliert sind. Die Atmosphäre ist vom blanken Holze geprägt, rustikal und geerdet, wie der reizvolle Sommergarten. Zum Gesamteindruck paßt das Publikum, viel Nebenan und etwas Stadt in munterer Mischung. Die Beliebtheit des Hirschen läßt sich nur partiell mit seiner Küche erklären, die im Wesentlichen nicht über warm und reichlich hinausreicht. Es ist halt der unkomplizierte Platz, der stimmt. Am Kulinarischen hat sich seit Jahr und Tag wenig geändert. Auf den Tischen liegen nostalgisch gestaltete Unterlagen, die zugleich als Standardkarte dienen. Es markgräflert von „Schüffeli mit Brägel" bis „Subbefleisch Meerrettichbabbe, Breuselbeeri un Brägel" (Bedienung übersetzt bei Bedarf). Dazu kommen „Chaldi Sache" mit „Buurebrot", sowie aktuelle Angebote auf der Tafel, darunter auch mal Wild oder Saisonales. Montag und Dienstag sind Zwiebelwaien-Tage, die bald fingerdicken Waien auf ovalem Brotteig fallen ebenso rustikal aus wie andere Brägel; jeden Freitag gibt's „suure Leberli", diese sind sättigend. Die Weinauswahl ist schlicht wie die Küche. Der Hirschen in einem Satz: Ein unvermurkstes Dorfgasthaus mit Sommergarten.

Hirschen, 79400 Kandern-Holzen, Tel. 07626-70 59. Werktags ab 16 Uhr, Sa und So ab 11.30 Uhr. Mo und Di: Zwiebelkuchen, Freitags: saure Leberle, ♣ schön eingewachsener Wirtsgarten. **Preise**: recht günstig.

260 Jahre und kein bißchen müde – Tanne in Tannenkirch

TANNE, Kandern-Tannenkirch Spanferkel aus dem Holzofen und die Tanne in Tannenkirch gehören in einen Satz. Selten wird der Charakter eines Landgasthofs so von einem Extra geprägt, das hier Freitag und Samstag ab 18 Uhr serviert wird. Im Winter mit Kartoffelstock und Sauerkraut, im Sommer auch als Light-Version mit einer Salatplatte auf der Gartenterrasse. So konstant wie der Ruf der Tanne ist der freundlich-speditive Service, sind die großen Portionen bei Gerichten der Standardkarte, ist die bodenständige Stimmung. Die Tanne ist eine rustikale Landpartie, die nicht im Hochglanzmagazin steht. Landliebe wie gewachsen.

Die etwas überzwerche Eingangssituation mit Durchfahrtstunnel und Raucherbank wirkt zunächst ungewöhnlich, sie ist aber schon seit 1754 in Betrieb und somit vollkommen in Ordnung. Im stattlichen Innenhof mit den Nebengebäuden sind der Spanferkel-Holzbackofen, Parkplätze, Landmaschinen und Stallgebäude, die Tanne ist nicht allein Landgasthof, sondern auch Landwirtschaft. Kartoffeln kommen vom eigenen Acker, Kroketten, Kartoffelstock und ein Schlag gradlinige Grundstimmung auch. In der Tanne gibt es keine eckigen Künstlerteller, sondern volle Platten zum Nachlegen.

Familie Senn wirtet mit Herz, zugewandt heißt das in der Stadt, gesunder Menschenverstand sagt man im Kandertal. Daß es sowas noch gibt, mag der Erstbesucher denken, ein Landgasthof, in dem keine Probleme serviert werden, sondern Spanferkel mit kastaniendunkler Kruste. Zwei Stunden wird der Grundofen, in dem sonst Brot gebacken

Reizendes Tannenkirch – Wandfresko an der Tanne

wird, mit Scheiten befeuert. Eingeschoben schmort das Spanferkel bei abfallender Temperatur etwa drei Stunden auf einem Rost, damit sein Körperfett abtropfen kann. Wenn die Schwarte kracht, ist es soweit – am bestens schmeckt die Fuhre direkt aus dem Ofen (auf Wunsch gibt es auch eine ganze Kalbshaxe). Für Spanferkel erscheine man möglichst zeitig am Abend oder à la Minute auf Voranmeldung. Wenn die Platten dann auf dem Rechaud stehen, wird deutlich, daß der Genuß eines ganzen Tieres von einer Feuerstelle etwas Besonderes ist – aromatisch und sozial. Mit diesem Gedanken kommen wir zwar etwas von der Hauptsache ab; aber in Tannenkirch geht es nicht nur ums Essen, sondern auch um Gemeinschaft, die Beute teilt.

Das Bier dazu läuft taufrisch aus dem Hahn, der hauseigene Faßwein (weiß und rot) ist sauber und brauchbar. Außerdem wären da noch Wild- und Schlachtplattentermine im Herbst und Winter; Cordon Bleu, Vesper und Schnitzel rund ums Jahr, Spargel und Gemüse aus eigenem Anbau, alles günstig im Preis, trotz der CH-Nähe.

Man erwarte in Tannenkirch keine kulinarischen Klimmzüge, Statusallergiker und übersäuerte Veganer können hier nicht glücklich werden, der Rest findet einen Gasthof, in dem die Dinge (und Portionen) sind, wie sie sind. Danke nach Tannenkirch!

Gasthof Tanne (Fam. Senn), 79400 Kandern-Tannenkirch, Tannenkircher Straße 3, Tel. 07626-328. Für Spanferkel/Kalbshaxe und an den Wochenenden immer reservieren. ♣ Terrasse.

Drinnen Wild & Spätzle, draußen Rosen – Krone, Hammerstein

KRONE, Kandern-Hammerstein Die Krone liegt etwas abseits der Hauptflugroute durchs Kandertal, welche auch Landstraße 134 heißt. Der gestreckte Siedlerhof mit gastronomischem Anbau und kleiner Terrasse wird gerahmt von Rosenbeeten. Bereits im Eingang erfährt der Gast, daß der Verein Deutscher Rosenfreunde e.V. Herrn Fritz Jakobi für besondere Verdienste und langjährige Mitgliedschaft die Goldene Rosennadel verliehen hat.

Die Früchte des hauseigenen Weinbaus werden ebenfalls im Eingang präsentiert, weiß, rosé, rot, auch zum Mitnehmen: darunter ein trockener Gutedel mit leichten 10,8 Prozent Alkohol, die Preise sind kaum zu glauben, durch das Foto oben aber hinreichend belegt (Stand 2020): 2,50 Euro für die Literflasche sind ein Wort, das Viertele im Haus wertet 3 Euro. Auch die speziellen Öffnungszeiten am Donnerstag und Freitag ab 17 Uhr, Samstag und Sonntag ganztägig, zeigen, daß es hier nicht um alles für alle, sondern um Gäste aus der Raumschaft geht, inklusive jener Schweizer, die schon immer gerne kanderaufwärts kommen.

Die Portionen sind üppig, der Stammgastanteil hoch, die Küche bodenständig – sie paßt zum rustikalen Gastraum mit Kachelofen, Balkendecke und pflegeleichtem Fliesenboden. Einmal mehr beeindruckt das Zeigergericht Cordon bleu, es wird in der Krone bald so hoch wie breit gereicht. Die Damen im Service haben Gäste und Speisen im Griff, inklusive Rechaud, hausgemachten Spätzle und Sauce im Schiffchen.

Im Sommer duften Rosen, im Herbst gibt es Schlachtplatte mit vollem

Jahrgangspräsentation – Krone, Kandern-Hammerstein

Programm, also stehen auch Bratwurst, Schweinsprägel und Kesselfleisch auf der Karte. Dann ist die Krone voll wie ein Ausflugsdampfer und reservieren Pflicht; im Herbst und Winter auch stets einzelne Wildgerichte, etwa ein Gulasch von Hirsch oder Wildschwein und Rehschnitzel, Rehrücken ab zwei Personen auf Vorbestellung. Wir wissen, was wir wollen – gilt in der Krone für Gastgeber und Gäste.

Krone, Kandern-Hammerstein (Fam. Thomas Jakobi), Tel: 07626-7175, Do bis So, ♣ Terrasse. **Preise**: mittel.

Kandern ist ein vitales Städtle mit Atmosphäre, was auch daran liegt, daß es noch eine Reihe individueller Handwerker, Keramik-Werkstätten und Läden gibt (und ein initiatives Kino). Wie lange solche Blüten halten, liegt an der Zuwendung der Kundschaft. Exemplarisch etwa die Schreinerei von **Ingo Benz,** für hochwertige Massivholz-Möbel und Küchen nach Maß, Hammersteiner Str. 65, benz-kueche.de. Oder auch das Stoffatelier von Jessica Dörr, **Gefühl für Leinen**, mit Wohntextilien und anderen schönen Teilen, die aus Stoff und Zuwendung werden. Hauptstraße 25, jessica-doerr.de.

Ein Städtle-Rundgang lohnt somit allemal, sehr eindrucksvoll erschließt der **August Macke Rundweg** zehn Lieblingswinkel des Malers (1887-1914), der regelmäßig bei seiner Schwester, der Kronenwirtin Auguste, in Kandern Logis nahm und sich inspirieren ließ.

Weg frei – Rebland zwischen Auggen und Müllheim

8

Wege und Bilder – Schliengen und Auggen

Letten-Schäf-Sonnenstück, um Schliegen und Auggen liegen Weinberge wie ein Hochparterre zwischen Rheinebene und Schwarzwald. Rebberge sind Kulturland, geworden in Jahrhunderten, außerdem lassen sie einen weiter blicken. Zum Beispiel auf ein Rheintal, das in wenigen Jahrzehnten zum Dazwischenland wird. Land zwischen Bundesstraße und neuer Lärmschutzwand der Bahnlinie, Land zwischen einem Gewerbegebiet mit Netto-Markt und Waschstraße und noch einem Neubaugebiet mit Gabionen und Schottergärten. Nur der Blauen im Hintergrund grüßt wie immer, mal umwölkt mit hohem Hut, mal verborgen im Nebel, gerne auch freundlich im warmen Abendlicht. Den Eiger kümmert's nicht, heißt es in der Schweiz. Der Hochblauen regt sich auch nicht mehr über alles auf, was unten so läuft.

Von den höheren Etagen der Rebberge wirkt die Markgräfler Ebene idyllischer als in der Nahaufnahme. Rebwege schmeicheln der Landschaft und sie verändern auch die eigene Stimmung. Bitte beachten: Waldbaden schön und gut, wer aber eine Stunde durch die Reben geht, fühlt sich hinterher mindestens so geläutert wie nach einer Stunde Nadelwald.

Den Eiger kümmert's nicht; auch der Blauen bleibt gelassen

Auch zwischen Schliengen und Müllheim sorgt die Route des Markgräfler Wii-Weglis für Distanz zum banalen Gewusel und es ist gut so. Wer irgendwann doch noch absteigt und dann mit einer Ortseingangssituation konfrontiert wird, sollte zumindest Kontraste mögen. Zum Beispiel in Schliengen, am Ortseingang, Nordseite. Es wartet ein Schaulager für Wein (auch Weingut genannt), zwei Kreisel, zwei Gewerbegebiete. Links Winzergenossenschaft, rechts Aldi, dm-Markt und „Awg – Mode, die glücklich macht". Wer modernen Ortseingangsmix nicht mag, nehme sich ein Beispiel am Blauen.

Wir sehen: wie andere Gemeinden längs der Oberrheinschiene hat auch Schliengen einigen gewerblichen Ehrgeiz, was nicht ohne Folgen bleibt. Der historische Ortskern verliert, die Ränder gewinnen an Funktion. Während es an der Bundesstraße 3 und in den Gewerbegebieten Sonnenstück munter zugeht, wirkt manche Partie in Alt-Schliengen im Abseits.

Immerhin, das Traditionsweingut Blankenhorn wird mit hohem Aufwand saniert, die zentrale Kreuzung davor wur-

Gesamtkunstwerk in Schliengen

de zum Kreisverkehr. Man hofft, daß Schliengen irgendwann wieder eine Mitte findet, in der Menschen zu sich kommen.

Vom Landwirt zum Hundehalter Gut hundert Jahre oder vier Generationen liegen zwischen der Gründung der ersten Markgräfler Winzergenossenschaft in Schliengen und der Haustierpension am Sonnenstück, gleich nebenan. Einen interessanten Doppelpack von Freier Tankstelle und Floristik gibt es dort ebenfalls und manches Symbol mehr für den enormen Strukturwandel des ländlichen Raumes. Wobei der Schliengener Pfarrer und Genossenschaftsgründer Leonhard Müller zur Fassadengestaltung der WG, aber auch zur zeitgenössischen Haustieranbetung sicher ein paar Worte zu sagen hätte. Auch im Markgräflerland scheint es nur noch eine Frage der Zeit bis Dog-Dancing-Seminare angeboten werden; eine Hundewaschanlage gibt es schon: am Ortseingang von Haltingen, beim Dehner-Gartenmarkt.

Kurios wirken mittlerweile Bilder, die von der altvorderen Landwirtschaft erzählen. Am Weinwanderweg in Richtung Bad

Rote Dächer, flotte Kreisel – jetzt auch in Auggen

Bellingen nimmt es jemand mit dem Holzmachen offenbar sehr genau. Der Bulldog – in Schliengen und im Eggener Tal heißt es Bulldog, nicht Schlepper – der alte Kramer heißt ELSA, er wirkt so gepflegt, wie es sich für ein Lustobjekt gehört. Auch die Stapeltechnik spricht für sich (Details dazu vgl. S. 118).

Am Hang Gutedel, im Tal Discounter Im nördlichen Markgräflerland trennt die Bundesstraße 3 das Rebland der Vorbergzone von den Gewerbegebieten der Rheinebene. Besonders deutlich verläuft diese Grenze zwischen Schliengen, Auggen, Müllheim und Heitersheim. Das Markgräfler Wiiwegli führt in Halbhöhenlage durch die Reben und es bietet fortlaufend Motive zum Nebeneinander von Tradition und Moderne. Auch Radfahrer schätzen die Abwechslung dieser gemäßigten Hügellandschaft, die anregt, aber nur im Hochsommer platt macht.

Man geht oder fährt also über die Rebberge am Fuß des Himmelbergs, die Hauptschlagader Bundesstraße 3 und die Dächer der Discounter bleiben dabei stets im Blick. Am Hang Gutedel, in der Ebene Gewerbe, wüchsig wie die Rebe im Mai.

Glücklich und platt – Mittags am Bach

Dazwischen residiert auch der eine oder andere Entrepreneur, der es in einer Generation aus der Garage auf den Weltmarkt geschafft hat. „Da hinten steht ein Weltmarktführer," hörte ich mal auf einem dieser IHK-Laugenbrezel-Empfänge. Wobei der Satz vermutlich halbe-halbe gemeint war: 50% Ironie, 50% Bewunderung.

Das Prädikat „In Südbaden weltbekannt" gilt auch für die Gastronomie, die das Schmoren im eigenen Saft seit jeher besonders schätzt. Inklusive Lobreden einer handzahmen Lokalpresse über die regionalmediterrane, marktfrische, ach so innovative Gastronomie.

Die Realität sieht etwas anders aus: während in Städten jenseits des Brägelehorizonts auch anspruchsvolle Konzepte eine Renaissance erleben, ist in der südbadischen Provinz von einer Blüte der Landgasthöfe wenig zu schmecken. Im Gegenteil, viele Klassiker sind in den letzten Jahren verschwunden.

Im Markgräflerland schmeckt es im großen Ganzen sicher besser als im Hunsrück, wir sollten uns aber an Regionen wie Piemont, Vorarlberg oder Südtirol messen und da fällt ein Ver-

J.P. Hebels Abkürzungshinweis für Lebenswanderer

gleich weniger freundlich aus. Man denke nur an die Ikonen links und rechts der Bundesstraße und an ihr Schicksal: Gutsschänke und Schiff in Schliengen, Krone in Auggen, Weserei Kandern, Bahnhof Hotel Bauer in Müllheim, alles Geschichte. Selbst ambitionierte Objekte wie der Bären in Auggen erreichen nach wenigen Jahren Sollflughöhe als Etappe für Gebietsverkaufsleiter. In Haltingen wurde der Hirschen mit enormem Aufwand saniert, in Eimeldingen der Löwen, eine kulinarische Renaissance steht noch aus.

Von Mauchen nach Auggen, hintenrum Von Mauchen nach Auggen kann man westlich vom 348 m hohen Himmelberg oder auch hintenrum gehen oder – noch besser – radeln. Vorne im Westen geht es auf der Route des Weinwegs über Schliengen durch Rebland in Richtung Wegweiser Roggenbach, mit zunehmend weitem Ausblick auf Rheintal, Vogesen und Bundesstraße.

Hintenrum führt eine alte Landstraße vom Mauchener Unterdorf (Wanderwegweiser Töpferei) bis ins Auggener Oberdorf. Man kommt vorbei an Klein- und Obstgärten, einem

Oktoberfest – an der Auggener Straße bei Mauchen

gewundenen Bachlauf mit Weiden, die jeden Winter „auf den Kopf“ geschnitten werden; die Ruten werden von den sozialen Werkstätten in Niederweiler zu Körben verarbeitet. In dem kleinen Taleinschnitt auf der idyllischen Rückseite des Himmelbergs liegt ein Findling am Rand der alten Auggener Straße.

Hebels Dialog zur Entfernung nach Jerusalem und möglichen Abkürzungen auf den gewundenen Pfaden des Lebens, gehört zu den häufig zitierten. Sinniger als am Abzweig des Feldweges hoch zum Mauchener Himmelberg könnte er nicht platziert sein. Mir ist der Gedenkstein eher zufällig auf einer Radrunde begegnet. Seither nutze ich noch öfter Nebenstrekken, nicht nur zwischen Mauchen, Himmelberg und Auggen.

Eigentlich handelt dieses Buch nur von Wegen, die hintenrum führen. Ein paar reizende Garteninseln gibt es an dieser altbenutzten Landschaftsstraße auch noch. Es sind Gärten, zu denen das schöne Hauptwort Erdreich paßt. Interessant ist im weiteren Verlauf auch der rasche Szenenwechsel beim Anstieg in die Reben in Richtung Auggen. Kurz vor Auggen trifft die Rebstraße wieder auf die Weinwegroute und alles ist wie gehabt.

Altes Auggen – Kirchturm, Letten und Schäf

Auggen, Guantanamo Der spitze Turm der evangelischen Kirche überragt die Auggener Reben. Es ist die Landmarke eines Winzerdorfes, das von Reben, Gewerbegebieten und der Rheintalbahn umkränzt wird. Der meterhohe Werbe-Schriftzug *Auggener Schäf* steht für altes Markgräflerland und Kirchturmhorizont. Noch vor einer Generation war ein Dorf weiter das andere Ufer, die Neuenburger seien „Angeschwemmte", heißt es noch heute am Stammtisch in Hach. Die Revanche folgt postwendend. „A steinige Acker, a roschtige Pflug un' a Frau us Augge, dann hesch g'nug."

Die Lokalverse stammen aus unkorrekter Zeit, als es noch Negerküsse und Elsässer Waggis gab. Damals fuhren zum Auggener Winzerfest Sonderzüge der Deutschen Bahn. In den Kurswagen aus NRW saßen Besucher, die Rotwein oder Weißwein bestellen konnten. Alles Geschichte. Die steinigen Äcker am Fuß des Sonnbergs sind längst bebaut, der rostige Pflug liegt auf dem Wertstoffhof und Auggener Frauen sind so bekömmlich wie Gutedel von Schäf und Letten, zumindest gute Jahrgänge.

So geht Fledermaus-Überführung – bei Müllheim

Auch von den Auggener Weinlagen sieht man weit hinaus auf Bilder einer neue Rheinebene. Noch zieht der ICE sein weiß-rotes Band durch die Lande, aber nicht mehr lange. Derzeit laufen die Baumaßnahmen zum vierspurigen Ausbau der Rheintalbahn. In Zukunft werden sechs Meter hohe Lärmschutzwände die Ebene zerteilen und die Illusion vom unkaputtbar idyllischen Markgräflerland einmal mehr strapazieren. Eine Tieferlegung der Trasse, wie sie im Norden von Müllheim vorgesehen ist und von Bürgerinitiativen auch um Auggen und Müllheim vehement gefordert, wird es nicht geben. Technisch zu aufwendig, zu teuer.

Größeren Respekt bei Infrastrukturprojekten genießen mittlerweile Kleinsäuger und Wirbellose, die auf einer Gefährdetenliste stehen. Die Eidechsenmigration und das posttraumatische Monitoring der umgesiedelten Population anläßlich von Stuttgart 21 kostet auf eine Echse runtergerechnet ca. 7.000 Euro. Stuttgart 21 ist aber auch in der Provinz. Nördlich von Müllheim wurde in zwei Jahren Bauzeit ab 2019 eine Fledermaus-Überführung errichtet, in DB-Unterlagen auch als „Que-

Modernes Auggen I – Zypressen auf Schotter

rungshilfe“ bezeichnet; Baukosten im unteren einstelligen Millionenbereich. *Kofinanziert von der Fazilität „Connecting Europe“ der Europäischen Union.* Ein Bewohner der Siedlerhöfe nebenan erzählt mir, daß bei ihm seit jeher Fledermäuse unterm Scheunendach nisten und alle Himmelsrichtungen befliegen. Ob und wie die Müllheimer Querungshilfe ihr Flugverhalten kanalisieren wird, kann nur ein amtlich bestellter Fledermausexperte feststellen. Er wird die Verhältnisse im Rahmen eines mehrjährigen Monitorings evaluieren.

Die Auggener Mauer Auch längs der Bundesstraße 3 wachsen Mauern. Hinter dem Auggener Kunstrasen-Kickplatz gibt es ein dicht gepacktes Neubaugebiet am Fuß des Sonnbergs. Die Eigenheime werden von einer meterhohen Schallschutzwand aus Gabionen von der Bundesstraße abgeschirmt. Die Dimension der Schotterkörbe hat dem Viertel schon den Übernamen *Guantanamo* eingebracht. Aber so was sagen nur böse Zungen, zwei Dörfer weiter.

Auch wer sich für zeitgenössische Gartengestaltung interessiert, muß Neubauviertel wie am Sonnberg besuchen, Eintritt

Modernes Auggen II – Vertikalschotter am Sonnberg

frei: geschottert wird in Auggen vertikal und horizontal. Wir lernen, vegetationslose Zonen gibt es am Bahndamm und im Wohngebiet.

Bammerthäusle und Outlet Vom Bammerthäusle allein wird schon länger niemand mehr satt und so gehören auch die Auggener Hallen von Pearl zur Großfamilie Markgräflerland. Vom Schweizer Schriftsteller Peter Bichsel stammt der Gedanke: „In Langenau im Emmental gab es einmal ein Warenhaus. Das hieß Zur Stadt Paris. Ob das eine Geschichte ist?“ In Auggen gibt es auch ein Warenhaus, es heißt *Pearl Factory Outlet.* Ob es wohl eine Geschichte wäre, wie die Produktscouts von Pearl Sonderposten und Schüttware in Asien aufspüren? Bei Pearl sind neben Elektrogeräten und Gimmicks aber auch nützliche Kleinteile im Angebot. So gibt es für wenig Geld eine selbstjustierende, elektrisch angetriebene Parkscheibe für hinter die Windschutzscheibe. Mit der bleibt ihr Fahrzeug auf der sicheren Seite, zumindest was die Parkzeit angeht. Das Teil wird verkauft als Parkscheibe mit „Uhr-Funktion“.

Kartoffelsalat an der Bundesstraße – Am Berg, Schliengen

So geht man auf halber Höhe dahin. Vorbei an modernen Weingütern und Genossenschaften, die wie Tanklager aussehen, blickt auf die hellroten Dächer von Discountern und auf die quietschorangen von Großformat-Baumärkten; kommt vom Schliengener Himmelberg zum Hacher Felsenstück, zum Müllheimer Buck. Mit Panorama auf Vogesen, Straßenkreisel, Factory-Outlet und Fledermausbrücke. Wohnhäuser und Züge verschwinden hinter Mauern. Andererseits gibt es einen Bulldog namens Elsa und Einkehren, die wie zeitferne Inseln mancher Strömung widerstehen.

Adressen und Hinweise

Einkehren in der Holzbankklasse Drei Lokale um Schliengen und Auggen zählen dank Ambiente, Angebot und Stimmung zu Sonderfällen im Markgräflerland. Erstaunlich, daß sich die vitale Holzbankklasse so nah der Bundesstraße gehalten hat. Ausgerechnet dort, wo sich das Land am stärksten verändert hat.

Frisch aus dem Ofen – Backtag am Berg, Schliengen

AM BERG, Schliengen Der ‚Berg' liegt am Schliengener Buck, es ist ein Haus der gastronomischen Grundversorgung und das soll ein Kompliment sein. Ein menschenwürdiges, handgekochtes Tagesessen mit Suppe und Salat gibt es nämlich nicht mehr so oft an einer deutschen Fernstraße, und schon gar nicht unter 10 Euro (werktags serviert von 12 Uhr bis 13.30 Uhr; die Sonntagsausgabe dito). Serviert wird der Mittagstisch am Berg im rechteckigen Muldentablett, wie es manche noch aus Mensa oder Kantine kennen. Gemeinschaftsverpflegung also, es gibt aber auch preiswerte Vesper mit selbstgebackenem Bauernbrot, Lokalkolorit und Kachelofen sind gratis. Wenn es an Wochenenden im Herbst Schlachtplatte gibt, sind nicht nur die Leberwürste, sondern auch die beiden Gasträume prall gefüllt – ohne Reservierung geht an solchen Bergfestspielen nichts.

Der Berg ist eine Adresse, die wegen Nützlichkeit, Robustheit und Unmoderne (bei Gästen sowie auf dem Teller) entweder auf Anhieb gefällt oder fremd bleibt. Nebenbei ein Gedanke zur Regionalgaststätte: Hinterm Tresen hängt eine Urkunde, die den Hausherrn als Meister im Fleischerhandwerk ausweist. Was in Schliengen schmückt, wäre in Berlin Mitte ein heikles Outing. Außerdem könnten Damen hier zum geräucherten Forellenfilet Pelz tragen, ohne behelligt zu werden.

Das Viertel Faßwein wertet unter 3 Euro, diverse Brände dito. Die frischen Salate werden am Berg aus Wurst, Speck, Käse und dem Maul

Eine Schöne vom Land – Krone, Schliengen-Mauchen

des Ochsen bereitet, der Wurstsalat stand 2020 noch bei 5,50 Euro. Freitag, Samstag und Sonntag wird ein hausgemachter Kartoffelsalat gereicht, der zu den besten im Oberland zählt. Eine stille Spezialität, wie das Haus am Berg.

Gasthaus am Berg (Fam. Tröndlin), Basler Straße 15, Tel. 07635-9272, ♣ Terrasse im Hof.

Ein Wochenendcafé in Schliengen In einem unauffälligen Wohngebiet liegt das persönlich-familiär geführte **Café Hummel**, drinnen Wohnzimmerstimmung, draußen im Garten lauschige Schattenplätze und gesellige Tische, alle Kuchen sind mit Liebe hausgemacht, wie die Atmosphäre der Gastgeberin Susanne Krauß; im ganzen Sinn des Wortes eine Manufaktur. 79418 Schliengen, Untere Biefangstraße 15, Tel: 07635-1349; bisher von Freitag bis Sonntag; hummel-cafe.de.

KRONE – Schliengen-Mauchen Das Kapital der Krone ist die Holzbank- und Kachelofenbehaglichkeit – eine Gaststätte mit Aura; seit 1862. Die Stube mit dem raumteilenden Kachelofen wurde über all die Jahre tadellos erhalten, hierzu paßt auch der volksnahe Teil des Vesper- und Speisenangebotes. Eine Renovierung vor Jahren erweiterte den Altbestand um ländlich-gepflegte Nebenräume für Weinproben, Feiern und Anlässe sowie um eine leistungsfähige Küche. Die gemütliche Stimmung im alten Kern der Krone bleibt davon ebenso unberührt wie der programmatische Hinweis über dem Stammtisch: „Mein Wein ist recht /

Holzbank und Kachelofenstimmung – Krone, Mauchen

macht Euch nicht schlecht / drum trinket recht" – alles zutreffend, schließlich gehört das Anwesen zum VDP-Weingut Lämmlin-Schindler.

Das ländliche Moment ist das Pfund der Krone, wobei die Küche öfter einen Bogen ins Ambitionierte schlägt: Mottomenüs, lange im voraus ausgebuchte Gansessen, Weinproben und Themenabende gehören zum Programm, wobei der Mehrwert solcher Extras nicht pauschal zu fassen ist. Wer kulinarische Selbstversuche scheut, konzentriert sich deshalb auf Standards, die meist zuverlässig, aber ohne Drang zur Finesse zu Tisch kommen. Einfache Teller vom gemischten Salat über die extrabrut angerichteten Bratwürste bis zum Schnitzel zeigen, wie Standardbeilagen Rösti und Kartoffelsalat, daß Gastronomie im Haus zweckdienlich interpretiert wird. Das brauchbare Basisprogramm der Krone kann kaum aus dem Ruder laufen. Dazu kommt eine Tagesempfehlung, stets auch eine Auswahl an Kuchen in deutscher Stilistik.

Für mich gehören Holztischstimmung, lauschige Terrasse und die Gutsweine zu den sicheren Werten der Krone, deren Ruf weit über Schliengen hinaus reicht. Zur Feriensaison konkurriert der Zulauf mit dem Reiz einer Landschänke. Gleich wie, Luxusmüde erleben hier, wie wohlig die Einkehr am blanken Holz sein kann.

Wie erwähnt, gehört das bildschöne Anwesen zum benachbarten Weingut Lämmlin-Schindler. Offen und in Flaschen gibt es eine in dieser Gasthausklasse selten große Auswahl renommierter Gutsweine. Qualität, Lage, Sorte – selten kann man so aus dem Vollen kosten – somit ein Platz für regionalen Trinksport im engeren Sinne. Freilich hat alles

Wohnzimmer mit Hauswein – Zähringer Hof, Hach

seinen Preis, große Lagen gibt es nicht zum Faßweintarif. Das Hausmotto „drum trinket recht" sei abschließend ergänzt um ein Diktum von Marc Aurel: „Es soll keiner so wenig Wein trinken, daß er seiner Gesundheit schadet."

Krone, 79418 Schliengen-Mauchen, Tel. 07635-9899. Geöffnet ab 11 Uhr, hausgemachte Kuchen; ♣ lauschige Gartenterrasse. **Preise:** mittel.

ZÄHRINGER HOF, Auggen-Hach Im Zähringer Hof sitzen zuvorderst jene, die schon immer dort sitzen: gleich am Eingang, am runden Stammtisch beim Kachelofen. Der Aufsichtsrat hält dort Wacht über eine Wohnzimmerwirtschaft mit vier Tischen und gut integrierter Theke. Einen Nebenraum gibt es auch, der ist eher was für Auswärtige und für den Freitag, dann (und nur dann) gibt es einen normsetzenden Zwiebelkuchen mit Knusperboden und Wumms sowie eine sämige Kartoffelsuppe, aber dazu später. In der Gesamtschau erscheint der Zähringer Hof als kantiges Biotop, das nicht allen gefallen will und gerade deshalb einigen besonders mundet. Daraus zu schließen, daß nur heimische Gewächse am Stammtisch sitzen, wäre ein erster Fehler, den Reingeschmeckte hier begehen können. Wie in allen Charaktergaststätten, hilft Haltung, anfangs auch eine gewisse Zurückhaltung beim Genuß der Annehmlichkeiten.

Die an den normalen Tagen (außer Fr) gebotenen Vesper und Getränke passen zum Holzbankambiente: es gibt Schankweine aus eigenem Anbau, darunter auch von der Einzellage Felsenstück. Dazu passen die

Hacher Dreierlei – Kartoffelsuppe, Zwiebelkuchen, Gutedel

Vesper mit gutem selbstgebackenem Brot. Geräucherte Forellenfilets, gebeizter Lachs, sowie ein sehr gemischter Fischteller (Lachs, Forelle, Rollmops) sprengen fast den Rahmen des Erwartbaren, passen aber zum Wein und werden wie dieser gerne genommen. Unregelmäßig wird auch ein warmes Essen gekocht, wobei hier nicht der Platz ist, Ausgabezeiten und Empfangsberechtigte offenzulegen. Essen ist wie pilgern, wer würdig ist, findet den Weg.

Der Freitag steht im Zähringer Hof seit jeher im Zeichen von Kartoffelsuppe und Zwiebelkuchen, das hat Tradition und ist gut so. Am Zwiebelkuchen versuchen sich viele, wenigenorts gelingt er so aromatisch und im Mundgefühl so austariert wie im Zähringer Hof. Das führt zumindest im Frühherbst, zur Zeit neuen Weines, zu lebhaftem, mitunter auch stürmischem Betrieb. Der großfamiliären Stimmung, die den Zähringer Hof und seine Stammtische eigentlich ausmacht, ist der Freitagsbetrieb eher abträglich.

Natürlich kennt die Wirtsfamilie Hanselmann ihre Patienten, konkrete Fragen nach dem Getränkekonsum werden mitunter wolkig beantwortet. Kostprobe: „Un, was hesch cha?" Antwort: „Erscht zwei Viertele, dann mehrere Achtele." Worauf einer am Stammtisch ergänzt: „Die zwei letzten gehen auf mich." Zwei Dinge noch im Gehen: der Zähringer Hof ist kein Ponyhof. In Hach wird beredt geschwiegen und munter diskutiert, aber niemand tanzt hier seinen Namen. Man werde als Gast nicht lästig und nehme die Dinge wie sie sind.

Gasthaus Zähringer Hof (Fam. Hanselmann), Dorfstraße 22, 79424

Raucherzimmer in Hach

Auggen-Hach, Tel. 07631-3167. Jeden Freitag Kartoffelsuppe und Zwiebelwaie ♣ Gartenwirtschaft unter der Laube, Vesper ab mittags durchgehend, Nebenraum bei Bedarf. **Preise:** sehr günstig.

Oberhalb von Schliengen-Mauchen und Auggen-Hach gibt es brauchbare Ausgangspunkte für Touren durch‘s Markgräfler Weinland. Man hat Vogesenpanorama, Blauenblick und hört von fern den Verkehr im Rheintal rauschen. Verglichen mit dem Reiz anderer Partien am Markgräfler Weinweg, bieten die arrondierten Lagen jedoch landschaftlich weniger Höhepunkte, dafür mehr Anschauung zum Wandel im ländlichen Raum. Auch das hat seinen Reiz, zumindest im Vorbeigehen. Für eine größere Schleife vor oder nach der Einkehr reicht es allemal.

Ausgangspunkte ab Schliengen-Mauchen Die Verbindungsstraße von Schliengen über Mauchen nach Müllheim-Vögisheim erschließt Wege in den südexponierten Rebbergen. Auch in der dunklen Jahreszeit ist das Gelände offen und hell. Ausgangspunkt z.B. am Wanderwegweiser Kreuzmatt und Töpferei, im Unterdorf von Mauchen (von Schliengen kommend). Ab dort asphaltierte Rebsträßle und Wege in Richtung Himmelberg (348 m), weiter westlich vom Frauenberg (324 m) mit Panoramablick über Wenkenbuck

Alles treibt – Frühling bei Vögisheim

und den Oberen Mauchenboden bis nach Auggen-Oberdorf, vgl. zur Strecke auch S. 142 f.

Oberhalb von Auggen Ein weiterer geeigneter Ausgangspunkt ist das Wegkreuz am Steinacker (338 m, der gleichnamige Wander-Parkplatz liegt 200 m weiter). Der Steinacker liegt an der Gemeindeverbindungsstraße von Auggen rüber nach Mü-Feldberg, bzw. Mü-Vögisheim. Das Sträßle führt ab Anhöhe Steinacker weiter am Waldrand entlang – immer mit Blauenpanorama – dann weiter Richtung Feldberg und Eggener Tal. Ab Steinacker: Auggen 1 km, Luginsland 2,5 km, Mauchen 4,5 km.

Weinweg bei Auggen-Hach Die nur sporadisch befahrene Verbindung von Auggen-Hach nach Müllheim-Vögisheim (Promillesträßle) wurde früher auch mal genutzt, um auf kurzem Weg vom Zähringer Hof ins Bett zu kommen. Nahe dem Scheitelpunkt der Strecke stehen zwei Wanderwegkreuze am Markgräfler Weinweg, die sich als Ausgangspunkt für eine aussichtsreiche Runde zwischen Rheinebene und Vorbergzone eignen: Das Wegkreuz Müllheimer Buck (306 m) und das Wegkreuz am Jägerdenkmal (343 m). Von hier freier Panoramablick auf den Blauen und die Vogesen, sowie auf Müllheim. Ab Jägerdenkmal Optionen durch Rebland in alle Richtungen, vgl. dazu auch Kap. 13, ab S. 262.

Fruchtbare Höhen, Dörfer im Tal

9

Land und Geschmack im Eggener Tal

Selten, daß eine Landstraße so plötzlich zur Panoramastraße wird wie die L 132 an der Kreuzung nach Schallsingen und Obereggenen. Ungewöhnlich auch, wenn reizende Partien und Motive so dicht aufeinander folgen wie im Eggener Tal. Ein Film vom Garten Eden könnte auch zwischen Schallsingen und Feldberg, Obereggenen und Feuerbach gedreht werden. Obst- und Weinbau, Dörfer und Landschaft eng verbunden zum Bild einer arkadischen Landschaft. Nebenstraßen führen mitten durch. Zur Baumblüte, zur Weinlese im Herbst oder nach einem Sommertag, wenn die Sonne hinterm Vogesenkamm versinkt und einen dramatischen Himmel zeichnet – Markgräfler Oberland in Bestform.

Panoramaplätze gibt es genug, auch günstige Wanderausgangspunkte; ich scheue mich fast, einen besonders zu empfehlen. Oberhalb von Schallsingen, an der Abzweigung der Auffahrt nach Schloß Bürgeln liegt eine Parkbucht wie eine Loge über dem Tal. Nur Landschaftsleugner können hier ohne Regung einfach durchfahren. Aber schon zwei Kilometer weiter in Richtung Kandern, auf dem Sattel *St. Johannis Breite,* wäre wieder ein Platz, vor dem das Markgräfler Hügelland besonders prächtig erscheint. Der Panoramaweg zum Waldparkplatz

Ein Feiertag – Obstblüte im Eggener Tal

an der Stelli beginnt hier, er erschließt das Eggener Obst- und Weinland auf einer ansprechenden Route und es ist nur eine von vielen Möglichkeiten.

Vom Kracher zum Knupper Bei aller Schönheit im Gesamten, ein Blick auf einzelne Flurstücke zeigt den radikalen Wandel im Erwerbsobstbau. Das Kulturland im Eggener Tal war lange geprägt vom Wechsel zwischen Weinberg, Grünland sowie

Hoch- und Halbstamm-Streuobstwiesen. Seit Jahren vergreisen die einst landschaftsprägenden Hochstämme, die meisten wurden bereits durch Plantagen und Niederstammanlagen ersetzt, ähnlich wie im Erwerbsobstbau am Bodensee oder in Südtirol. Mit dem Obstgeschmack verändert sich auch die Landschaft, auch der Mindestlohn paßt nicht zur Ernte mit der langen Holzleiter. Alte Sorten gelten als Störfaktor im na-

Alt und jung – Birnen-Hochstamm, davor Spalierobst-Spindeln

tionalen Handel, gefragt sind große, lagerstabile Früchte, im Geschmack massentauglich oder auch „süßlichmittelgut", so eine erstaunlich offene Aromazuschreibung aus den Katalogen des Erwerbsobstbaus. Die Folge: maschinenbearbeitbare Plantagen statt gemischter Bestände mit Hochstämmen.

Die neuen Kulturformen betreffen im Eggener Tal besonders den Kirschen- und Zwetschgenanbau, neuerdings auch Aprikosen. Lange prägten Lokalsorten die Produktion, bei den Kirschen etwa die legendären Markgräfler Kracher mit fast schwarzen, aromatisch-süßen Früchten und Biß. Ein optischer Nachteil der Sorte sind jedoch die schnell bräunenden Fruchtstiele. Damit war das Ende für Kracher und andere Regionalsorten wie Markgräfler Süßkirsche und Langstieler vorprogrammiert. Schon seit den 1990er Jahren werden bei Tafelkirschen großfruchtende Sorten bevorzugt; bei maschinengeschüttelten Industriekirschen für Saft und Marmelade ist die einheitliche Fruchtreife entscheidend, um in einem Durchgang ernten zu können.

Seine überregionale Attraktion verdankt das Eggener Tal

Im Kirschenland – auf der Pfilb bei Müllheim-Feldberg

aber nicht der Plantagenkultur von Handelsware, sondern dem Landschaftsmosaik und einer variantenreichen, besonders lange dauernden Obstblüte, die Ende März beginnt und oft bis in den Mai anhält. In diesem Blütenbild spiegelte sich einst die kleinbäuerliche Nutzung des Landes: das Tal weiß getupft, jeder Baum ein Akzent. Hohe Birnbaumpyramiden, in denen ein Bienenschwarm Nahrung findet, großkronige Kirschbäume mit aromatischen Früchten und geschätztem Möbelholz.

Mikrokosmos Streuobst Man schätzt die Biodiversität im Streuobst auf 3000 Obstsorten, rund 5000 Tier- und Pflanzenarten haben ihren Lebensraum in Streuobstbeständen. Die Hälfte der noch vorhandenen deutschen Obstbäume, etwa 9 Millionen Exemplare, stehen in Baden-Württemberg. Im Regierungsbezirk Freiburg gilt das Eggener Tal, neben der Ortenau, als Schwerpunkt der Vorkommen.

Knapp 50 % des Bestandes an Obst-Hochstämmen sind Apfelbäume, 25 % Kirschbäume, der Rest Zwetschge, Birne, Walnuss und andere. In den letzten 40 Jahren ist über die Hälfte der Bestände verschwunden. Eine „Streuobstkonzeption“ der

Auslaufmodell Hochstamm – Birnbaum im Eggener Tal

Landesregierung versucht, die Restbestände durch Zuschüsse für Baumpflege und Schnitt zu schützen. Die Kriterien für die acht Förderprogramme sind erwartbar komplex, so daß viele Anspruchsberechtigte keinen Antrag stellen (www.streuobst-bw.info).

Konzentrat und Kletterhalle Im Erwerbsobstbau spielt der frei stehende Baum keine Rolle mehr. Gepflanzt werden leicht zu erntende Niederstämme in Reih‘ und Glied oder Spindeln am Spalier; zudem werden die Anlagen gegen Unbefugte und Wildverbiß zunehmend eingezäunt. Als Schutz gegen Spätfrost, Schadinsekten und Hagel, auch weil großfruchtige Sorten empfindlich auf Regen reagieren und platzen, werden Kirschanlagen zudem mit einem Netz- oder Foliendach geschützt (vgl. S. 171). Man streife also mit offenen Augen über Land und erfreue sich an den letzten kapitalen Hochstämmen, sie haben keine Lobby und sie verschwinden schneller als Gletscher.

Ein Obstbauer sagt mir zum Thema: „Ich finde keine Leute mehr, die auf der Leiter stehen und beidhändig ernten kön-

Fallobst gehört zur Freizeitgesellschaft

nen.“ Durch die Einführung von Mindestlöhnen hat sich die Arbeitskräfte-Problematik bei Pflege, Schnitt und Ernte weiter verschärft. Zum Klettern geht es heute in die Kletterhalle, hinterher gibt‘s Multivitaminsaft. Hochstämme sterben ab, Waldkinderärten haben Konjunktur.

Polen ist der größte Apfelproduzent der EU, China produziert soviel Apfelsaftkonzentrat wie der Rest der Welt. Die Importe werden hier rückverdünnt, während heimisches Mostobst am Boden vergammelt. Die Kelterei Jacobi in Auggen zahlt in guten Erntejahren unter 10 Cent für ein Kilo Äpfel, wer mag dafür buckeln? Zur betreuten Gymnastik gibt es schließlich Fitnesscenter und Fruchtsaft wächst im Regal bei Aldi. Das Schlußwort unserer kleinen Konsumkritik spricht heute T. S. Eliot: „Wer das ganze Elend seiner Mitmenschen ermessen will, braucht sich nur ihre Vergnügungen anzusehen.“

Wobei auch die Plantagen im Eggener Tal nur eine Übergangskultur sein dürften. Die meisten in Deutschland verkauften Obstsäfte werden aus Konzentrat rückverdünnt; in

Delikatesse von nebenan – sortenreiner Apfelsaft

Osteuropa entstehen derzeit – selbstredend EU subventioniert – industriell bearbeitbare Obstplantagen, auch hiesige Discounter investieren massiv im weiten Osten. Angesichts solcher Entwicklungen ist es fast kleinlich, alte und neue Formen der Obsterzeugung gegeneinander in Stellung zu bringen. Man sollte dankbar sein, wenn überhaupt einer ackert und Kulturland nicht als Kulisse für Freizeitaktivitäten versteht.

Saft von Markgräfler Streuobst Der Kanderner Gärtnermeister Wolfgang Sprich ist jemand, der Streuobst nicht nur in hohen Tönen besingt, sondern durch Nutzung schützt (ähnlich das größere Obstparadies von Martin Geng in Staufen, vgl. S. 338). Hochstämme bewirtschaften heißt Jahrzehnte an Arbeit in eine Kulturform investieren, Ernte bei Hitze, Baumschnitt, Verkauf am Marktstand wenn es stürmt und saut. Die Schnittprämien für die Pflege der Bäume erscheinen da wie ein Almosen. Nett, aber ohne Wirkung.

„Damit komme ich nicht mal auf den Mindestlohn“, meint Wolfgang Sprich zu Förderprogrammen. Er macht trotzdem weiter, Sprich steht und fällt mit seinen Bäumen. Er hat sie

Freiherr von Berlepsch in Douglasienholzkiste

kartiert, alte Regionalsorten bestimmt, er gibt Kurse und organisiert Exkursionen – vor allem aber bietet Sprich ein selten breites Sortiment sortenreiner Apfelsäfte und Naturprodukte wie Gelees etc. Sein säurefrischer Saft von der Champagner Renette ist eine seltene Delikatesse. Erstaunlich, daß sortenreiner Wein eine Selbstverständlichkeit ist, beim Apfelsaft aber standardisierte Mischungen üblich sind, obwohl das aromatische Spektrum vergleichbar breit ist.

Ginge es nach Wolfgang Sprich, gäbe es keine milden Gabe für den Baumschnitt und Förderkriterien, die kaum jemand überschaut, sondern gezielte Maßnahmen zum Aufbau von Vermarktungsstrukturen. Schützen durch nützen, Kredite für Abfüllanlagen. Attraktive Marktscheunen, in denen Erzeuger die Früchte ihrer landschaftspflegenden Arbeit angemessen anbieten können. Wer unserer Agrarförderung kennt, weiß, daß mit effektiven Maßnahmen für Kleinlandwirte nicht zu rechnen ist. Hilfe kann nur von einer Kundschaft kommen, die Produkte regionaler Erzeuger schätzt. Der Gang zu Alnatura & Moralkauf erhält keinen einzigen Hochstamm im Eggener Tal. Wer bei Sprich Apfelsaft kauft, belohnt seinen Geschmack und

Nicht nur eitel Sonnenschein – über dem Obstland im Eggener Tal

fördert Landschaftspflege. Außerdem vermittelt Sprich, wie aus S. 165 zu sehen, die schönsten Obstkisten im Land. Douglasie verschraubt, hält lebenslang.

Säfte aus Markgräfler Streuobst, Gärtnerei Wolfgang Sprich, Wochenmarkt Lörrach (Do) und Kandern (Sa); Tel 0175-122 86 02, wolfgang-sprich@gmx.de.

Ein Obst- und Weinland Nicht nur zur Kirschblüte, auch zur Reifezeit und bis spät im Herbst ist es eine Freude, auf schmalen Straßen durch das Tal zu gondeln. Von der Landstraße 132 kommend über Schallsingen runter nach Obereggenen. Nur

ein Kilometer, aber was für einer! Zwei, drei Schwünge durch Wiesen, vorbei an Baumveteranen, deren fruchtschwere Äste mit Holzstangen gestützt werden müssen – solange es noch jemand macht.

Auch mit dem Mountainbike läßt es sich durchs Eggener Obstland brettern. Für den Preis eines Hightech-MTB könnte man ein Stück Land kaufen und die Früchte der kreislaufanregenden Arbeit ernten. Das geht überall in der Vorbergzone, wo Kulturland verkommt. Und noch was: In mancher Trinkflasche dürfte was Isotonisches aus der Retorte sein, unser Apfelsaft ist auch isotonisch.

Kiefern wie im Süden – im Paradies bei Feldberg

Richtung Feldberger Paradies Von einem der Wanderparkplätze aus gesehen wirkt das Eggener Tal wie eine Markgräfler Ideallandschaft. Zur Weinlese im Herbst paßt eigentlich nur das Wort bukolisch in seiner alten Bedeutung: in der Art der Hirten, ländlich-idyllisch. Man könnte einen jener Plätze ansteuern, zu denen schmale Straßen führen. Oben zwischen den Dörfern hat es immer einen Parkplatz und ein Wanderwegkreuz. Also über Gennenbach auf den Heidel, von Niedereggenen oder Feuerbach auf die Stelli, von Feldberg hoch zum Wanderwegweiser an der Pfilb.

Man könnte auch, was vielleicht die beste Idee wäre, in Feldbergs Mitte am Buntsandstein-Dorfbrunnen mit dem kapitalen sechseckigen Trog gen Rheintal/Lipburg abzweigen. Die Rheintalstraße führt kurz und knackig steil zum Wanderparkplatz auf dem Stalten; danach weiter am Saum zwischen Reben und Wald, stets mit weitem Tal- und Blauenblick.

An der Stelle, wo das Rebsträßle nach Lipburg im Wald verschwindet, ist ein kleiner Parkplatz. Ein Fußweg führt von dort steil am Waldrand hoch, vorbei an einer exquisiten Sonnen-

Kleine Welt im Innenhof – an der Bürgelnstraße in Feldberg

bank. Die Kiefern sehen aus wie Pinien, die Böschungen sind so trocken wie am Mittelmeer und im Sommer duftet es hier auch so. Nach ein paar hundert Metern immer am Waldrand lang erscheint ein Wanderwegkreuz namens *Paradies*. Alles weitere zu Touren ab Parkplatz-Stalten S. 176f.

Feldberger Höfe und Hinterhöfe Längs der Feldberger Ortsdurchfahrt fallen stattliche Fassaden und Höfe auf. Mancher historische Dachfirst ist höher als im Neubaugebiet, in den meisten Markgräfler Dörfern ist es umgekehrt. Wenige Gassen abseits der Feldberger Ortsdurchfahrt wurden die Anwesen durch Realteilung im Lauf der Generationen immer kleinbäuerlicher und damit auch prekärer. Landwirtschaft sichert nur noch ausnahmsweise Existenzen, in Feldberg gibt es heute noch zwei Vollerwerbsbetriebe. Gepflasterte Innenhöfe erinnern an Zeiten, als die Kirschen kleiner und die Scheunen größer waren.

Ein stattlicher Innenhof in Feldberg gehört zum *Roßkopfhof* an der Bürgelnstraße Nr. 26, wo die Flügel der Holztore meist

Blühende Landschaften – zwischen Schallsingen und Feldberg

offen stehen. Früher war die Dorfmetzgerei im Haus, dann gab es hinter der prächtigen Eichentür noch ein paar Jahre lang Bauernspeck und Schinkenspeck, jetzt noch Nüsse im Herbst; immerhin. Auch der Garten neben dem Hof hat einen Blick verdient – eine ländliche Pracht, die ohne Glaskugeln und Schleifchen auskommt. Oder eine Straße tiefer in *Ortliebs Hausbäckerei* eine Scharwaie holen, das Markgräfler Vesperbrot aus der Zeit vor Ciabatta.

Adressen und Hinweise

„Man genießt die Natur auf keine andere Weise so schön, als bei dem langsamen, zwecklosen Gehen." ALEXANDER VON HUMBOLDTS Worte zum Herumschweifen passen perfekt zum Eggener Tal. Gleich mehrere günstig gelegene Wanderparkplätze erschließen die Südflanke ebenso wie die wintersonnige Nordseite des Tals. Jeder Ausgangspunkt hat sein eigenes Landschaftsbild, genug Möglichkeiten für wiederholte Besuche, eine Auswahl:

Obst undercover – Kirschplantage auf der Pfilb, bei Feldberg

Lohnende Ausgangspunkte Die **Pfilb** (416 m, Parkmöglichkeit) liegt auf dem Scheitel der Kreisstraße von Obereggenen nach Feldberg. Von hier führen Panoramawege in alle Himmelsrichtungen. Beliebt ist der Kammweg zum Aussichtspunkt und Wegkreuz Egt (1,2 km, 419 m). Von dort Möglichkeiten der Fortsetzung als Rundweg, über Feldberg oder Obereggenen. Oder auch, Höhe haltend über das Wegkreuz Heidel zum Trockenmauer-Biotop am Freudenberg, oberhalb von Niedereggenen.

Nur wenige Schritte vom Wegkreuz Egt liegt der Aussichtshügel Steinenkreuzle (Feuerstelle, Bänke, Funkmast). Eine weiche Kuppe, welche die Landschaft im Eggener Tal erschließt; inklusive Blauenblick, Bürgelnblick und Sicht auf die Dörfer im Tal.

Das Trockenmauer-Ensemble am westlichen Freudenberg gehört, neben jenem am Castellberg bei Sulzburg, zu den größten im Markgräflerland. Die Rebmauern sind nicht nur wegen ihrer Länge und landschaftskonformen Einpassung besonders. Soweit möglich, wurde die alte Struktur der Mauern erhalten, also nicht neu aufgesetzt (wie am Castellberg). So bekommt man eine Vorstellung von der einst mühsamen Terrassierung. Die Lage heißt zwar Freudenberg, Steillage ist aber auch ein Synonym für schwere Arbeit. Heute lohnt die Bewirtschaftung solcher Kleinparzellen kaum mehr, entsprechend sind nur die dorfnahen Lagen mit Reben bestockt, der Rest verwildert – trotz der vorbildlich restaurierten Mauern. Zugang beschildert ab Niedereggenen.

Jetzt geht's los – Blütentrekking nahe der St. Johannis Breite

Am Ausgangspunkt **Pfilb** – sinnigerweise unmittelbar am markierten Kirschenpfad – liegt eine jener Obstplantagen, die zunehmend das Bild im Tal prägen. Auf einem Hektar stehen jene modernen Sorten, die der Markt verlangt. Dank variabler Planen können Blüte und reife Früchte gegen Frost, Dauerregen und Hagel geschützt werden: Kirschen undercover. Die Sorten sind gestaffelt, damit während der gesamten Kirschsaison von acht Wochen geerntet werden kann. So eine Plantage kostet ca. 40.000 Euro je Hektar. Ertragsoptimierung sieht nicht sehr romantisch aus, einerseits. Andererseits erklärt einem jeder Landwirt im Tal, daß Zeit, Geld und Leute zur professionellen Pflege von alten Regionalsorten fehlen.

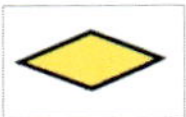

Parkplatz St. Johannis Breite Der Sattel an der L 132 oberhalb von Sitzenkirch liegt am Beginn des 3,5 Kilometer langen Panoramaweges, der zur Stelli führt (vgl. S. 173). Außerdem führt ein Obstlehrpfad aus dem Tal zur Johannis Breite. Die Route des Stelli-Panoramawegs verläuft entlang der Südflanke des Tals durch Obstwiesen, direkt unterhalb vom Wald am Rüttenen. Nicht nur zur Obstblüte eine der schöneren Routen im oberen Eggener Tal, zur Blütezeit wird der Weg allerdings stark bewandert.

Von der Johannis Breite führt zudem ein 1,5 km langer Laubwaldweg in Richtung der Obstwiesen und Rebberge am oberen Lauf des Feuerbachs und weiter bis Feuerbach (Dachenholenweg, vgl. unten).

Auf die ruhige Tour – Rebland zwischen Stelli und Feuerbach

Von der Stelli nach Feuerbach Auch der Wanderparkplatz auf dem Sattel zwischen Niedereggenen und Kandern-Feuerbach ist ein guter Ausgangspunkt. Von der Stelli führt die Eggener Straße als Gemeindeverbindungsstraße letzter Ordnung ins reizvolle Tälchen am Feuerbach. Die Rebberge und Streuobstwiesen oberhalb der 400 Einwohner Ortschaft Kandern-Feuerbach haben noch etwas von jenem natürlichen Reiz, der im intensiver beackerten und besuchten Eggener Tal da und dort durch Plantagen verloren ging.

Auch in Feuerbach wurde 2020 ein Neubaugebiet erschlossen, das idyllische Tal wird dadurch zwar nicht grundlegend verändert, aber sein Bild ändert sich doch. Wie es halt ist, wenn ein zu großer Knopf an eine Jacke kommt.

Parkplatz Stelli Der Parkplatz mit Schutzhütte auf der Stelli (Wanderwegkreuz, 427 m) erschließt zum einen die Südseite des Eggener Tals, durch einen Zuweg gen Rüttenen auch die wintersonnige Talseite und Rebhänge oberhalb von Feuerbach. Zu einer Fernsicht-Partie (Bild oben) oberhalb der Feuerbacher Reben führt der Bürglerweg. Dazu ab Stelli nicht auf der als Wanderweg mar-

Ins Licht gehen – Paradiesweg oberhalb Feuerbach

kierten Straße gehen, sondern auf dem Bürglerweg 300 Meter ansteigend in Richtung Wald am Rüttenen (Wegweiser: Manne-Brünnli). Die 18 markierten Stellen am Weg sind Abwurfpunkte für Disc-Golf, das mit Frisbee-Scheiben gespielt wird. Oben am Waldrand dann rechts halten und abzweigen auf den Paradiesweg, weiter geht es entlang einer Kirschanlage nach Süden Richtung Feuerbach. Bei einem Hochstand, der an der Gemeindegrenze Schliengen/Kandern steht, tritt man aus dem Laubwald ins Freie. Nun mit jedem Schritt zunehmender Akropolisblick nach Südwesten auf den Schweizer Jura, St. Louis und Teile von Basel (am linken Rand erscheinen die Roche-Hochhäuser).

Durch die Reben ziehen Die Partien oberhalb der Feuerbacher Reblage am Paradiesweg bieten noch mehr solcher begnadeten Winkel. Zauberhaft ist die Ecke gerade auch im Winterhalbjahr, dann oft bei hellem oder bewegtem Himmel im Südwesten über der Burgundischen Pforte.

Über die Rebberge der nur noch 11 Hektar großen Einzellage Feuerbacher Steingäßle führen Wege auf drei Etagen. Der Spätburgunder Rote, mit dem die Fläche überwiegend bestockt ist, hatte einst Kultstatus; leider hat die korrespondierende Einkehr Rebstock im Dorf seit Jahrzehnten geschlossen, Einkehrmöglichkeiten gibt es seither nicht mehr, ein Grund mehr für ein Rucksackvesper auf einer der höher gelegenen Aussichtsbänke. Diese werden auch auf recht kurzem Weg

Wintersonnig – Hermanns Ruh' bei Feuerbach

ab Feuerbach-Ortsmitte erreicht. Ein Wanderwegweiser (Ob Kirchen, 408 m) steht oberhalb von der Dorfmitte an der Straße zur Stelli. Der mittlere Weg durch die Feuerbacher Rebberge führt direkt zu einem markanten Viertel-Rund von Aussichtsbänken (Hermanns Ruh'). Auch der asphaltierte Hinterbergweg, der am Feuerbach lang dorfauswärts führt, ist eine kleine Schleife wert.

Ausgangspunkte bei Kandern-Feuerbach Zentraler Wanderwegweiser in Feuerbachs Ortsmitte (380 m, bei der ehemaligen Rahmstation), ein nächster wie erwähnt an der Eggener Straße oberhalb von Feuerbach: Ob Kirchen (408 m), hier Abzweigung der beiden schönen Rebwege Paradies und Hermanns Ruh'. Ein Brunnen (*1998) liegt am Paradiesweg etwa 400 m oberhalb von Feuerbach-Mitte. Auf halber Höhe des Rebbergs, darüber steht eine Vesperbank, die schon wieder einen Satz verdient hätte. Feuerbach, kleines, handliches Tal, großartiges Geläuf. Wer für solche Partien zugänglich ist, wird beschwingt sein.

Feuerbacher Höhe Vom unteren Dorfrand Feuerbachs führt die Kanderner Straße als reizvolle Nebenstraße über die Feuerbacher Höhe (Wanderwegweiser 457 m; Rastplatz) rüber nach Kandern. Ein Seitenweg dort oben heißt Amellenbuckweg, ein anderer Gaishaldenweg. Von der Feuerbacher Höhe führt der reizend durch Streuobstwiesen mit etwas Alpenblick bis zum Wegweiser Gaishalde (491 m); weiter durch Laubwald über den Wegweiser Stutz wieder nach Feuerbach; auch als Rundweg ab Feuerbach oder Kandern/Palmgarten lohnend.

Am Waldsaum lang – der Weg zum Paradies bei Feldberg

feldber, Stalten, Paradies Beim Buntsandstein-Brunnen mit dem großen achteckigen Trog führt die Rheintalstraße hoch in die Reben und weiter nach Rheintal und Lipburg (Schild beim Brunnen in der Ortsmitte). Oberhalb von Feldberg wird zunächst der beliebte Freizeit- und Rastplatz am Stalten erreicht (Wegweiser, 411 m; Touren-Ausgangspunkt). Auf dem Stalten steht von der Friedenslinde, die 1871 zum Ende des Deutsch-Französischen Krieges gepflanzt wurde, nur noch eine Baumruine. Im Jahr 2005 hat ein Sommersturm das Naturdenkmal zerlegt, nebenan wurde Ersatz gepflanzt. An der alten Linde auf dem Stalten ein Heimatgedicht von Fritz Wolfsberger:

Do sitz i ganz allai / e Amsle singt im Dolder / am Rebweg blüht der Holder / e Rösli träumt am Rai.

Eine so lauschige Stimmung ist auf dem Stalten eher selten. Der Bolz- und Grillplatzbetrieb sorgt an Wochenenden mitunter für Umtrieb, zur Kernfreizeit liegen Bratwurst oder Lammkotelett (je nach Ethnie) auf dem Rost. Der Blick bleibt davon allerdings unberührt, nochmal Wolfsberger: *„e Bild, recht für e Königsaal"*.

Ein Waldrandweg ins Paradies Ruhigere Geister können der Nebenstraße in Richtung des versteckt, aber nicht reizlos gelegenen Weilers Rheintal, mit gerade mal einer handvoll

Markgräfler Ideallinien – Feldberg, Paradiesweg, Paradies

Häusern und Höfen, oder auch weiter nach Badenweiler-Lipburg folgen.

Wo die Straße im Buchenwald verschwindet, beginnt rechts (Parkstelle, Sitzbank) ein besonderer Waldrandweg. Eigentlich kein Weg, sondern eher eine Himmelsleiter. Der nächste Wanderwegweiser heißt knapp Stelle (450 m), er steht nur 100 m weiter, an der Straße in Richtung Lipburg.

Von hier führt ein Waldfahrweg in wenigen Metern zu einem Waldsaum mit südländisch anmutenden Kiefern; von dort weiter aufwärts zu den höchst gelegenen Rebstücken der Einzellage „Feldberger Paradies".

Man kann hier einfach nur durchwandern, man könnte dort oben, auf einer Wiese beim Wegschild Paradies (505 m), aber auch einen Nachmittag im Gras liegen und mit Schmetterlingen und Eidechsen diskutieren. Ein Platz für schöne, auch für letzte Gedanken.

Die sonnigen Böschungen und Magerrasen am Paradieshang sind

ein Biotop, sie werden nur einmal im Jahr gemäht, so entstanden artenreiche Lichtungen und Wiesen, die im Hochsommer zur Schmetterlingsweide werden, überflogen von Schachbrettfaltern und Bläulingen (Lage: oberhalb der Rebstücke, im Bild oben rechts).

Die obersten Rebstücke von Feldberg reichen an die 500-Meter-Marke heran, höher über dem Meer wird im Markgräflerland nirgendwo Wein angebaut. Auch das weite Panorama hat dort oben etwas von Meerblick: es reicht von Feldberg mit seinem gedrungenen Kirchturm und dem mittelalterlich anmutenden Rebhausquader bis nach Mulhouse und in die Burgunder Pforte (von der mittlerweile durch Anstrich versauten Holz-Rebhütte im Bild oben halblinks schweigen wir). Burgunder Loch' wird die offene Tür nach Südwesten von älteren Markgräflern etwas mißtrauisch genannt. Aber neben Unwetter und Hagel kommt auch die mediterrane Wärme aus dem Südwesten.

Im Rebland bei Feldberg

Feldberger Paradies, Hörnle, Sehringen Der Lettenbuckweg (2020 neu hergerichtet) führt mit reizender Abwechslung vom Feldberger Paradies über den Wegweiser Lettenbuck (490 m; unter der Hörnlekuppe, oberhalb Hanebecks Hof) bis zur Landstraße 132 bei der Landkreisgrenze. Von dort weiter nach Badenweiler-Sehringen über Wegweiser Finsterholz und Jungfernbrünnle; ab Stalten bis nach Sehringen sind es ca. 4 km. An lichten Stellen im Wald oberhalb vom Hanebecks Hof gibt es etwas Alpenblick aufs Berner Oberland mit Eiger, Mönch und Jungfrau. Ab Wegweiser Paradies: Hörnle 0,8 km, Stalten 1,2 km, Lipburg 2 km, Sehringen 3 km.

Ein Landgut und ein Wanderweg Hanebecks Hof gehört zu den prächtig gelegenen Landgütern im Markgräfler Oberland. Die Liegenschaft mit weitem Umschwung in freier Südwestlage ist Privateigentum. Seit 2020 wird das Anwesen umfassend saniert, teils auch mit großer Schaufel erweitert; geplant ist ein Öko-Hof mit Ferienwohnungen und Tierhaltung. Ein Wanderweg (Schild: Gustav-Schuh-Weg) führt um den umzäunten Privatbereich. Der Weg stellt eine direkte Verbindung zwischen der Landstraße 132 (nahe Wegweiser Finsterholz) und den Obst- und Weinlagen am Feldberger Lettenbuck her. Die Waldrand-Partie vom Hofgut zum Lettenbuck gehört zu den reizenden im Tal.

Hofverkauf Im Eggener Tal gibt es nicht jeden Tag alles, aber da und dort etwas Besonderes. Allein die Zahl der Hofläden ist

Vom Baum zur Trotte – Apfelernte bei Feldberg

beachtlich, der größte ist bislang wohl der Bauernladen Jung in Niedereggenen (an der Ortsdurchfahrt, Hohlebachstr. 17). Derzeit entsteht an der westlichen Ortseinfahrt von Feldberg ein weiterer Hofladen als Teil einer neuen, auffallend groß ausgefallenen Maschinenhalle. Dazu kommen mehrere Weingüter im Tal, sowie Hausbäckerei, Mosterei, lokale Feste und Initiativen, eine Auswahl:

Schallsingen, Hofladen Moritz Der kleine Holzhaus-Kiosk am Hof der Familie Moritz ist stets bestückt mit frischem Obst (auch von alten Sorten), Feldsalat, Freiland-Eiern, Säften und sehr guter Marmelade. Am Freitag ist Backtag, neben Bauernbrot gibt es auch einen guten Salzzopf, auch eine große Auswahl an Kleingebäck, im Winter die beste Linzertorte weit und breit. Täglich zugänglich, Selbstbedienung. Familie Moritz, Schallsingen, Haus Nr. 4.

Feldberg, Ortliebs Hausbäckerei Hier wird jeden Tag im Holzofen handwerklich gebacken, Kleingebäck, Brote, auch die regionale Spezialität Scharwaie: ein flacher, runder Vesperlaib mit schöner Kruste, über Kreuz eingeschnitten, mit Öl bestrichen und mit Hagelsalz bestreut, am besten schmeckt Scharwaie frisch vom selben Tag (Hinweisschild an der Dorfwaage); Brot möglichst vorbestellen, Tel. 07631-5437.

Kammerer Säfte Eine Lohnmosterei am Ortsrand von Feldberg, auch

Gemütliche Stube, schöner Garten – Ochsen, Feldberg

ein Beispiel für regionale Kreislaufwirtschaft und für ein Verfahren, das der Landschaftspflege dient. Die Äpfel der Anlieferer werden gepreßt, erhitzt und dann in 5 oder 10 Liter Bags abgefüllt. Jede Pressung erfolgt für jeden Kunden separat, man erhält also den Saft eigener Äpfel. Wer genug Material hat, könnte sich hier sortenreine Apfelsäfte pressen und abfüllen lassen. Eine Spezialität, die hierzulande kaum gepflegt wird (vgl. S. 164). Bei den höheren Preisen, die für sortenreinen Saft zu erzielen sind, lohnt die Pflege alter Bestände. Saft im Bag bleibt gut zwei Jahre haltbar, nach Anbruch mindestens drei Monate. Niedermattweg 20, 79379 Müllheim-Feldberg, Tel. 07631-12885, kammerer-saft.de.

Waienfescht Feldberg Der Musikverein veranstaltet jedes Jahr an einem Sonntag Ende September ein Waiefescht: Bewirtung im Innenhof der Familie Rosskopf, Ortsmitte (Foto S. 169), Flammkuchen, Zwiebelwaien.

Maifescht Feldberg-Gennenbach Am 1. Mai gibt es in Gennenbach, das über neun Hausnummern verfügt, einen Hock am Dorfbach. Die Einwohner bewirten unter freiem Himmel mit Kaffee und Kuchen zugunsten eines Kinderhilfsprojektes. Luftige Stimmung ohne Rumstata.

OCHSEN, Müllheim-Feldberg Eines der wenigen Traditionshäuser, das den Generationswechsel erfolgreich meistert, nun schon in 7. Folge. Der Ochsen liegt zentral im Dorf, sein prächtiger Wirtsgarten günstig und geschützt im Tal. Früher kam Gesellschaft aus Basel und Badenweiler, heute finden die Gäste von überall her, was kaum wundern kann. Die

Mit Schmelz und Kachelofen – Ochsen, Feldberg

alte Stube hat Schmelz, Knarzedielen und Kachelofen, außerdem gibt es ein wohnliches Nebenzimmer nebst Stüble, einen rustikalen Innenhof. Der Garten mit Weinlaub-Pergola und Blick auf Staudenbeete gehört zu den stimmungsvollsten im Markgräfler Oberland.

Die Küche bleibt bürgerlich, niemand erwartet im Ochsen komplexe Dialoge von Dings an Bums, sondern sichere Werte. Beliebt sind die Leberle- und Innereien-Klassiker wie Kutteln und Nierle in Senfsauce. Auch Standards wie gebeizter Lachs mit Reibeküchle, die Sülze vom Kalbstafelspitz mit Rösti, ein Wiener mit raschelnden Pommes oder die ebenso saftigen wie opulent zugeschnittenen Steaks und Filets nach Art des Hauses sind sichere Positionen.

Der Ochsen braucht Kutteln und er hat sie, der Betrieb brummt schon im Normalbetrieb beachtlich, mittags wie abends, im Garten wie in den Stuben. Der Service schafft was weg, Seniorchef Hans Adam ist nach wie vor – und hoffentlich noch lange – präsent, Schwiegersohn Andreas, in Personalunion Majordomus, Mundschenk und Conférencier, ist sich für keinen Weg (und keinen Spruch) zu schade. Manchmal kann einem bange werden, ob so eine Schlagzahl zu halten ist.

Egal ob gemütlicher Winterabend in der Stube, eine Flasche aus dem üppig bestückten Keller, eine Feier des Abends, laue Sommernächte im Garten, das Haus bietet einen bunten Strauß an Möglichkeiten. Es kommt darauf an, was der Gast daraus flicht.

Gasthof Ochsen (Familie Adam), 79379 Müllheim-Feldberg, Bürgelnstrasse 32, Tel. 07631-3503, ochsen-feldberg.de; sechs Doppel-, ein

Auf der Sonnenseite – Café und Pension Paradies

Einzelzimmer ♣ sehr ansprechender Wirtsgarten (vgl. Bild S. 357), Innenhof. **Preise**: mittel.

PARADIES, Café und Pension Der Neubau am Rand der gleichnamigen Feldberger Weinlage verspricht nicht zuviel. Reizender kann eine Pension kaum liegen. Über der Dachlandschaft des historischen Dorfkerns mit Blick zur Sonnenseite des Tals. Die acht modern-geräumigen Zimmer wurden geschmackvoll-reduziert eingerichtet, mit Eichenboden und Panoramafenster auf den Garten mit der Liegewiese. Die Eggener Obstlandschaft, Wanderwege, Südschwarzwald und Rheinknie liegen vor der Haustür. Auf den Blauen, nach Bürgeln und Badenweiler sind es nur ein paar Minuten, nach Basel ein paar mehr. Mehr Natur und mehr Ziele nahebei geht fast nicht. Als Basislager für Exkursionen gibt es wenig vergleichbare Alternativen im Dreiländereck.

Zur Pension garni gehört ein Tagescafé mit hausgebackenen Kuchen, darunter ein feiner Käsekuchen, die große Sonnenterrasse nach Süden paßt zur reizend-natürlichen Umgebung. Durch die günstige Lage läßt sich hier oft schon im Februar oder bis lang in den Herbst hinein eine Kaffeepause oder Wanderetappe im Freien einlegen.

Wer in einer begnadeten Ecke der Himmlischen Landschaft naturnah und modern unterkommen möchte, sollte rechtzeitig reservieren. In der Saison sind die Zimmer im Paradies begehrt; das Selbstbedienungs-Café wird zur idealen Etappe auf einer Landpartie.

Gemütliche Landpartie – Hirschen in Obereggenen

Paradies (Fam. Stiefvatter), Pension und Café, 79379 Müllheim-Feldberg, Hörnliweg 16a, Tel: 07631-749 62 18, amparadies.com; ♣ große Gartenterrasse mit Selbstbedienungs-Tagescafé.

HIRSCHEN, Obereggenen Der geerdete Moment einer gewachsenen Dorfwirtschaft macht den Reiz des Hirschen aus. Drinnen wurde vor Jahren zaghaft renoviert, sonst blieb vieles wie gehabt, auch das überschaubare Speisenangebot wirkt wie konserviert. In der kalten Jahreszeit wärmt ein flaschengrüner Kachelofen, in dem auch das gute Bauernbrot zu den Vespern gebacken wird. Dazu gibt es die rustikalen hauseigenen Weine, die sind wie sie sind.

Auch bei den warmen Speisen vom Holzherd geht Deftigkeit vor Verfeinerung, es gibt Angebote im altbadischen Drittelmix vom Schwein, vom Rind, vom Kalb. Darunter die Dauerläufer Schnitzel, Rump- und Filetsteak, erstere in den Varianten Rahm/natur oder mit Zwiebeln/paniert. Als Beilage wird Salat gereicht, der winterliche Feldsalat ist mit Maggi odoriert; immer gibt es einen sehr passablen Kartoffelsalat, dito Brägele. Die werden auf der großen Platte gereicht, goldbraun überkrustet, freilich auch generös mit Bratfett versorgt. Zur Saison auch Spargel, Pfifferlinge, sowie eine Sommerkarte mit Matjes, Tellersülze etc. Im Herbst Schlachtplattentermine, auch Wild, an bestimmten Wochentagen Innereien wie Leberle (Di) und Sulz (Mi). In der Summe ist der Hirschen eine kernechte Dorfgaststätte. Die Atmosphäre leidet

Nachmittags regionale Aufhellungen – Eggener Tal

allenfalls, wenn Andrang von außerhalb für Umtrieb sorgt, der dem Platz nicht angemessen ist.

Eine besondere Angelegenheit, auch wegen des sozialen Gefüges, ist das Angebot zur Steak-, Braten- und Kalbshaxenstunde am Sonntagmittag. Dann gibt es Suppe, Pommes von der frischen Kartoffel und familiäre Stimmung. Der mürbe Sonntagsbraten aus dem Holzherd und die gelungene Kalbshaxe (ab 2 Pers.) werden extrabrut mit klarem Jus serviert, eskortiert von durchgegartem Mischgemüse, wie früher bei Tante Gertrud. Eine ganze aromatische Kalbshaxe wäre auch werktags nach einer Distanzwanderung eine Option, dann aber nur auf Bestellung.

Hirschen (Fam. Elisabeth Brucker), 79418 Schliengen-Obereggenen, Ortsmitte, Bürgler Straße 10, Tel. 07635-1372. **Preise:** günstig.

Winzerhof & Ferienwohnung REBSTOCK, Obereggenen Das Landhotel Rebstock und seine feine Stube mit dem heimeligen Abendrestaurant sind nun schon seit ein paar Jahren Geschichte. Die Stammgäste von damals gibt es aber noch und die langjährigen Gastgeber Andrea und Walter Scharf leben noch immer in Obereggenen.

Nur ein paar Häuser weiter haben die beiden in einer ehemaligen Raiffeisen-Niederlassung ihre neue Heimat gefunden. Für das kleine Weingut und eine Ferienwohnung war nach Umbau und Sanierung genug Platz, also ist der Rebstock immer noch am Leben, ein paar Häuser weiter, aber ohne den täglichen Umtrieb von früher.

Man wird nicht jünger, Andrea und Walter auch nicht. Die beiden denken nun mehr an sich, an ihre Reben, an Wein und Brände, an Gäste und Kunden von früher, die noch immer nach Obereggenen kommen, wegen Landschaft, Wein und der persönlichen Handschrift der Scharfs. Gastfreundschaft kennt viele Formen, unter anderem auch die einer guten Flasche Wein.

Winzerhof Rebstock (Andrea und Walter Scharf), 79418 Schliengen-Obereggenen, Bürgler Straße 37, Tel. 07635-12 89, handgelesene Weine aus Einzellagen im Eggener Tal, Brände vom eigenen Obst, Ferienwohnung; rebstock-obereggenen.de.

Hochamt im Markgräflerland – Schauseite Schloß Bürgeln

10

Großes Gefühl auf Bürgeln

Auf Schloß Bürgeln kommt einiges zusammen. Der historische Ort steht für Leidenschaft und große Geste, auch für Blüte, Niedergang und Scheitern. Auf Bürgeln fehlte es selten am großen Gefühl, bis heute nicht. In der jüngsten Vergangenheit sorgte der Alltag jedoch immer wieder für Ernüchterung. Dazu später.

Seine Aura verdankt Bürgeln einem gewissen RICHARD SICHLER. Anfang der wilden 1920er Jahre weilte der Weltbürger zur Kur in Badenweiler. Sichler war damals ein aufstrebender Kaufmann und Feingeist, der sich Knall auf Fall in ein vergammeltes Schloß verliebte. Sichler wird zum Mäzen, der Bürgeln verfällt und ein halbes Leben und sein ganzes Vermögen auf diese eine Leidenschaft setzt.

Bürgeln ist aber auch die Geschichte eines Honoratioren-Vereins und lokaler Klüngel. Der Club mit dem etwas frühvölkisch klingenden Namen BÜRGELN-BUND wurde ebenfalls 1920 gegründet, mit der ehrenwerten Absicht, einen, wenn nicht den Tempel des Markgräflerlandes zu erhalten und zu promovieren. Ein Verein mit erhabenen Zielen, viel Eitelkeit, wenig Geld und noch weniger Mut. Die fehlende Haltung

Dem Himmel so nah – der Rosengarten auf Bürgeln

erleichtert im Nationalsozialismus schließlich die unfreundliche Übernahme Bürgelns durch linientreue Parteikader.

Sanft ruht das Potential Nach Kriegsende wird der belastete Bürgeln-Bund von der Französischen Militärregierung zunächst aufgelöst. Die alten Bande formieren sich jedoch erneut. Nach seiner Wiedergeburt im Jahr 1949 geht es mit dem Bund ähnlich holprig weiter wie vor dem Krieg, Sichler will Bürgeln retten, stirbt aber überraschend 1952. In der Folge bürgelt das Anwesen Jahrzehnte vor sich hin. Lokale Würdenträger versuchen sich an diversen Konzepten, um an Bürgelns große Zeit anzuknüpfen, für das Budget und die Ideen von lokalen Selbstdarstellern erweist sich Bürgeln aber regelmäßig als eine Nummer zu groß.

Womit wir beim gefühlten Bürgeln von heute wären. Bei der

Ahnung, daß bis zur jüngsten Vergangenheit der Anlage manches Problem verwaltet, einiges repariert, aber wenig gelöst wurde. Deshalb gehört zu Bürgeln seit Jahrzehnten die Frage, was könnte hier oben alles sein und was ist?

Da wäre zunächst ein stets bemühter Bürgeln-Bund, aber eben kein neuer Sichler weit und breit. Da ist viel Ehrenamt, aber wenig Kapital, auch kein Geist, der Bürgeln auf Augenhöhe gegenübertritt und sagt, komm' wir gehen zusammen und machen große Schritte. Und so schwingt auf Bürgeln auch etwas Verstörendes mit. Es ist die Unwucht zwischen einer großartigen Anlage und einem biederen, mitunter fast schon nachlässigen Umgang mit Chancen. Und genau an diesem Punkt ist Bürgeln wieder typisch Markgräflerland, wo es einige begnadete Orte gibt, die so vor sich hinschlummern. Sanft ruht das Potential, nicht nur zu Bürgeln auf der Höh'.

Frühklassizismus und Rokoko – Bürgelns Schaufront

Gefühlsverstärker Bürgeln Bürgeln ist warmer Sommerwind, der durch die mächtigen Linden vor der Hauptfassade rauscht. Bürgeln ist Himmelsnähe und überwältigender Blick von einer Schloßterrasse, die es im Markgräflerland nur einmal gibt. Das Schloß am Blauenhang ist kein imperialer Klotz, aber ein Platz, wo Gravitas und Leichtes zusammenkommen.

Es heißt, Musik kann die Schwerkraft überwinden. Der Rosengarten auf Bürgeln beflügelt auch. Nicht nur Johann Peter Hebel kam hier ins Schwärmen. Der Schlossherr und Mäzen Richard Sichler rief sein Personal gerne zum Sonnenuntergang auf die Terrasse: „Mädels kommt raus, schaut Euch das mal an."

Wer von der Brüstung im Rosengarten gen Tal blickt, wird es gleich sehen: Schöner Wohnen ist auf unterschiedlichem Niveau möglich. Heute ist Bürgeln längst nicht mehr so exklusiv wie einst, sondern allen offen. Auch arme Pilger können an der Aura des Ortes teilhaben – und sie funktioniert: schon ein, zwei Stunden hier oben können einen Tag verzaubern.

Wer es nicht glauben mag, wandle unter Kronen alter Linden in den Rosengarten mit buchsgesäumten Beeten. Elly Heuss-

Schöner Heiraten – zum Jawort wird extra aufgestuhlt

Knapp, die Frau des ersten Bundespräsidenten, gab auf der Terrasse zu Protokoll. „Das ist der schönste Punkt in Deutschland, den ich kenne."

Am schönsten Punkt des Landes steht heute eine einzige bescheidene Kalkstein-Bank vor der Südfassade des Schlosses. Ein paar Schritte weiter stand lange eine billige weiße Kunststoffbank unter einer Eiche – ziemlich kleines Kino. Wenn Heiratswillige zum Jawort in den Rosengarten kommen, wird aber gegen Bezahlung mit weißen Hussen aufgestuhlt. Trotz allem, sicher auch wegen seiner tragischen Geschichte, ist Bürgeln ein erhebender Ort. Schönheit und Scheitern – hier kann man sinnieren und zweifeln.

Ein Schloß, viele Herren Über Jahrhunderte diente Bürgeln als Probstei des Klosters St. Blasien und damit auch als Finanzamt für das obere Markgräflerland. Nach den Verheerungen des 30-jährigen Krieges beauftragte St. Blasien im Jahr 1762 den Stararchitekten Franz Anton Bagnato mit dem Neubau der Anlage, es entstand ein frühklassizistisches Schloß mit filigranem Rokokodekor.

Im Zuge der Säkularisierung fiel Bürgeln 1806 an das Land Baden, schon drei Jahre später wurde die Liegenschaft an eine Landwirtsfamilie aus der Umgebung verkauft. Die richtete auf der Anhöhe bald eine Schankwirtschaft ein. Parallel mit dem Aufstieg Badenweilers zu einem mondänen Badeort entwickelt sich auf Bürgeln eine rege Ausflugsgastronomie.

Zu Ende des 19. Jahrhunderts sorgen die aufkommende Wanderbewegung und der neu angelegte Höhenweg von Basel nach Pforzheim, der über Bürgeln führt, für einen steten Besucherstrom. Auch Johann Peter Hebel kam, sah und dichtete:

Z'Bürgeln uf der Höh/nei, was cha me seh!
Oh, wie wechsle Berg und Tal, Land un Wasser überal

Noch vor dem ersten Weltkrieg verkaufen die Erben des letzten erfolgreichen Bürgelnwirtes das gesamte Anwesen für 120.000 Mark an die Witwe des Majors a. D. von Gleichenstein. Die Freifrau aus Freiburg zeigt sich jedoch molestiert vom Ausflugsbetrieb, sie sperrt Bürgeln zu und verliert nach dem Krieg endgültig die Lust an ihrem kostspieligen Landsitz.

Als erster erkennt der damalige Lörracher Bürgermeister Erwin Gugelmeier die Bedeutung Bürgelns als Markgräfler Symbolort. Gugelmeier gründet 1920 den BÜRGELN-BUND, in dem Gemeinden, Hoteliers und Gönner zum Erhalt der Anlage zusammenfinden und Kapital sammeln. Damit war Bürgeln gerettet, aber nicht saniert. Der Bürgeln-Bund mußte vielmehr schon im Jahr des Kaufs erkennen, daß er mit dem Erhalt der Immobilie hoffnungslos überfordert war.

Ein Verein und ein Mäzen In dieser Phase tritt Richard Sichler auf, dessen Engagement das Bild der Liegenschaft bis heute prägt. Im Juni 1920 erscheint der 44 Jahre junge Kommerzienrat in der ersten Mitgliederversammlung, die der Bürgeln-Bund recht standesbewußt im *Haltinger Hirschen* abhält. Sichler, ein elegant gekleideter, schlanker und weltläufiger Unternehmer, hatte Bürgeln während einer Kur in Badenweiler lieben gelernt. Der Weltmann bringt sich ohne lange Vorrede

Sechs Jahre dauerte die Generalrevision auf Schloß Bürgeln

sogleich als der Retter der Markgräfler Ikone ins Gespräch.

Sichler hatte zu der Zeit bereits Karriere gemacht. Mit Mitte Dreißig war er Direktor der „Kathreiner Malzkaffeewerke", er bewohnte ein Landhaus am Starnberger See und hielt internationale Kontakte, die ihm bald den Posten des Generalbevollmächtigten der weltweit tätigen Lingner Werke (u.a. Odol-Mundwasser) einbrachten. Der ledige Kommerzienrat Sichler trat damals als so selbstbewußter wie selbstloser Sponsor vor den Bürgeln-Bund. Er schlägt ein kostengünstiges Pachtverhältnis mit lebenslangem Nießbrauch vor und verspricht im Gegenzug die Totalsanierung des Anwesens nach allen Regeln der Baukunst, inklusive gastronomischer Öffnung und Führungen für das gemeine Volk. Sichler wollte Bürgeln – koste es, was es wolle.

Besonders die versprochene Öffnung der Anlage überzeugt den Bürgeln-Bund. Sichler gibt noch im Jahr der Vertragsunterzeichnung die Planung eines großen Wurfs bei führenden Architekten in Auftrag. Der Münchner Theodor Veil gewinnt

***R* wie Dr. Roland Sicher – Westterrasse mit Rheinkiesel-Mosaik**

die Ausschreibung. Bereits 1921 wird mit der sechs Jahre dauernden Generalrevision der Anlage begonnen, nicht zuletzt angesichts einer drohenden Hyperinflation scheut Sichler auf Bürgeln keine Kosten, er wollte Betongold statt Papiergeld.

Der Mäzen und seine Vision Von Anfang an ging es Sichler ums große Ganze, die besten Planer und Handwerker waren ihm gerade gut genug. Geplant war eine Restaurierung als beziehungsreiches Ensemble von Baukörper, Außenanlage und Umgebung. Das ästhetische Konzept lebte weniger

von prächtigen Details, Ziel war eine imperative Wirkung der Schloßanlage im Bezug zur exponierten Lage. *Z'Bürgeln auf der Höh'* sollte zum „Tempel des Markgräflerlandes" werden.

Sichler wollte alles und überforderte damit manche: Dreiviertel der angeheuerten Handwerker konnten das geforderte Qualitätsniveau nicht bieten und mußten wieder gehen, was zu Ressentiments bei der Bevölkerung in der nächsten Umgebung führte. Von seinen Bauleitern erwartete Sichler eine Hingabe auf der Höhe seiner Leidenschaft. Bald war es ein Problem, qualifizierte Kräfte über Jahre an das entlegene

Bürgeln zu binden. Mancher einheimische Grobfinger dürfte den Herrn mit den feinen Gesichtszügen, den Schöngeist und Fliegenträger aus der Großstadt verflucht haben.

Eine Sanierung als Gesamtkunstwerk Allein im Hauptgebäude waren 56 Räume mit Rokokostuck zu restaurieren, das verfaulte Parkett und die Wandvertäfelung mußten gewechselt werden, Kachelöfen und ein Marmorbad mit Steingut aus Carrara wurden eingebaut, Gemälde in die Kunsthalle Karlsruhe

gebracht und dort restauriert. Wegen des maroden Zustandes war auf Bürgeln eine „schöpferische Denkmalpflege“ gefragt, ein Ansatz, der über das reine Erhalten weit hinausgeht. Das einfühlsame Erneuern gehörte zu Sichlers ganzheitlicher Sicht der Restaurierung, das Konzept und die Ausführung gelten bis heute als beispielhaft.

Auch die Außenanlagen stehen für diesen Anspruch: Die handgeschmiedeten Eisengeländer vor der Westfront sind gut 100 Meter lang, die Kalksteinstufen der Eingangstreppe wur-

Zwei Linden, seit 100 Jahren – am Aufgang zur Schaufront

den von Basler Steinmetzen gefertigt. Die Steinhauer logierten damals im *Engel* in Sitzenkirch und wanderten morgens zur Arbeit nach Bürgeln. Gegen Ende der Außenarbeiten im Jahr 1926 mußten zwei bereits 80-jährige Linden, erst zwei Jahre zuvor aus Berlin geliefert, verpflanzt werden, um die Sichtachsen vor der Westfront zu optimieren. Sichler verpflichtet dazu einen Gartendirektor aus Berlin. Zum Bewegen der Bäume werden eigens Flaschenzüge konstruiert – außer dem Schloßberg wurde auf Bürgeln ziemlich alles versetzt.

Viel Pracht, wenig Pacht Im September 1926 kommt es auf Bürgeln zum Eröffnungsfest. Volk und Würdenträger zeigen sich beeindruckt. Andererseits steigt mit dem nun sichtbaren Aufwand auch das Mißtrauen in Teilen des Bürgeln-Bundes, wozu auch die geringe Pacht beiträgt. So ist bereits mit der Eröffnung der Grundstein für anhaltende Grabenkämpfe gelegt. Der Mäzen erwartet Anerkennung, lokale Neider und Mutmaßer können sich nicht vorstellen, daß solche Taten selbstlos geschehen. Man unterstellt Sichler unlautere Absichten, bis hin zur heimlichen Aneignung der Liegenschaft.

1926 war es soweit – Bürgeln wie neu

Vom Abschluß der Restaurierung bis in die frühen 1930er Jahre lebt Sichler auf seinem Schloß im Stile eines Grandseigneurs. Geschäftsleute, Freunde und Damen kommen und gehen. 1932, nach seinem Ausscheiden bei Lingner in Dresden, zieht Sichler ganz nach Bürgeln. Der Schloßherr lebt von Kapitaleinkünften und Beraterhonoraren, unter anderem vom jüdischen Kaufhausmogul Carsch, auch zu anderen jüdischen Geschäftsleuten unterhält Sichler enge Beziehungen.

Ein Schloß und die Nazis In den 30er Jahren laufen auf Bürgeln plötzlich nicht nur die lokalpolitischen Linien über Kreuz. Sichler bekommt wegen seiner jüdischen Kontakte Probleme mit den Nationalsozialisten. Im Sommer 1933 setzt er sich zunächst nach Basel ab, schon 1934 ermittelt die Zollfahndung, die Gestapo unterstellt ihm politische Umtriebe. Sichler reist daraufhin nach Shanghai und agiert von dort.

Mitte der 1930er Jahre hängen vor der Westfront Bürgelns rote Hakenkreuzfahnen, was Sichler nicht daran hindert, weiter für laufende Kosten der Anlage aufzukommen. Im Jahr 1939 kehrt Sichler sogar nach Bürgeln zurück, obwohl sich die Lage

Im 2. Weltkrieg wird die Immobilie zur Beute der Partei

weiter zuspitzt. Der Bürgeln-Bund als der eigentliche Eigentümer wird längst von Mitgliedern der Markgräfler NSDAP dominiert. 1943 wird Sichler vom Bürgeln-Bund ausgeschlossen, zudem fordert der eifrige NS-Kreisleiter die Ehrenbürgerwürde Sichlers abzuerkennen. Der Obereggener Bürgermeister kuscht und führt die Weisung aus.

Nicht nur lokale Vasallen, auch Parteigrößen haben seit dem Kriegsausbruch ein Auge auf die exklusive Immobilie. Das Interesse diverser Parteikader kumuliert in einem Bieterstreit zwischen Reichsluftfahrtministerium, Hermann Göring und der Goebbels-Stiftung. Das Luftfahrtministerium will ein Erholungsheim für Piloten, Göring geht es wohl eher um ein Depot für seine Beutekunst. Die NS-Stiftung will auf Bürgeln linientreue Literaten einquartieren und denkt an eine komfortable Klausur für linientreue Dichter. Sichler wird bedrängt, bleibt aber smart und stets bemüht, für sich zu retten, was zu retten ist.

Jahrelang wird um Bürgeln taktiert und gestritten, lokale

Freundschaften gehen zu Bruch, schließlich kommt die Goebbels-Stiftung zum Zug. Ihre Statthalter rücken im Juli 1944 auf Bürgeln ein. Sichler behält sein Wohnrecht, das er zusammen mit seiner zweiten, 31 Jahre jüngeren Ehefrau Nelly auch nutzt.

Gegen Kriegsende rückt die Front näher. Am 3. März 1945 schreibt Sichler ein letztes Mal einen sarkastischen Lagebericht an die Goebbels-Stiftung. „Unter diesen Umständen müssen wir damit rechnen, daß Bürgeln vorübergehend von feindlichen Truppen besetzt wird, d.h. solange, bis der Führer den Gegenangriff befiehlt."

Einen Monat vor der Kapitulation Deutschlands gerät Bürgeln unter Artilleriebeschuß, eine Granate beschädigt Dach und Innenräume. Gleich nach dem Kriegsende wird der Bürgeln-Bund von der Französischen Militärregierung aufgelöst. Sichler kann auf Bürgeln bleiben, doch sein Vermögen hat sich während der Kriegsjahre schier aufgelöst.

Bürgeln wie gehabt: ein Schloß, viele Interessen Sichlers Bürgeln-Leidenschaft bleibt ungebrochen. Schon im Sommer 1945 veranlaßt er die Reparatur der Kriegsschäden, bald kommt das gesellschaftliche Leben wieder in Schwung. Der vernetzte Sichler findet in der Nachkriegszeit schnell politischen Anschluß, 1946 wird er Wirtschaftsberater vom badischen Staatspräsidenten Leo Wohlleb. Die Gesellschaft kommt wieder nach Bürgeln; Lilian Harvey gibt 1949 ein Privatkonzert.

Das halbe Leben und sein ganzes Vermögen hat Roland Sichler für Bürgeln gegeben. Die letzten Jahre vor seinem Tod im Jahr 1952 geben ihm die Genugtuung, seiner Leidenschaft auch in schwierigster Zeit treu geblieben zu sein. Der bis zuletzt rüstige Sichler stirbt mit 76 Jahren im Müllheimer Krankenhaus überraschend an einer Herz- und Gehirnembolie, seine Urne ist auf Bürgeln beigesetzt. Auf der Steintafel steht nur: Richard Sichler, 1876-1952.

In der jüngsten Geschichte Bürgelns ist niemand vom Format Sichlers erkennbar. Auch niemand, der sich ähnlich bedingungslos für die Ikone des Markgräflerlandes eingesetzt hätte.

Eintritt frei – Rosengarten auf Bürgeln

Sichler starb im guten Glauben, die Dinge für seine Frau und für Bürgeln geordnet hinterlassen zu haben.

In den Nachkriegsjahren glauben freilich viele so manches. Selbst die Kirche interessiert sich plötzlich wieder für Bürgeln, Baden geht im neuen Bundesland Baden-Württemberg auf. 1949 gibt es einen neu gegründeten Bürgeln-Bund. Gewendete Würdenträger und Lokalgrößen, Bewahrer und Modernisierer kommen und gehen. Außerdem sind in den Nachkriegsjahren noch genug alte Rechnungen offen. In einem Gewirr von Interessen, Rechten und Ansprüchen verkämpft sich Sichlers Witwe Nelly. Ihre Mittel werden knapp, nach Ablauf des Pachtvertrages muß Nelly Sichler das Inventar versteigern lassen, sie verläßt 1957 das Schloß.

Verwalten statt gestalten Während langer Jahre wurde die Anlage nicht entwickelt, sondern eher verwaltet. Besucher durften sich außerhalb enger Besuchszeiten an Verbotsschildern delektieren. Über Jahrzehnte gelang es dem Bürgeln-Bund nur ansatzweise, eine Nutzung zu etablieren, die der

Winter im Rosengarten – mit deplazierter Sitzbank

Bedeutung des Markgräfler Kronjuwels entsprochen hätte. Eine zeitgemäße Nutzung – ohne Rücksicht auf Günstlinge und lokale Würdenträger – sieht anders aus.

Seit einiger Zeit gibt es auf Bürgeln zarten Zwischenhocheinfluß, auch dank ehrenamtlichem Einsatz und mancher Spende. Beständig bleibt aber bis heute die suboptimale Außenwirkung und ein fehlendes Gesamtkonzept, inklusive einer initiativen Gastronomie, die dem Ort endlich gerecht würde. Bündisches Taktieren gehört bis heute zu den Konstanten auf Bürgeln, was daran liegen mag, daß im Trägerverein mit seiner mehr als bewegten Vergangenheit mancher nach Gutsherrenart auftrat und den Beritt vor den Zumutungen des Volkes schützte.

Bürgeln wie gehabt Heute zählt der Bürgeln-Bund e. V. über 550 Mitglieder. Langjähriger 1. Vorsitzender ist der Schliengener Alt-Bürgermeister Werner Bundschuh, 2. Vorsitzende die Lörracher Landrätin Marion Dammann. Spenden sind willkommen (schlossbuergeln.de); neue Strukturen fraglich.

Unternehmerisches Denken, gar ein professionelles Veran-

Himmlische Bühne – Alpenblick auf Bürgeln

staltungsmanagement, das über Lokales, Hochzeitszeremonien et al. hinausreicht, konnte sich auf Bürgeln jedenfalls nicht entwickeln. Immerhin, der Status quo wird nun intensiver erhalten, Dächer wurden repariert.

Bürgelns Tore stehen für Tagesbesucher offen, die prächtigen Außenanlagen sind hergestellt und in weiten Teilen öffentlich zugänglich. Das Veranstaltungskonzept, vor allem aber das gastronomische Niveau der Schloßgastronomie sind seit Jahren ein Thema für den Kummerkasten. Pächterwechsel und eingeschränkte Öffnungszeiten gehören ebenso zur Schloßwirtschaft wie die Differenz zwischen dem Potential der Anlage und der Realität des Angebotes.

Ob und wie sich die Situation nach dem jüngsten Pächterwechsel im Herbst 2020 entwickelt, ist derzeit kaum abzuschätzen. Nach wie vor gilt für Bürgeln: Der Gast kommt voller Hoffnung, die Aura der Anlage betört, für Realität sorgt die Schloßwirtschaft.

Kleine Stube am großen Ort – Schloßwirtschaft Bürgeln

Adressen und Hinweise

Mein Bürgeln ginge so: an einem hellen Tag mit bewegtem Himmel möglichst vor oder nach dem Ausflugsbetrieb kommen, der am Wochenende beträchtlich ist. Die westliche Schaufront des Hauptgebäudes passieren, den Rosengarten bewundern. Von den basteihohen Mauern Ausschau halten, vielleicht etwas lesen, vielleicht nicht. Dann eine größere Runde drehen, etwa rüber zur Ruine Sausenburg. Die war auch mal eine Art Schloß, ist nun eine Ruine direkt am Westweg, mit Aussichtsturm und großem Panorama auf die gesamte Südwestecke .

Zugang Bürgeln vom Parkplatz bis zur Schloßanlage ca. 300 m zu Fuß; Restaurant-Abendgäste können direkt vorfahren, für Gehbehinderte ist die Zufahrt jederzeit möglich. **Schloßführungen** in der Saison tägl., Dauer eine knappe Stunde, Sonderführungen nach Absprache. Weitere Infos zu den Veranstaltungen, Führungen, Konzerten, Mietmöglichkeiten der Räumlichkeiten für Feiern, Hochzeiten u.ä.: schlossbuergeln.de.

Literatur Anton Josef Martin, Z'Bürglen auf der Höh, Richard Sichler

Man beachte die Öffnungszeiten – Schloßwirtschaft Bürgeln

auf Schloß Bürgeln. Die Geschichte des Weltbürgers, Ästheten und größten Bürgeln-Mäzens, inklusive lokaler Konflikte während der Nazizeit und danach. Eine Monographie, die persönlichen Motiven und gesellschaftlichen Entwicklungslinien zum Thema Bürgeln nachgeht. Heimatkunde im besten Sinn, im lokalen Buchhandel.

SCHLOSSWIRTSCHAFT BÜRGELN Drinnen die traditionelle Wirtsstube mit Kachelofen. Draußen wartet mit der ♣ Freiterrasse (offen und gedeckt) das eigentliche Pfund der Bürgeln-Gastronomie; Lage und weites Panorama aufs Dreiländereck sind einzig im Markgräflerland. Die Wintergarten-Verglasung der Terrasse mag die Saison verlängern, den Reiz des Platzes hat sie nicht erhöht. Die Gastronomie wurde in der 2. Hälfte 2020 neu verpachtet, kurz geöffnet und dann wegen Corona gezwungenermaßen geschlosssen. So bleibt nur Hoffnung auf bessere Zeiten, auch kulinarisch. Schloss Bürgeln 1, Schliengen, Tel. 07626-293. Saisonale Öffnungszeiten, schlossrestaurant-buergeln.de.

Touren: Ein zentraler Wanderwegweiser steht beim Bürgler Waldweg am großen Parkplatz unterhalb der Anlage; ein weiterer beim Brunnen direkt unterhalb der Schloßwirtschaft (640 m), sowie an der Südfront der Mauer (Schloßsattel). Naheliegende

Umfassendes Panorama – Burgfried der Ruine Sausenburg

Möglichkeiten: Sitzenkirch 2,4 km, Sausenburg 3,5 km, Blauen 5,5 km, Waldweg über Sehringen 5 km bis Badenweiler ca. 8,5 km.

Von Bürgeln zur Sausenburg Ein abwechslungsreicher Wald- und Wiesenweg führt von Bürgeln in das reizende Tälchen am Lippisbach, danach den Schnegelbach aufwärts zum Wegkreuz am Lindenbückle (653 m) bei Vogelbach, von dort weiter auf der Route des Westweges bis zur Sausenburg. Die Wegstrecke von Bürgeln aus beträgt 3,5 km.

Die Ruine Sausenburg steht vom Laubwald freigestellt auf einem 665 m hohen Plateau; prägnant, dennoch gut ins Land gefügt. Vorbild für den Bau der Gipfelburg, die in den Jahren 1232-1246 entstand, war die Zähringer Burg in Freiburg. 1678 wurde die Anlage von Franzosen zerstört, danach – ähnlich wie Badenweiler und Rötteln – nur notdürftig hergestellt. Im Burgfried ist eine Rast- und Grillstelle, die Aussichtsplattform auf dem 18 m hohen Turm ist über eine steile Treppe zugänglich (Zugang kann wegen Sanierung eingeschränkt sein). Selten grandiose Rundumsicht auf das Oberrheinland zwischen

Aufwärts, aber wie – im Lippisbacher Tal

Blauen und Rheinknie sowie auf die gesamte Vogesenkette inklusive Sonnenuntergang.

Halbtagestour ab Bürgeln Über Sitzenkirch, Sausenburg, Bürgeln. Eine weitere Wanderoption ab Bürgeln wäre auch eine Runde über den Engel in Sitzenkirch (ab Bürgeln: 2,5 km, 200 Höhenmeter stets abwärts). Zurück von Sitzenkirch dann über die Sausenburg (wieder auf 665 m, ab Sitzenkirch: 3,3 km). Von dort über das Wegkreuz am Lindenbückle (653 m) zurück nach Bürgeln (ab Sausenburg 3,8 km). Insgesamt knapp 10 km, mit Einkehr also schon eine Halbtagesrunde. Die läßt sich mit einem Abstecher auf die sonnig-offenen Höhenzüge um den Weiler Vogelbach (Wegkreuze: Biefangen/Ob Biefangen/Alter Schulweg) leicht zur Tagestour verlängern.

ENGEL, Sitzenkirch Ein unverzärteltes Dorfgasthaus, das mit seiner kantigen Atmosphäre zu den letzten seiner Art zählt. Ebenso wie das rustikale kulinarische Programm ohne Zierleisten, das Distanzwanderer ansprechen wird. Es gibt sättigende Vesper in der Wurstsalat- und Schäufeleklasse mit gutem hausgebackenem Brot, sowie durchgehend warme Küche in Form von Schnitzel u.ä., zur Jagdsaison stets auch Wild. Jeden Freitag Zwiebel-, Rahm- und Speckwaien, außerdem verspricht die Karte „Metzgete zur üblichen Zeit". Die übliche Zeit beginnt

„Metzgete zur üblichen Zeit“ – im Engel in Sitzenkirch

an einem Wochenende im Oktober und die Metzgete im Engel ist gelungen und zu Recht beliebt. Weitere aktuelle Extras wie Wildschweinprägel etc. werden seit Jahr und Tag per Kurznachricht und Aufstelltafel an die Landstraße übermittelt.

Eine Schlachtplatte komplett (mit Blut- und Leberwurst, Kesselfleisch, Sauerkraut und Kartoffelbrei) wertet deutlich unter 20 Euro; die profund extrahierte und geklärte Metzgetesuppe mit Röstbrotscheiben obenauf ist etwas Besonderes, sofern entsprechender Appetit vorhanden. Bei Bärenhunger und/oder volkskundlichem Interesse eine ergiebige Quelle.

Gasthaus Engel, Kandern-Sitzenkirch, Breitestraße 18, ♣ angebaute Veranda zum Parkplatz, Tel. 07626-380.

Ein Landschaftspark – Lipburger Tal

11

Vielfach bewegt im Lipburger Tal

Waldbaden und Bäume-arg-lieb-Haben ist zum Breitensport geworden. Wenn es aber um heimische Obstwiesen, oder um eine landschafts- und artgerechte Tierhaltung geht, kühlt die Liebhaberei rasch ab. Vor allem, sobald es um Ernte- und Pflegearbeiten geht. Auf den Streuobstwiesen der Vorbergzone vergammelt zentnerweise Obst, allerorten vergreisen Hochstämme mangels Zuwendung. Landwirte, die artgerechte Haltung und Schlachtung praktizieren, erscheinen wie Pioniere, die Neuland betreten. Im idyllischen Lipburger Tal, im Eggener Obstland, aber längst nicht nur dort. Genug Moralverkäufer, wenig Werktätige.

Während Innenstadtförster und Aktivisten schier jeden forstwirtschaftlichen Eingriff als Mißbrauch verteufeln, verschwindet in den Hügeln der Markgräfler Vorbergzone eine landschaftsprägende Kulturform still und leise – und kaum einen kümmerts. Streuobst hat keine Lobby, es macht Arbeit, ebenso wie artgerechte Viehaltung und Schäferei.

Also verdirbt Obst am Baum, während die Freizeitgesellschaft mit Hector Gassi geht oder einmal wöchentlich eine Komfortdemo bespielt. Grüner Strom kommt aus der Steckdose, Obst aus der nächsten Filiale mit Öko-Eckle, wo Norm-

Handelsklasse null – drei Freiherren von Berlepsch

ware aus Ländern der EU ausliegt. Großfruchtig, kalibriert, in sogenannter Bio-Qualität, deren Kriterien kaum einer so genau kennt. Oder haben Sie schon mal eine Bio-Erdbeerplantage an der Andalusischen Costa de la Luz besucht, oder die Verschläge gesehen, in denen die Wanderarbeiter im ‚Mar Plastico' nördlich von Almería hausen? Ich habe mir das vor Jahren angetan und meine seither, daß es mancher Öko-Pflanze besser geht als den Ernteproletariat dazwischen.

Ein schön gewachsener Gravensteiner Apfel kostete vor 100 Jahren etwa so viel wie ein Kilo Roggenbrot, die schönsten Früchte wurden in Seidenpapier gewickelt und bis an den russischen Hof geliefert. Gravensteiner gibt es in Supermärkten längst nicht mehr. Auch keine Glockenäpfel, die Monate halten und immer aromatischer werden. Glockenäpfel sind nicht rotwangig, sie haben keine Chance. Wie der weinsäuerliche Freiherr von Berlepsch, einer der besten Tafeläpfel überhaupt. Der Berlepsch hat zwar rote Backen, trägt am Hochstamm aber nur alle zwei Jahre, keine Chance.

Was ich sagen will: Für all jene, die geschmacklich und landschaftlich noch bei Sinnen sind, böte der Obstbau ein weites

Obst macht Arbeit – Stützungsmaßnahme am Lipberg

Handlungsfeld, wie der Küchengarten, wie der Kartoffelacker. Man könnte ackern und ernten, oder zumindest jene unterstützen, die so etwas machen. Man könnte mit dem Apfel von nebenan anfangen, bevor man lauthals auf globale Weltenrettung klagt. Ackern geht aber nicht per Whatsapp und Compact-Initiative, sondern mit der Hand am Arm.

Emotionales Grundeinkommen Auch in Bioläden spielen Lokalsorten kaum eine Rolle. Ein Apfel muß heute groß, süß und rotwangig sein, Aroma Nebensache. Wer bewährte Lokalsorten sucht, bekommt sie allenfalls auf Wochenmärkten, wo Handelsklassen keine entscheidende Rolle spielen.

Obst am Weg An Straßenständen in Lipburg und Sehringen, auch in Niederweiler am Beginn der Ölbergstraße nach Badenweiler wird Obst aus dem Lipburger Tal angeboten. Weiteres zu Obst und regionalen Quellen vgl. auch S. 164, 181 und 338.

Ein Stück Land mit ein paar Bäumen kann man pachten oder kaufen. Bei Interesse frage man, wo Obst vor dem Haus steht, bei einem Landwirt oder Winzer seines Vertrauens, auch Kleinanzeigen helfen weiter. Viele Streuobstbesitzer sind mittler-

Achtsam gemauert – Yogazentrum Obstgarten

weile in einem Alter, in dem sie Bäume nicht mehr pflegen können, auch mancher Landwirt oder Winzer ist froh, wenn sich jemand ernsthaft seiner Obstwiese annimmt. Die Pachtkosten sind unerheblich, selbst der Kauf einer handlichen 10 ar Streuobstwiese kostet nur einen kleineren vierstelligen Eurobetrag, also etwa so viel wie ein Cluburlaub mit All-you-can-eat-Buffet.

Die eigene Obstwiese garantiert neben der Ernte auch ein emotionales Grundeinkommen. Der Volkskundler Andreas Hartmann schreibt zu den sekundären Inhaltsstoffen von Lokalsorten: „Das gesamte Tableau unseres früheren Befindens kann im Aroma einer bestimmten Apfelsorte oder im Duft einer Backstube aufgehoben sein."

Stube und Salon „Vielfach bewegt" nannte der Badenweiler Autor René Schickele vor bald hundert Jahren das kleine Lipburger Tal, wo sein Revier für Spaziergänge war und heute noch eine grüne Stube Badenweilers ist. Nicht so bekannt wie der alte Salon Badenweiler mit Therme, Kurpark und Kurhaus. Einen so naturnahen Panoramaweg wie um den Lipberg, gibt

Konzentrat, vom Sommer gekocht – wilde Zwetschgen

es in Badenweiler aber nicht. Wir brauchen keinen Kurpark, das ganze Tal ist ein Park.

Aus Selbsterfahrung kann ich bestätigen: Wer sich um eine Obstwiese kümmert, erntet Früchte und Achtsamkeit. Eine Obstwiese ist eine Yogamatte und wer keine Wiese hat, kann im Lipburger Tal seine Runden drehen und etwas genauer hinschauen. Achtsam schauen desillusioniert nämlich. Man muß keine Bäume betanzen, um zu sehen, wie verwahrlost und vermispelt die alten Hochstammbäume daherkommen. Wie ein Flurstück weiter jemand seine Arbeit macht, Neues setzt oder Wildwuchs bändigt. Summe: Auf dem Feld sind die mit der Säge wichtiger als die mit der Moral.

Am Lipberg wachsen viele Sorten Äpfel und Birnen, von Maden geschätzte Kirschen (100% Bio), verwilderte Mirabellen, wilde Zwetschgen – und alles hat seine Zeit. Die wilden Zwetschgen sind ab Mitte September soweit. Als Kulturfolger besiedeln sie Böschungen am Rande von Obstwiesen und ehemaligen Weinbergen. Heute ackern auf solchen Steillagen nur noch Idealisten. Dafür gehen halbe Stellen mit zwei Hunden

Alles öko, oder was – Biotop-Synthese am Lipberg

am Lipberg spazieren: der weite Blick in Schickeles „Himmlische Landschaft“, sehr wunderbar. Daß diese Landschaft gerade noch von einer handvoll Landwirten bearbeitet wird, sehen die wenigsten. Daß es hier schon in ein, zwei Generationen keine hochstämmigen Obstbäume mehr geben kann, ahnen sie nicht einmal. Urbane Spätumsiedler wissen nicht, wie Goldparmänen schmecken. Dafür haben manche zwei Beutelchen dabei, eins für Walnüsse, eins für den Hundedreck. Seit ein paar Jahren gibt es auch im Lipburger Tal diese Kackverbotsschilder. Hunde sind wunderbare Tiere, aber sie sind nicht als Spielzeug für Egoisten gedacht.

Gut fürs Konto Am besten schmecken verwilderte Hauszwetschgen im September, an einem der letzten Sommertage. Die weiß bereiften Früchte sind dann überreif. Oben am Stiel schon leicht runzlig, aber das ist gerade der Reiz. Das Fruchtfleisch löst sich leicht vom Stein, es schimmert bernsteinfarben, zuckersatt, intensiv wie Zwetschgenmus. Nicht im Kupferkessel gekocht, sondern vom Sommer. Einerseits.

Andererseits sind verhurstete Böschungen ein Zeichen nach-

Wer braucht noch Wolle, wenn die Fleecejacke aus Asien kommt ?

lassender Bewirtschaftung, wie abgängige Trockenmauern. Wo das Gelände einigermaßen eben ist, wurden um Lipburg ein paar Plantagen angelegt. Durch Privatinitiative werden auch einige Streuobstbestände gepflegt. Für großflächigen Erwerbsanbau ist das Tal zu kleinteilig, auch zu steil – und der gesunde Volksgeschmack zu desinteressiert. Außerdem bringt Schafwolle auch nicht mehr viel, seit Fleecejacken aus Malaysia kommen, natürlich 100% Polyamid & Fairtrade.

Kulturland macht Arbeit Nach einem Jahr gehört unbewirtschaftetes Land den Brombeeren, danach dem Pioniergehölz, nach drei Jahren wird eine Wiese zum Gestrüpp. Auch der Weinbau am Lipberg geht weiter zurück. Noch vor einer Generation wurden Weine vom Lipberg im Schwanen serviert, danach konnte man auf dem ehemaligen Schwanenareal Eigentumswohnungen kaufen. Ein Großteil der Lipburger Reben wurde in den letzten 20 Jahren gerodet. Im Jahr 2018 wurde dann ein ehemaliger Rebberg mit neu aufgesetzten Trockenmauern ökologisch „aufgewertet“, wie es amtlich heißt. Für solche Maßnahmen gibt es sogenannte Ökopunkte auf ei-

Flow am Lipberg

nem Konto. Ökopunkte funktionieren ähnlich wie ein mobiler Opferstock. Mit Punkten aus dem Lipburger Tal läßt sich die Versiegelung in Neubaugebieten nebenan ausgleichen. Bruchsteinmauern, wo niemand welche braucht, kompensieren das Versiegeln nebenan. Der übliche Ablaßhandel mit kuriosen Folgen. Kapitalanleger lassen Land aufkaufen, Alibi-Mauern, Feuchtgebiete und andere Pseudo-Biotope anlegen. Bekommen dafür neues Kapital in Form von handelbaren Ökopunkten, kaufen noch mehr Land und so weiter. In der Folge steigen Land- und Pachtpreise und die kleinbäuerliche Landwirtschaft gerät noch mehr unter Druck. Alles öko, oder was?

Nun zum Positiven Das Lipburger Tal ist speziell, seine Wege tun gut. Wer hier ausgeht, betreibt Seelsorge am eigenen Leib. Oben am Blauenhang verstreut liegen die Landhäuser von Sehringen. Anderswo würde man so eine Lage vielleicht als »Parksiedlung Vogesenblick« vermarkten. Auf den Wiesen ringsum steht im Frühling Knabenkraut, manche Orchideen stehen gar im Straßengraben. Die Wälder sind pilzreich, der

Holz am Weg, Eigentümer bekannt

Himmel über den Vogesen sorgt für Abwechslung. Man kennt, schätzt oder ignoriert sich und noch ist genug Platz für alle. Die kleine Bürgerversammlung halten wir auf der Straße ab, im Kraftwagen, mit heruntergelassener Seitenscheibe. Es gibt soviel Biomasse, daß wir kaum nachkommen mit dem Mähen, Fällen, Holz machen und anfeuern. Wir umarmen keine Baumstämme, wir spalten sie.

Unten im Tal, zu beiden Seiten vom Rammisbach, liegt Lipburg. Mit ein paar krummen Gassen, Scheunen und historischen Fronten noch ein wenig Dorf, das an Zeiten erinnert, als Obstbäume regelmäßig geschnitten wurden. Das andere Lipburg ist wie andernorts auch. Ist ein kunterbuntes Neubauviertel am Sonnenhang, ist Nachverdichtung genannte Ausmostung der Ortsmitte.

Urbane Zuwanderer erklären letzten Landwirten, wann sie die Wiesen zu mähen haben. Ihre Vorgärten bepflanzen die Schriftgelehrten derweil mit pflegeleichten Bodendeckerrosen. Die übliche Reibungswärme, die auch mal zur Hitze werden kann, wenn zwei Spezialisten auf einem schmalen Weg auf-

Idylle im Wandel – auch in Lipburg im schönen Tal

einandertreffen. Die allermeisten Maschinisten kommen am Lipberg aber reibungslos aneinander vorbei.

Am Lipburger Sonnenbrühl glänzen die Solardächer, ganz oben entstand ein neues Privatbiotop, mit Grasdach, Outdoor-Pool und Porsche. Das historische Uhrentürmle steht noch mitten im Dorf, nebenan im Ziegelweg gibt es frische Nüsse und Ausrangiertes aus den Tiefen einer Dorfscheune. Der Takt im Tal hat sich aber längst gewandelt, es zählt Carport statt Schopf. Die Kochfeld-Küchen werden größer, die Küchengärten kleiner. Ob noch gekocht wird, ist eine andere Frage.

Eine Stube, kein Salon Das kleine Lipburger Tal ist eine natürliche Stube, kein eleganter Salon. Da und dort steht ein Tisch mit Honig an der Straße, es gibt noch keine Zebrastreifen, aber zwei Dorfbrunnen an der Kreuzung, einer in Lipburg, einer in Sehringen.

Neben dem Lipburger Dorfbrunnen steht das Haus *Zur Alten Dame,* das als Ferienhaus vermietet wird. Ein stilvoll renoviertes Refugium für all jene, die ein feines Haus in einem kleinen Tal als Urlaubsraum schätzen. In der alten Dame gibt es neben

Saniert und frisch gebügelt – Ferienhaus Zur Alten Dame

manch anderem historischen Detail auch einen prächtigen Kachelofen, einen modernen Dunstabzug auf Kochplattenhöhe, andererseits auch weiße Tischwäsche aus jener guten alten Zeit, die natürlich nicht nur aus gestärkten Servietten bestand.

Netflix und Hängegleiter Die Geschichte der letzten Höfe, auch die eines prägenden Gasthofs und eines Ensembles in der Ortsmitte ging nicht auf jedem Flurstück so vorteilhaft aus, wie Zur Alten Dame. In der Gesamtschau geht es im Tal aber steil aufwärts. Erst kamen Neubauten, 2020 das schnelle Internet, immerhin bis zum nächsten Verteilerkasten. Also Shopping und Netflix für alle, auch im Kaibengäßle.

Das Ländliche ist kein Lebensmittelpunkt mehr, sondern angenehme Kulisse. Oben auf der Kuppe landen Hängegleiter, die vom Blauen herabschweben, auf den Rundwegen flaniert Genußbürgertum, über Wiesen und Weiden, die alle lieben, aber kaum einer bewirtschaften will. Da gärt Fallobst, dort wächst ein Neubau mit Glasfront und Photovoltaik. Himmlische Landschaft, irdisch bespielt.

Für meinen Teil weiß ich, wo jemand mit einer Seilwinde

Natürliche Eleganz – am Lipberg

oder einer guten Flasche Wein wohnt. Wem das Holz am Weg gehört, ist mir auch bekannt. In der Art sieht Heimat aus.

Adressen und Hinweise

Ein freundliches Tal, hell und offen, ohne Verkehrskreisel und Ampel. Mal steil, mal sanft auslaufende Hänge des Hochblauen, Weiden und Obstwiesen mit Rheintal- und Vogesenblick vereinen sich zum Landschaftspark. Manche Partie wirkt bis heute, als hätte vor langer Zeit ein Architekt im Stil von Pückler-Muskau gestaltet und harmonisiert. Südwestlage, beschwingte Wegführung, Sichtbeziehungen. In der Mitte ein Wiesenhügel namens Lipberg, um den zwei Rundwege führen.

Ausgangspunkte bei Lipburg Eine blickreiche Runde um den Lipberg könnte beim Friedhof beginnen. Ein Wanderwegweiser (Römerweg, 455 m) steht ein paar Schritte oberhalb, bei der Bank an der Straße nach Badenweiler. Auch für den Aufstieg gen Hochblauen oder für eine Zwei-Täler-Wanderung über das Eggener Tal nach Schloß Bürgeln wäre der Römerweg am Lipburger Friedhof ein günstiger Ausgangspunkt. Auf den Blauen: 8,5 km, 700 Höhenmeter; bis Sehringen 1,6 km, bis Bürgeln 7 km, 220 Höhenmeter.

Ein weiterer Wanderwegweiser steht in der Mitte von Lipburg, am Buswartehäuschen beim Dorfbrunnen (Lipburg, 390 m). Direkt am Brunnen ein Ferienhaus Zur Alten Dame (vgl. unten). Auch eine kleine Inspektion lohnt in Lipburg. Die Dorfrunde zeigt, wie häufig auf dem Land, sehr unterschiedliche Lebenswelten von Kunstschule über Hinterhof bis zum Reihenhauscluster in der Ortsmitte – einmal mehr reicht das Ländliche von Metzgete bis Yoga.

Touren ab Sehringen Zwei höher gelegene Tourenausgangspunkte, besonders günstig für Touren im Blauengebiet, liegen zu beiden Seiten der lang gezogenen Sehringer Ortsdurchfahrt (jeweils mit Parkmöglichkeit). Der zentrale Wanderwegweiser Sehringen (540 m) steht am Bürgelnweg, neben dem Grünen Baum (♣ Westterrasse, Gartenwirtschaft). Wanderkarte im Buswartehäuschen Sehringen an der L 132. Ab Wegweiser Sehringen: Alter Mann 1,6 km, Blauen 7 km, Badenweiler 2,5 km. Ab Sehringen über die Wegweiser Jungfernbrünnle und Finsterholz nach Feldberg 4 km, nach Bürgeln 5 km (lohnender Waldweg, besonders im Frühjahr zum Laubaustrieb der Buchen).

In Lipburg: Dame, Ferienhaus und Galerie Barbara Giesicke bewirtschaftet neben ihrer Galerie für Glasmalerei, zwei Ferienhäuser mit besonderer Handschrift. In Aussichtslage am Rand von Sehringen das 1954 erbaute, neu hergerichtete Landhaus Beaujardin (6 bis 9 Personen). Mitten im historischen Dorfkern von Lipburg liegt das denkmalgeschützte, 2018 von Grund auf sanierte Haus ‚Zur Alten Dame (max. 9 Personen), ferienhaus-badenweiler.de. Glaskunst Galerie Dr. Barbara Giesicke, Ziegelweg 6, 79410 Badenweiler-Lipburg. Tel. 07632-823080, www.giesicke.com.

Einkehren Wenig Auswahl; in Lipburg gibt es schon länger keine Einkehr mehr, der „Schwanen", einst mit eigener René Schickele Stube, ist kein Gasthaus mehr. So bleibt nur der Römerweg nach Badenweiler-Sehringen. Eine schöne Partie von knapp 30 min ab Lipburger Friedhof/ Wegweiser Römerweg führt über offenes Land. Der Fußweg quert unterhalb von Sehringen Viehweiden und Obstwiesen. Oskar Schlemmers Landhaus (vgl. Foto S. 241) liegt oberhalb dieser Wiesen, über der Engstelle der Landstraße 132. Das Haus ist allerdings wegen der hohen Nadelbäume kaum noch zu sehen.

GRÜNER BAUM, Badenweiler-Sehringen Luftig gelegener Landgasthof am Saum zwischen Blauenwald und Vorbergzone. Zur naturnahen Lage paßt die geschützte Freiterrasse nach Westen und ein Wirtsgarten unter den Linden. Der Platz wird an warmen Sommerabenden zum beliebten Ziel, auch für Gäste aus der nahen Reha-Klinik Hausbaden. Service im lässig-informellen Stil des Hauses. Der Betrieb im Grünen Baum schwankt je nach Saison und Wochentag zwischen volles Haus und stiller Einkehr, die Öffnungszeiten werden dem Jahresgang angepaßt. Drinnen rechts der Theke ein Nebenzimmer-Stüble, der Gastraum links ist funktionaler und größer.

Kompakte Vesper- und Standardkarte von Wurstsalat über Schnitzel bis Leberle, auf der Tageskarte Schmorgerichte, die ein Merkmal der Küche wurden (Ochsenbäckle, Rinderzunge etc.), Teile von Rind und Wild stammen vom Tschamberhof gleich nebenan. Dessen Landwirt

Panorama von der ‚Schönen Aussicht' auf Sehringen und Lipburg

Hermann Mayer bewirtschaftet Weiden im Lipburger Tal (vgl. unten).

Grüner Baum, 79410 Badenweiler-Sehringen, Sehringer Straße 19, Tel. 07632-7569385, aktuelle Öffnungszeiten: gruener-baum-sehringen.de; ♣ Terrasse und luftiger Biergarten unter Linden; davor die offene Geflügelhaltung des Hauses, inkl. Hahnenschrei.

Rindfleisch vom Tschamberhof Selbst geschlachtetes und gereiftes Rindfleisch bietet der Tschamberhof von Familie Mayer. Landwirt und Jäger Hermann Mayer bewirtschaftet hofnahe Weiden im Lipburger Tal mit gut 50 artgerecht gehaltenen Salers- und Wagyu-Rindern. Geschlachtet wird in der Regel einmal im Monat, ausschließlich auf kürzest möglichem Weg direkt auf dem Hof. Auch die Reifung geschieht in den eigenen Kühlräumen auf dem Tschamberhof; Privatkunden können sich auf der Homepage eintragen, sie werden dann über aktuelle Schlachttermine informiert. Familie Mayer, Badenweiler-Sehringen, Bürgelnweg 8, tschamberhof.de.

Fasnachtsfeuer Am Samstagabend nach Aschermittwoch wird der Lipberg zum Platz für das traditionelle Scheibenfeuer. Ein Reigen um Feuer und Theke, mit dem die Markgräfler Fasnacht ausklingt. Ein rustikalgeselliges Beisammensein für Jung und Alt; einfache Hüttenbewirtung ab 18 Uhr, gegen 21 Uhr trennt sich die Spreu vom Weizen(bier). Open end je nach Glut und Laune (Scheibenfeuer vgl.auch S. 360).

„Tradition ist die Bewahrung des Feuers,
nicht die Anbetung der Asche."

GUSTAV MAHLER

12

Glut und Asche in Badenweiler

Badenweiler hat Geschichte, was für Chancen und Probleme sorgt. Bereits im 1. Jahrhundert nach Christi Geburt ließen Römer am Fuß des Blauen eine Wellnessanlage errichten, die bedeutendste nördlich der Alpen. Fünf-Sterne-Standard mit Fußbodenheizung und Trinkhalle, schöner Schwitzen im Sudatorium, Aqua-Fun in Marmorbecken. Gleich nebenan bauten Legionäre und Glücksritter ihre Landhäuser in die Halbhöhenlage über dem sumpfigen Rheintal. *Villeggiatura* hieß das einst. Es dürfte hoch hergegangen sein in der antiken Sommerfrische am Fuß des Blauen.

Nach zweihundert Jahren kamen Alemannen aus den Wäldern und legten das spätrömische Spaßbad in Schutt und Asche. Es folgten 1000 Jahre Mittelalter ohne Fußbodenheizung. Später kam rund um Badenweiler der Bergbau auf, aber die alten Bäder blieben noch kalt. Erst im 16. Jahrhundert wird Badenweiler wieder als Badeort erwähnt, aber schon im 17. Jahrhundert brannten Franzosen die Badenweiler Burg nieder.

Ab Mitte des 18. Jahrhunderts begann dann eine zarte Renaissance mit zunächst vier Wirts- und Badehäusern. Allerdings mußten Gäste ihr Meublement noch selbst mitbringen, was die Buchungszahlen in Grenzen hielt.

Ein Bild aus fetten Jahren – ehemalige Wandelhalle im Kurpark

Ruf und Realität Übernachtungszahlen und Gästezufriedenheit sind seit jeher ein Thema in Badenweiler. Bereits 1782 zeigte sich Markgraf Karl Friedrich ungnädig, als es um die erodierende Außenwirkung des Ortes ging. Durchlaucht erbat Vorschläge, „um den verlorenen Ruf und Glanz Badenweilers wiederherzustellen". Die Badwirte zeigten sich renitent. Aus Badenweiler hieß es zur großherzoglichen Evaluierung lapidar, man „bedürfe keiner basler oder französischen Köchinnen, keiner besseren Logis noch Meubles". Auf Kritik von außen wird bis heute ähnlich reagiert. Badenweiler ist gut, basta.

Aufenthalte der Großherzoglichen Familie, die einst monatelang in Badenweiler weilte, sorgten für ein Selbstbewußtsein, das vom Speck der Altvorderen zehrt. Noch heute kaschiert die lange Tradition Badenweilers Schwächen. Wen kümmern Modernisierungsstau, biedere Gastronomie und laue Abendunterhaltung, wenn Präsidenten und Literaten ihre Zeit in Badenweiler verbrachten, mag mancher Badwirt denken.

Badenweilers Ehrenlegion ist beachtlich, immer wieder gerne bemühte Zeugen waren freilich nicht nur angetan. Auch Anton Tschechow nicht, der besonders offensiv am Badenwei-

Dümpeln im Lauwarmen – Staatsbad Badenweiler

ler Revers getragen wird: „Badenweiler ist ein sehr origineller Kurort, aber worin seine Originalität besteht, ist mir noch nicht klar geworden."

Last und Chance Stürmische Zeiten und schwierige Patienten allenthalben, dennoch gilt Badenweiler als unsinkbar. Die Vollkaskomentalität mancher Akteure vor Ort wird von der Subventionsbereitschaft einer Landesregierung unterstützt, die seit Generationen generös modernisiert, Defizite ausbügelt, Konzeptarmut im Alltagsbetrieb aber ignoriert. Man könnte annehmen, der Landesrechnungshof kommt nicht bis Badenweiler.

Stets wurden Bau, Sanierung und Neupositionierung diverser Bade-, Kur- und Verwaltungsbauten aus der Stuttgarter Landeskasse bedacht. Dito Ernennung, Freistellung und Neuinthronisierung von Geschäftsführern, Schattenregenten und Assistenten, die in bunter Folge erscheinen und abtreten. Allein, der lokale Reformeifer bleibt so verläßlich lauwarm wie die Römerquelle; 26,4 Grad, seit 2000 Jahren.

Seit 2020 hat Badenweiler einen 27 Jahre jungen und ambi-

Blick von der Burg Baden zum Römerbad (um 1925)

tionierten Bürgermeister. Diverse Gesellschaften und Gremien wurden einmal mehr entflochten und neu verknotet. Läden schließen, Beiräte sprießen. Das Freizeitbad in Oberweiler wurde Anfang 2021 wegen Sanierungsstau trocken gelegt. Einmal mehr: keine Besucher, viele Experten. Ruck geht anders.

Die Temperatur der Römerquelle kann Vincenz Wissler nicht ändern, Konzeptarmut und Pfründewirtschaft der Vergangenheit durchaus. Badenweiler hat Geschichte und Lage, was fehlt ist Qualität und nochmal Qualität. Man wünscht Mut, Tatkraft und allen Akteuren einen klaren Blick auf die Probleme einer Gemeinde, deren Erbe Bürde und Chance ist.

Kurmusik & Kaffeemühle Im 19. Jahrhundert begann Badenweilers große Zeit als Heilbad. Von 1823 an wurde das Römerbad im Rivierastil eines Grandhotels erbaut, 1842 wird ein Großherzoglicher Badearzt ernannt, zehn Jahre später öffnet ein Kur- und Konversationshaus im großbürgerlich-repräsentativen Stil der Zeit, ergänzt um eine 50 Meter lange „Wandelbahn" am Fuß des Burgbergs. Die Gußeisenkonstruktion mit Ladenlokalen und gedeckter Promenade gilt als Frühform

Himmlische Lage, irdische Probleme – Badenweiler

einer Einkaufspassage. Im Anschluß beginnt die legendäre Kurparkpromenade, noch heute *Kaffeemühle* genannt. Zwischen Bridge im Konversationshaus und Dinner im Grandhotel konnten Badenweilers Gäste über den Niederungen des Rheintals ihre Runden drehen, eskortiert von Gehölz aus fünf Kontinenten. Der Spaziergang als Statusdemonstration.

Einhundert Jahre lang spielte die Kurmusik dreimal täglich auf. Als „Medizin aus der Muschel" galten Kurkonzerte noch in den 1970er Jahren. Zu Abendkonzert und Promenade kamen die Besucher in Scharen, Witwen saßen in der ersten Reihe. Ihre Blumensträuße landeten mit dem Schlußapplaus zu Füßen eines Dirigenten, der sein Haar in Künstlerlänge trug. Bei Überkreuzwürfen kam es mitunter zu delikaten Szenen unter den Verehrerinnen. Ich durfte das Getuschel noch hören, konnte es aber nicht deuten. Die Kurmusik spielt noch immer, die wenigen Zuhörer haben freie Platzwahl.

Tournedos Römerbad Badenweiler ist voll solcher Geschichten, die meisten spielen in der Vergangenheit. Auch das gestrandete Luxushotel mit dem großen Namen *Römerbad* be-

Thermalwasser wie immer – nur die Gäste haben sich geändert

steht im Wesentlichen aus Geschichten. „Tournedos Römerbad (1 Piece)“ gab es für vier Reichsmark, ein „Soufflé Rothschild“ für deren drei. Nach mehreren, kurios gescheiterten Rettungsversuchen, gehört das – derzeit stillgelegte – Anwesen noch thailändischen Eigentümern. Die ließen den Kasten über Jahre stehen wie einen alten Koffer. Nach langem Zögern zeigen sich die Eigentümer seit 2020 verkaufsbereit. Aufstieg, Hybris, Niedergang und glückliche (?) Auferstehung. Mehr kann einem Grandhotel nicht passieren.

Ob und wann Leben im Römerbad einzieht, ist derzeit offen. Sicher ist: Was die Außenwirkung Badenweilers angeht, gehört das vernachlässigte Betriebssystem im Kurhaus neben dem morschen Römerbad zu den Großbaustellen. Immerhin: Im Kurhaus zeigt der kompetent-freundliche Service der *Velo Station* mit integriertem Cafébetrieb wie es auch geht.

Glut und Asche Anderthalb Jahrhunderte lang brannte das touristische Feuer Badenweilers. Ein paar prächtige Fassaden leuchten noch, aber je mehr die Gründerzeit verblaßt, desto heftiger wird sie beschworen. Die Glut der Moderne mag an-

Kanderner Straße 14 – Gedenkstein an René Schickeles Wohnhaus

derswo leuchten, unsere Toten kann uns keiner nehmen – also noch ein Symposium mit ordentlich Weihrauch.

Nach langem Dümpeln steht die landeseigene Therme Badenweilers vor einer Neupositionierung. Bislang zogen Rabatte und Familienangebote viele Tagesgäste und Passanten an, gerne auch Besucher aus prekären Elsässer Vorstädten. Die sorgen für Aqua Fun, der auch mal in Richtung Drosselgass' im Whirlpool geht. Bundespräsidenten von Heuss bis Rau kamen einst nach Badenweiler. Heute gehen Amira und Amir in Funktionskleidung in den Hamam – Badenweilers Therme ist zum mulikulturelles Volksbad geworden. Außerdem schauen 100 Jahre nach Tschechow wieder Russen auf Immobiliensuche vorbei. Weniger Geist als damals, aber mehr Kapital. Zwischenbilanz: Badenweilers Quellen werden nie versiegen.

Gottbegnadet, naziverdammt Und dann wären da noch andere Badenweiler Biographien. Auch Tragödien, die marketingmäßig wenig einbringen. René Schickele zum Beispiel, der in Badenweiler nie so richtig in Mode kam. Schon 1933

Drei Stufen über dem Wiesenmeer – René Schickeles Haus

mußte er sein Haus an der Kanderner Straße Nr. 14 in Richtung südfranzösischem Exil verlassen.

Oben am Blauenwald entstand vor dem 2. Weltkrieg eine kleine Künstlerkolonie. Annette Kolb schrieb in ihrem Häusle unmittelbar neben dem repräsentativen Hof von Schickele. Zwei Häuser weiter, ebenfalls von Paul Schmitthenner zu Beginn der 1920er Jahre gebaut, das sogenannte Haus des Malers.

Schickeles Architekt Paul Schmitthenner war nur ein Jahr jünger als der Schriftsteller und wie dieser im Elsass geboren. Heute würde man Schmitthenner einen Stararchitekten nennen. Sein Konzept einer „Gartenstadt" mit funktional-ruhigen Formen, handwerklich wertiger Ausführung, ebenerdigem Wohnen und umschlossenen Gärten, wirkt aktueller denn je.

Die Villenkolonie von Carlowitz bei Breslau, die Gartenstädte Staaken bei Berlin, Plaue an der Havel, auch die berühmte Siedlung Piesteritz wurden von Schmitthenner geplant.

Über Schickeles Haus schrieb Schmitthenner: „Das Weite, das Großartige beginnt, wenn du durch die Fenstertüre auf die mäßig große Sandsteinterrasse trittst, drei Stufen über dem Wiesenmeer." Alle drei Schmitthenner-Häuser stehen noch

„Schönheit ruht in der Ordnung" – Schmitthenners Entwurf

immer an der Kanderner Straße. Mehr oder minder wie damals, nur die direkte Umgebung hat durch weitere Bebauung und Verwaldung an Reiz verloren.

Der Nationalsozialismus trennte Schickeles und Schmitthenners Lebenslinien. Im Jahr 1931 wurde der Architekt in die Preußische Akademie der Künste Berlin gerufen, 1933 trat er der NSDAP bei, eine staatsnahe Karriere in Berlin begann. Kurze Zeit galt Schmitthenner als erster Baumeister des nationalsozialistischen Apparates, eine totale Vereinnahmung lehnte er jedoch ab.

„Schönheit ruht in der Ordnung“, war ein Credo Schmitthenners, der sich von 1941 an zumindest im ästhetischen Widerstand gegen die Monumentalarchitektur der Nationalsozialisten befand. Was den Führer nicht daran hinderte, den Architekten in die „Gottbegnadeten-Liste“ aufzunehmen.

Ganz anders René Schickele, der während seiner Badenweiler Jahre auf die Liste der Verdammten geriet. Schickele, geboren 1883 im elsässischen Obernai, war der Sohn eines deutschen Weingutbesitzers und Polizeibeamten und einer französischen Mutter. Das Spannungsfeld zwischen franzö-

Frühling am Badenweiler Römerberg – Emil Bizer, um 1950

sischer und deutscher Kultur prägte sein Werk. Im September 1922 bezog der Autor sein großzügiges Landhaus an der Kanderner Straße, wo er sich auf Anhieb wohl fühlte. Am Fuß des Blauen, mit Blick auf Rheintal und Vogesen, entstand eines seiner Hauptwerke, die Romantrilogie *Das Erbe am Rhein*, mit einer grenzüberschreitenden Handlung.

Im schönsten Exil Mit seinem Malerfreund Emil Bizer (1881-1957) erkundete Schickele seine Wahlheimat: „Hier ist der warme, gehütetste Winkel des alemannischen Gartens. Lebte ich hier in der Verbannung, es wäre das schönste Exil der Welt, am Rande eines tiefen Waldes auf der einen, eines ständig sich wandelnden Himmels auf der anderen Seite – und so heiter."

Schickeles Streifzüge durchs Markgräflerland wurden erstmals 1933 bei S. Fischer aufgelegt. Die *Himmlische Landschaft* erfuhr, angereichert mit Skizzen und Malerei von Emil Bizer, eine Neuauflage im Badenweiler Oase Verlag. Das Werk mit atmosphärisch schwebenden Episoden und Miniaturen liest sich wie ein heiteres Gegenstück zu seinen Romanen.

„Halbe Tage war ich unterwegs, versuchte den neuen Wein,

Zwischen den Fronten – René Schickele auf der Rheinbrücke

wie er hier gedeiht, bekam braungelbe Finger vom Schälen der Nüsse, und fuhr zu guter Letzt ins Elsass hinüber, um auch den dortigen zu versuchen." Für Schickele war der Rhein keine Grenze, sondern ein Scharnier. Damit war sein Schicksal in Badenweiler besiegelt. Schon 1932 sieht Schickele eine „mehrjährige Sonnenfinsternis" heraufziehen. Während seine Lage immer schwieriger wird, macht sein Architekt Schmitthenner Karriere. Im Jahr 1933 muß Schickele „sein weißes Haus, seine Arche" verlassen. Die letzten zwei Sätze im Schlußkapitel der „Himmlischen Landschaft" lauten: „Als ich auf die Terrasse trat, legte mir die Sonne eine schwere Hand auf die Schulter. Ich verstand, daß es der Abschied war." Kurz danach emigrierte Schickele nach Südfrankreich, 1940 starb er in Vence.

Wege im alemannischen Garten Ausgehend vom Parkplatz oberhalb von Schickeles Landhaus an der Kanderner Straße, kann man jene Wege gehen, auf denen der Schriftsteller und sein Malerfreund Emil Bizer oft gingen. Etwa die reizende Einstunden-Runde durchs Lipburger Tal und um den Lipberg.

René Schickeles Rundgänge klingen wie eine Verzauberung:

René Schickeles Lieblingsweg – im Lipburger Tal

„Eines nachts ging ich in den Mond hinein bis zu einer Bank, von der man über ein kleines, vielfach bewegtes, aber geschlossenes Tal blickt. Die Bank steht neben einem niedrigen Steinkreuz am Waldrand. Es ist ein wundervoller Platz zum Alleinsein, zum Schauen und zu jener tieferen Art von Schau: dem Horchen…"

Eine Bank und den Platz beim niedrigen Steinkreuz gibt es heute noch: der Ort liegt am Beginn des Weges, der von der Lipburger Kriegsgräberstätte in eine Senke führt, die zu Römerweg und Lipburger Friedhof führt (vgl. Karte S. 248).

Im Jahr 1956 konnten Schickeles Überreste von Frankreich auf den Lipburger Friedhof überführt werden. Das Grab liegt nur ein paar Schritte vom Eingangstor entfernt, rechter Hand, Nr. 159/160. Der erhaben gelegene Lipburger Friedhof ist ebenfalls ein Ort, den Schickele beschrieben hat. Vom schmiedeeisernen Tor, das „immer halb offen steht" bis zum kleinen Tal, dessen bewegte Linien heute noch berühren.

Der bewegte Blick Auch der Bauhauslehrer Oskar Schlem-

Sehringer Straße Nr. 13 – Schlemmers Wohnhaus und Atelier

MER (1888-1943) fand Gefallen am Lipburger Tal. Ein Lieblingsplatz – auch seiner Frau Tut – war der Aussichtsplatz auf dem Lipberg. Wieder eine Stelle mit „bewegtem Blick", auf die Lipburgs Dächer, den Blauen, den Vogesenkamm im Westen.

Auch Schlemmer geriet auf eine Liste: unter den Nationalsozialisten verlor er 1933 seine Professur, 1937 wurden fünf Werke von Schlemmer in der berühmt-berüchtigten Münchner Propagandaausstellung *Entartete Kunst* gezeigt. Die Veranstaltung war ein inszeniertes Tribunal, um die Elite der Klassischen Moderne zu diffamieren. Zu der gehörte Schlemmer ohne Frage, er war einer der prägenden Lehrer am Bauhaus, erst in Weimar, dann in Dessau. Schlemmer wurde als Lehrer und *Formmeister* berufen, eine Schlüsselposition, die zwangsläufig für Konflike mit den völkischen Beobachtern sorgte.

Dank einer kleinen Erbschaft gelang es Schlemmer dennoch, oberhalb des Tals im Ortsteil Sehringen zu bauen. Es entstand ein bescheidenes Landhaus mit sonnengegerbter Holzfassade, Atelier und einer breiten Veranda zum Rheintal. Das Haus steht heute noch an der Sehringer Straße Nr. 13, oberhalb der

Selbstportrait – Oskar Schlemmer in Dessau, 1929

Engstelle der Ortsdurchfahrt. Seit Jahren wird das verwahrloste Objekt von hohen Fichten verdeckt – ein Erbstreit blockiert bislang die Sanierung und angemessene Nutzung.

Doppelte Tragödie Bereits 1930 wurden einige Arbeiten Schlemmers für das Folkwang Museum mutwillig zerstört. Während der NS-Herrschaft wurde seine Situation dann immer schwieriger. Dennoch glaubte Schlemmer lange – blauäugig, mitunter auch anbiedernd – an einen vorübergehenden Spuk, die drohende Katastrophe sah er erst spät.

Trotz künstlerischer Ächtung und wirtschaftlicher Probleme begann Schlemmer 1937 mit dem Hausbau in Sehringen. In der freien Landschaft über dem Lipburger Tal hat Schlemmer noch ein letztes Mal einen, seinen Platz gefunden. „Ich sehe in die in der Morgensonne langsam entstehende Landschaft: die hellviolettbraunen Waldungen, der blau weiße Schnee, das schwarze Geäst der kahlen Bäume. Diese Landschaft ist schön, selbst wenn sie konventionell gesehen wird."

Die Badenweiler Zeit Schlemmers sollte nur knapp zwei Jahre dauern. Heute verkommt Schlemmers Haus hinter hohen Nadelbäumen auf einem verwilderten Grundstück. Seit Jahrzehnten wird von zwei Linien der Nachfahren um das Erbe gerungen, das Badenweiler Domizil ist nur ein Bruchteil in einem Konflikt, bei dem es um hohe künstlerische und finanzielle Werte geht. Neben der familiären Dimension haben die Erbauseinandersetzungen eine öffentliche: der Streit verhindert seit langer Zeit eine angemessene öffentliche Wahrnehmung des Werkes, selbst die Abbildung von Schlemmers Werken in Katalogen war lange Zeit problematisch. Die Situation änderte sich erst 2013, weil 70 Jahre nach dem Tod das Urheberrecht erlischt. Schlemmers Werke können seither als Abbild gezeigt werden. In der Stuttgarter Staatsgalerie fand 2014/2015 die umfassende Werkschau „Visionen einer neuen Welt" statt.

Dennoch gilt: zu Lebzeiten wurden Schlemmers Werke von den Nazis diffamiert, nach seinem Tod behindert eine ungelöste Erbauseinandersetzung die Rezeption, aber auch die würdige Bewahrung seiner letzten Wahlheimat in Badenweiler-Sehringen – eine doppelte Tragödie.

Fette Milch, magere Zeit Aus der Sehringer Zeit Schlemmers sind bewegende Briefe erhalten. Sie dokumentieren sein Leben zwischen Hoffnung und Zweifel. Im August 1937 wartet der Künstler auf den Ausschluß aus der Reichskulturkammer, als Bauherr freut er sich über neue Lieferungen: „Mit knapper Not bekamen wir gerade noch die Röhren für die Warmwasserheizung, die laut Vierjahresplan für Juli gestrichen seien."

Schlemmers Haustür in Badenweiler-Sehringen

Der Weltkünstler übt sich in Sehringen in Selbstversorgung, Schlemmer hilft beim Bau eines eigenen Hühner- und Schafstalls: „Dieses Frühjahr hatten wir von drei Schafen acht Junge, die wir großenteils verkauft und eines davon gegessen haben. Die Wolle ist ja heute ein sehr begehrter Artikel. Unsere Wolle wird gegenwärtig zu Decken verarbeitet.“ Im Oktober 1937 werden die Lämmer des nächsten Frühjahrs erwartet, einen Monat später schreibt Schlemmer dann voller Verzweiflung: „Ein Sommer, ein Hausbau. München und die ‚Entartung‘. Ein Atelier, groß und schön, ohne Sinn und Zweck.“

Im Januar 1938 spitzt sich die Situation weiter zu. Schlemmer erwägt, vorübergehend mit Landschaftsmalerei und Kopien alter Meister über die Runden zu kommen. „Die Malerei müßte sich zumindest auf die Landschaft umstellen, eine Sache, die auch mit Würde und Anstand getan werden kann.“ Der Broterwerb durch Genremalerei scheiterte, in der Not versuchte sich Schlemmer als Handwerker in einem Malerbetrieb, in Wuppertal auch bei einer Farbenfabrik. Zuletzt bemalte Schlemmer deren Fassaden mit Tarnanstrichen. Er wird elend. Oskar Schlemmer stirbt 1943 in Baden-Baden.

Die Umschaltung des Blicks Im Januar 1938 beschreibt Schlemmer die familiären Krisengespräche am Sehringer Frühstückstisch, die stets damit enden, „mich sofort, sei es was und wie es sei, nach einem Geldverdienst umzutun und dieses Haus und seine Träume zu verlassen". Unter welcher Spannung der Künstler zu dieser Zeit stand, zeigt ein Tagebucheintrag vom Februar 1938. Beim Blick in die Morgenlandschaft des Lipburger Tals genügen Schlemmer wenige Gedanken, um vom Konkreten zum Abstrakten zu kommen. Es ist eine Passage, die auch ein Manifest seiner Arbeit sein könnte:

Es genügt aber die Umschaltung des Blicks, ein Blinzeln, um ganz andere nicht minder schöne Elemente der Form und Farbe lebendig werden zu lassen. Es sind wahrscheinlich diejenigen, die nur mir oder dem geschulten Malauge möglich sind. Nun ist es nicht mehr die Landschaft, wie sie jedweder sieht, gelangweilt, ob dem Alltäglichen des Eindrucks: nun ist es ein phantasievolles Spiel von geheimen Geometrien, von linearen Formen, die sich zu farbigen Flächen zusammenschließen, ein „Fest der Augen", ein Ornament voll seltenster und seltsamster Bedingungen. Diese Sehart ist zu verfolgen, zu kultivieren und zu einem wiederum allgemeingültigen und verständlichen Endziel zu bringen.

Exakt unterhalb von Oskar Schlemmers Sehringer Domizil steht eine Sitzbank am Rand des Gehsteigs der Landstraße 132. Man blickt dort hinab ins Lipburger Tal und weiter hinaus nach Westen. Auch eine Umschaltung des Blicks ist möglich. Ob nach einem kurzem Blinzeln Schlemmers „Fest für die Augen" beginnt, liegt auch einmal mehr im Auge des Betrachters. Deutlich wird, was für ein Glück es ist, über gesegnetes Land zu gehen. Ohne Gefahr, auf eine Liste zu geraten, ohne Verbote und Verfolgung. Und was für eine Verpflichtung, aufrecht seinen Weg zu gehen. Wenn die Zeit gekommen ist, auch gegen den Wind.

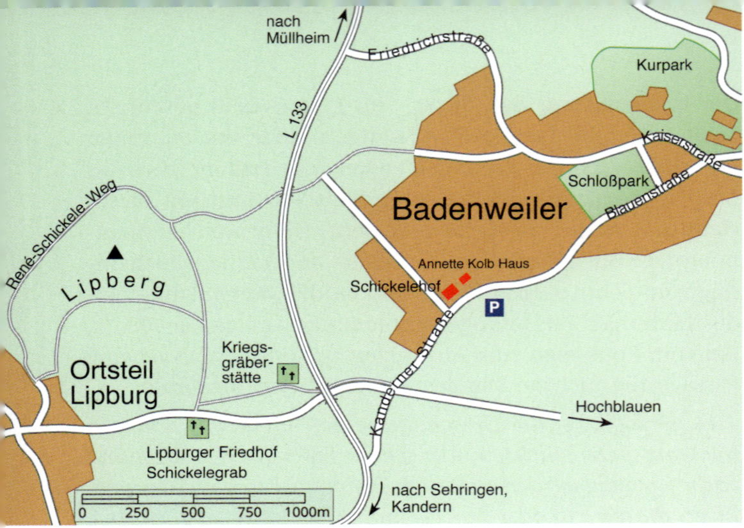

Adressen und Hinweise

Zur Landschaft und Stimmung im „vielfach bewegten Tälchen" um Lipburg vgl. auch das vorige Kapitel ab S. 213. Für eine Runde im Lipburger Tal im Sinne seiner historischen Bewohner, bieten sich zwei günstig gelegene Ausgangspunkte an:

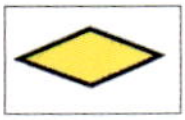

Ausgangspunkt Badenweiler, Kanderner Straße René Schickeles ehemaliges Landhaus liegt am Ortsrand von Badenweiler an der Kanderner Straße Nr. 14, vgl. Karte oben. Das Anwesen ist in Privatbesitz, es liegt etwas versteckt hinter einer hohen Rotbuchenhecke; die mächtige Linde auf dem Vorplatz ist noch aus der Zeit Schickeles. Ein großer öffentlicher Parkplatz liegt direkt oberhalb des Hauses an der Kanderner Straße, unterhalb der Tennisplätze.

Ausgangspunkt Lipburger Friedhof Am Parkplatz beim Lipburger Friedhof, somit auch bei Schickeles Grabstätte. Wenige Meter entfernt steht der Wanderwegweiser Römerweg (455 m), unmittelbar neben einer Sitzbank und einer selten mißratenen zweiten Bank eines ‚Schulprojektes'. Ab Wegweiser Römerweg Wegmöglichkeiten ab 30 Minuten (Lipberg, bzw. Sehringen) und mehrere Stunden über die Wegweiser Rheintaler Höhe, Hörnle, Paradies, Feldberg-Stalten.

Eine Runde Lipberg Vom Lipburger Friedhof führt ein Feldweg in

Auf dem Lipberg

elegantem Schwung um den Lipberg. Die animierende Runde um den Lipberg gehört zu den schönsten und – wie ab S. 238f nachzulesen – zu den schicksalhaften Spaziergängen im Markgräflerland. Auf dem Lipberg ist ein kleiner Aussichtsplatz, auch die Sonnenuntergänge dort haben Format. Außerdem stimmt die Bezeichnung Feldweg nicht ganz, eigentlich sind es Traumpfade mit Panorama auf Rheintal und Vogesen.

Schlemmers Bank auf dem Lipberg Die Kuppe (460 m) nur fünf Fußminuten vom Friedhof war auch einer von Oskar Schlemmers Lieblingsplätzen. Schlemmers Frau Tut wünschte sich hier oben eine bescheidene Erinnerungsstätte, was 20 Jahre dauerte. 1981 wurde eine Sitzgruppe mit zwei Bänken eingeweiht, zu der Tut Schlemmer „eine namhafte Geldspende" beigesteuert hat, wie Ortschronist Johannes Helm seinerzeit bemerkte. Die alten Linden oben auf dem Lipberg hat ein Sturm geputzt, es wurden neue gepflanzt. Bis heute keine Tafel der Erinnerung, dafür Freiheit bis zum Horizont.

Panorama auf Badenweiler und Hochblauen Die Route des Markgräfler Weinweges bietet zwischen dem Ausgangspunkt Niederweiler-Friedhof und Wegweiser Römerberg immer wieder eindrucksvolle Panoramen von Badenweilers besonderer Lage und Siedlungsform am Fuß des Blauen (vgl. dazu auch Kapitel 14, ab S. 269); ebenso der Panoramablick vom Parkplatz Schwärze und von der Ruine Neuenfels.

Die Linde am Luginsland – seit 1832, gestutzt 2020

13

Lug ins Land um Müllheim

Über den Reben im Müllheimer Reggenhag gibt es den Aussichtsplatz *Luginsland*. Von einer verwitterten Bank sieht man auf Kaiserstuhl, Staufener Burg, das Weilertal mit der Badenweiler Burg und dem Hochblauen. Im Norden der Römerberg, dahinter die Kuppe des Belchen, gegenüber der Vogesenkamm. Mehr Rundblick ist selten.

Im Vordergrund liegt das Müllheimer Gewerbegebiet mit jenen Mittelständlern, die auf Sonntagsreden gerne als Rückgrat der deutschen Wirtschaft gepriesen werden. Zum Beispiel Neoperl und Auma, Spezialisten für Flow am heimischen Waschbecken (Neoperl), oder weltweit in der Wasser- und Energiewirtschaft (Auma).

Augenweide und Vorstadt Wer sich für den Wandel der Siedlungsformen in der Markgräfler Mitte interessiert, sollte hoch zur Luginsland-Linde. Im Jahr 2020 wurde das Naturdenkmal wegen vermuteter Altersschwäche heftig gestutzt, der Ausblick bleibt aber unversehrt: altes Gutedelland, neue Vorstadt und Werkhallen von Hidden Champions liegen vor einem.

Nur zweihundert Meter entfernt vom Luginsland steht das von weitem sichtbare Rebhaus am Jägerdenkmal, auch so ein Flecken zwischen Himmel und Industriegebiet. Wieder mit

Blick vom Luginsland zur Staufener Bucht

Panorama auf Hochblauen, blühende Landschaften und stokkenden Abendverkehr. Auf der Bundesstraße leuchtet zum Feierabend eine kilometerlange Fahrzeug-Lichterkette, der Globus-Baumarkt erstrahlt in grellem Orange, davor der größte Parkplatz in Suburbia. Das Land am Oberrhein erscheint als Wackelbild, mal Augenweide, mal Hochregallager. Der Funktionsverlagerung aus der Stadtmitte an die Ränder werden wir später noch begegnen. Vom Luginsland aus gesehen wird aber deutlich: In einer Kleinstadt liegt das Zentrum nur bedingt in der Mitte. Der Donut-Effekt betrifft auch Müllheim.

Pause am Jägerdenkmal An einem Junitag duftet es oben am Jägerhäusle nach der Rebblüte; es ist ein süßer Duft, der an Lindenblüten erinnert, nur feiner. Im Frühsommer sind Reben besonders wüchsig, dann grünt und treibt es und die Rebzeilen sehen nach Arbeit aus. Die jungen Triebe einer Rebe heißen nicht zufällig Schosse, sie bilden bald eine dichte Laubwand. Wer jetzt nicht spritzt, heftet und Nebentriebe ausbricht, steht im Juli nicht im Weinberg, sondern vor einer Blätterwand.

Nur selten dient das Jägerhäusle noch als Rastplatz für Rebleute, die Nutzung als Partyplatz ist üblicher. Das obligato-

Weiße Mütze – Belchenblick vom Luginsland

rische Graffiti-Geschmier wird immer wieder überstrichen. Manchmal kommt ein Müllheimer Winzer, der nebenan Reben bewirtschaftet, zum Jägerdenkmal hoch und sammelt den Müll der Wohlstandsverwahrlosten zusammen. Er macht das ehrenamtlich, ohne große Worte. Eher beiläufig sagte der gute Mann einmal zu mir: „Ich schäme mich".

Dies ist kein Erziehungsratgeber, der öffentliche Raum erscheint mitunter aber wie die Verlängerung mancher Kinderstube. Konfliktscheue Eltern, die ihren Kindern das Recht auf Erziehung verweigern, haben Anteil daran. Jedes Scherbenviertel fängt klein an. Am Küchentisch, am Luginsland, auf der Partymeile. Amen .

Die grüne Welle Obwohl seit Jahren viel über Heimat geredet und geschrieben wird, haben wenige einen Sinn für Form und Rythmus ihres Lebensumfeldes. Fromme Reden sind das eine, etwas anderes ist es, einen Nußbaum zu kennen, der an der richtigen Stelle steht, einen Weg zu gehen, der zu Jahreszeit und Stimmung paßt oder das kleine Glück einer Bank am richtigen Platz. Heimat lebt vom wachen Blick, nicht von

Grüne Welle – zwischen Hach und Vögisheim

Symbolveranstaltungen. Nicht umsonst heißt es Rebmeer. Die grünen Wogen tragen einen, beim längeren Gehen über Hügel und Weinberge entsteht ein Gefühl von Autarkie. Durch Rebland zu gehen, kann etwas Besonderes sein. Ein Klassiker von Marc Aurel paßt ebenso zu den Formen und Farben einer Landschaft: „Auf die Dauer der Zeit nimmt die Seele die Farbe der Gedanken an."

Magere Mitte, fette Ränder Die Stadt mit präziser Gestalt war einmal, auch Müllheim franst weiter aus. Am Klemmbach, einst ein Revier der Müller, Gerber und Färber, werden letzte Lücken geschlossen. Die Stammtischlosung „einer geht noch" ist zur städtebaulichen Maxime geworden, ein Drogeriemarkt geht immer noch. Was in Müllheim fehlt, ist ein Zentrum, das seinen Namen verdient. Vitale Achsen wie die Wilhelmstraße wurden verkehrsbefreit und nahezu trocken gelegt. Im Stadtrat fehlt weiter der Mut, eine derart offensichtliche Fehlentwicklung zu korrigieren. Das Ergreifende, das berühmte *Ereignis einer Stadt,* scheint ferner denn je.

Untenrum wirkt die Wilhelmstraße nur noch prekär, oben

Müllheimer Moderne – Zypressen, Kreisel, Discounter

wartet ein wegsanierter Markgräfler Platz, auf dem man an einem gewöhnlichen Tag den Kragen hochschlagen möchte. Ein Platz wie ein Loch, man hat Angst reizufallen. Das Auffüllen mit Cover-Night-Veranstaltungen im Sommer und einer weihnachtlichen Eisbahn gilt als Erfolg. Einmal mehr ersetzt Eventismus urbane Substanz. Zwischenbilanz: Der Donut-Effekt gilt auch für Müllheim, ob die fetten Ränder ansehnlicher sind als das Loch in der Mitte, mag jeder selbst entscheiden.

Werderstraße und Milchschaumgürtel In Müllheim-City kann man Mobilfunkverträge abschließen und zwischen 99 Müslimischungen wählen. Bewußtseinserweiternde Substanden sind im Freiverkauf erhältlich. Tagsüber kommt man vor Verkehr kaum über die Werderstraße, ein solides Herrenhemd gibt es nirgends. Und so begab es sich zu Müllheim wie anderswo in der Provinz: eine Landstadt wurde Mittelzentrum und hat darüber ihre Mitte verloren, auch moralisch. Bei einer Sanierung und Neuvermietung in der Werderstraße wurde dem Altmieter eine Mieterhöhung um das Zweieinhalbfache angekündigt.

Müllheimer Klassik – Markgräfler Museum im Blankenhorn Palais

Also noch ein Drogeriemarkt und ein Spezialist für Einwegkleidung, ein anständiges Kaffeehaus, eine Markthalle als Schaufenster regionaler Produktion, auch ein Reformgasthaus als vitalen Treffpunkt gibt es damit noch lange nicht. Vielleicht geschieht im Rahmen einer anstehenden Sanierung noch ein kleines Wunder; eingefleischte Müllheimer verlieren aber langsam den Glauben daran. Seit Jahren könnte man beim abendlichen Gang über die tagsüber belebte Werderstraße auch fragen: Mensch Müllheim, warum läßt du dich so gehen?

Zu den wenigen bemerkenswerten Fassaden zählt das *Central-Theater* mit seiner charmanten Leuchtschrift im Stil der frühen Bundesrepublik. Seither kam nicht allzuviel Aufregendes dazu. *Il popolo grasso* bevorzugt auch in Müllheim die diskreten Ränder. Auf der Röte in Richtung Vögisheim, über dem Helios-Krankenhaus, auch gen Niederweiler wächst der Wohlstandsbauch.

Wobei Speckgürtel für die Intensivbesiedlung in Neubauvierteln wie *Am langen Rain* das falsche Wort ist. Wenn es um die KfW-55-Zwingburgen geht, muß ich immer an einen Müll-

Klare Kante – im Vorgarten auf dem Helios-Hügel

heimer Bauingenieur denken. Man muß ihm nur den Köder *Erlenbuck* oder *Helios-Hügel* hinwerfen, um einen Wutanfall auszulösen. Mir helfen solche Neubauviertel. Ich muß die Bilder in den Sondernutzungszonen nur lang genug wirken lassen. Die Freiheit hinter Zwergkonifere und Betonsteinpflaster muß besonders sein. Jedesmal geht es mir nach der Besichtigung solcher Einrichtungen gleich viel besser.

Des Fürsten neue Kleider Nicht nur auf dem Helios-Hügel wurde die bürgerliche Parole „Macht Felder zu Neubaugebieten" bestmöglich erfüllt. Auf der Röte, wo früher ein Rebwärter Starenschwärme verjagte, steht das alte Bammerthäusle nur noch zur Zier. Es ist ein einfacher, ruhiger Bau mit quadratischem Walmdach. Schlicht gelungen.

Bei einigen Neubauten ringsum fragt man sich dagegen, was der Architekt hauptberuflich so macht. Einen Bammert (Rebwächter) gibt es auf der Röte längst nicht mehr, heute gehören Torkamera, Bewegungsmelder und Dreifachglas zum Standard. Vor Jahren, auf der Einweihungsfeier seiner Fabrikantenvilla, vergaß ein Bauherr nicht, die einbruchshemmende Verglasung

Ein Fürst im grünen Mantel – Blauenblick vom Jägerdenkmal

zu erwähnen. Der Volksmund sagt Luxusbunker zu diesen Häusern. Manche von ihnen sehen aus als würden sie mit Ellenbogen geboren. Kurioserweise steht das von Neubauten umzingelte Bammerthäusle auf der Röte in der Lina-Kromer-Strasse. LINA KROMER (1889-1977) stammte aus Obereggenen; die Hebelpreisträgerin des Jahres 1956 schrieb Landschaftslyrik in Mundart: *un über allem gwaltig / dr Blaue wiene Fürscht! / Am grüene Mantel, faltig / as Endi Wißdornshürscht.*

Von der Röte aus gesehen, steht der Blauen noch immer gewaltig, er trägt seinen Mantel aber nicht fürstlich. Welcher Fürst toleriert einen Sendemast und einen Kiosk auf seinem Berg? Und wenn es nach jenen geht, die wissen, wie die Welt zu retten ist, gehören unbedingt noch ein paar XL-Windräder auf den Hochblauen. Ökokapitalismus heißt jetzt Bürgerwind.

Casual Dining, Sapori del Sud Müllheim bietet freilich auch gastliche Plätze. Wo der Klemmbach den Marktplatz trifft, gibt es das engagiert geführte Restaurant *Taberna* mit gemäßigter Weltküche, präsentiert im zeitgenössischen Casual Dining Stil. Gleich um's Eck in der Wilhelmstraße liegt der belieb-

Müllheimer Sommer – Restaurant Taberna am Marktplatz

te Treffpunkt *Sapori del Sud* von Rocco Marcantonio. An Markttagen ist der Fleck zur Institution geworden, besonders am Freitag- und Samstagvormittag sitzt und steht Müllheims Gesellschaft in und um Roccos Feinkost- und Caféatelier, was dem ausgedünnten Zentrum gut tut. Für Panini und Prosecco to stay gibt es keine Alternative zu Roccos Stüble. Wir lernen: Milchschaum ist ein weicher Standortfaktor.

Oben beim Schulzentrum in der Goethestraße gibt es mit *Messer & Gradel* einen lokal beliebten Restaurant-Hybrid mit Sofaecke, Mittagstisch, Tapas-Bar, dazu noch ein Restaurantabteil und very contemporary Crossover-Küche zwischen Ricotta Ravioli und Buddha Bowl. Man kann somit schauen und reden, probieren und dinieren. Ein bißchen weite Welt in Nachbarschaft von Realschule und Finanzamt.

Biedermeier und Bahnschranke In der Altstadt gegenüber vom Marktplatz liegt das Markgräfler Museum im *Blankenhorn Palais* – es ist ein Schatzkästlein der Stadt. Erbaut wurde das Hofanwesen zu Ende des 18. Jahrhunderts in großbürgerli-

Müllheims Sonnenseite – Wochenmarkt und Blankenhorn Palais

chem Zuschnitt, zweigeschossiges Hauptgebäude mit Ballsaal und Ballustrade, die Wintergärten mit Schmiedeeisen-Ornamenten und anschließende Bauflügel rahmen einen großzügigen Innenhof. Die historische Eleganz der Liegenschaft erinnert an Repräsentationsbauten in Frankreich. Hier leuchtet Müllheim, das kleine Palais ist jedenfalls einen Besuch wert.

Im Erdgeschoß des Ensembles war das Gasthaus zur Krone, einst das erste Haus am Platz. Von 1955 bis 1973, als Müllheim noch den Status einer Kreisstadt hatte, wurde das Anwesen als Rathaus genutzt. Nach seiner Umwidmung zum Markgräfler Museum erinnert das Palais auch an den Namenspatron und Weinbaupionier Adolf Blankenhorn (1843-1906). Der Winzersohn studierte Chemie und promovierte bei Robert Bunsen in Heidelberg. Blankenhorn gilt als früher Mentor eines naturwissenschaflich fundierten Weinbaus, er war zudem an der Einführung reblausresistenter Rebunterlagen beteiligt.

Biedermeiersaal, Laubengänge und Dachstock des Blankenhorn Palais‘ wurden fein hergerichtet, die Präsentation

Ein Schatzkästlein – Museum im Blankenhorn Palais, Müllheim

museumspädagogisch ansprechend gestaltet. Die Beletage im ersten Stock ist ein Schaufenster vergangener Epochen: eine Landstadt im Biedermeier, Salons mit Intarsienparkett. Eine Etage höher konnte die beachtliche Kunstsammlung vom Beginn des 20. Jahrhunderts bis zur Gegenwart sukzessive erweitert werden. Malerei und das grafische Werk des großen Markgräfler Malers Emil Bizer sind hier besonders repräsentativ vertreten – auch dank einer umfangreichen Schenkung seines Sohnes Dr. Bernd Bizer. Neben anderem zeigt das Markgräfler Museum, wie eine Weinbauregion einmal ausgesehen hat. Damals, als es Ochsenkarren und Landfrauen gab.

Neue Heimat für alte Wünsche In Nordamerikas Klein- und Mittelstädten erleben die alten Zentren nach einer langer Phase der Auszehrung eine Renaissance. Ausgerechnet im Land der langen Wege geht man wieder um's Eck, wo es lokales Obst, Buchhandels-Cafés und ein Nachbarschaftsgespräch obendrauf gibt. Gleichzeitig schließen in den USA massenhaft jene Vorstadt-Shoppingkisten, die nichts bieten, was das Internet

Feld in Orange mit Ochsenkarren – Emil Bizer, 1956

nicht auch und oft noch billiger bieten könnte. In Südeuropa wurde die gewachsene Mitte nie so vernachlässigt wie hierzulande, wo noch Jahrzehnte vergehen werden, bis Stadtplaner begreifen, was urbane Qualität ausmacht. Nochmal zum Mitschreiben: Vielfalt und Kleinteiligkeit, Kommunikation und Qualität. Wobei eine hohe Zahl an authentischen Shisha-Bars kein Qualitätskriterium darstellt.

Zu guter Letzt wäre noch manches Müllheimer Sittenbild zu erzählen, etwa wie und wo die Wohlfühlbohème korrekt und allergenfrei einkauft. Wer auf sich hält – und es bezahlen kann – bevorzugt den Premium Ökoladen *Löwenzahn* an der Bundesstraße 3, wo es genug Parkplätze für Lastenräder und Cayennefahrer*innen gibt.

Selbst Kulturveranstaltungen, Konzerte und lange Museumsnächte haben in Müllheim etwas vom Gutedel, sie sind bekömmlich und säurearm. Wem Gesundheit und Schicksal gewogen bleiben, der kann am Klemmbach auf eine fast schon provozierend angenehme Art älter und gelassener werden. Für alles andere ist ein Mittelzentrum auch nicht zuständig.

Luginsland bei Müllheim

Adressen und Hinweise

Ausgangspunkte für Touren Wer Müllheim vorübergehend betrachten möchte, kann auf der Route des Markgräfler Wiiwegle über die Aussichtsplätze an der Luginsland-Linde (Wanderwegkreuz, 337 m) und am Jägerdenkmal gehen. Das Südschwarzwaldpanorama von dort ist ansprechend. Die Sicht auf eine Landstadt, die über sich hinauswächst, eher ernüchternd. Luginsland – beim Blick ins Land wird deutlich, wie und wo sich das Markgräflerland in den letzten Jahrzehnten verändert hat. Entfernungen ab Luginsland: Jägerdenkmal 0,2 km, Auggen 2,5 km, Müllheim-Stadtmitte 2,5 km, Schliengen 7 km, Sulzburg 13,5 km.

TABERNA, Restaurant & Weinbar, Müllheim Der ehemalige Quartierstreff wurde in Küche und Service frisch aufgestellt, allein die rüschenfreie Anmutung mit blanken Wänden, Deckengewölbe und Stielgläsern auf Holz blieb erhalten. Die Pächter Tom und Catinka Birks bieten eine gemäßigte Form zeitgenössischer Crossover-Gastronomie. Die Gastgeberin hat südafrikanische Wurzeln, ihr Mann kommt aus England, beide waren international unterwegs, Brägele und Leberle gehören somit nicht zur DNA der Küche. *Casual Fine Dining* steht auf dem Etikette einer Gastronomie, die sich wenig an den klassischen Kanon hält und lieber undogmatisch kombiniert, auch fleißig püriert.

Fine dining, casual sitting – Taberna, Müllheim

Am Abend können Menüs aus einem Fundus von jeweils drei Vorspeisen, Zwischengerichten, Hauptgängen, Beilagen und Desserts frei nach Appetit kombiniert werden. Auch Barsnacks zum Wein werden flexibel angeboten. Dazu kommt ein beliebtes Zwei- oder Dreigang-Lunchmenü am Mittag.

Zur familiären Stimmung paßt der freundlich-geschmeidige Service einer routinierten Gastgeberin, die mit Leidenschaft am Werk ist. Die Teller sind optisch animierend; free & stylish kombinierte Elemente sorgen auch für aromatische Aha-Effekte. Die Anzahl der Elemente pro Gang ist für Puristen Geschmackssache, aber sicher einen Versuch wert. In der Summe bietet die Taberna ein flexibles, auf die Vorlieben der Gastgeber abgestimmtes Konzept, das in und um Müllheim ohne Alternative ist und zur Atmosphäre der Gasträume paßt; deren laute Akustik ist bei Betrieb allerdings gewöhnungsbedürftig. Wie gesagt, Holzbankgemütlichkeit, Gutedel im graden Glas, wütenden Hunger und reine Lehre suche man anderswo zu stillen. Alles andere wäre eine Frage von kulinarischer Neugier und Neigung.

Taberna Restaurant, 79379 Müllheim, Marktplatz 7, Tel. 07631-174884. ♣ Wintergarten am, gastliche Terrasse über dem Klemmbach, Mittags-Lunch, Küche abends bis 21 Uhr, Weinbar, taberna-restaurant.de; **Preise**: Mittags mittel, abends gehoben.

Vom Acker auf den Tisch – Hofladen in Zizingen

Markgräfler Museum, Müllheim Das Museumsziel zwischen Freiburg und Weil. Dauer- und Sonderausstellungen zu Kunst, Kultur und Geschichte des Markgräflerlandes auf vier Etagen und 1.500 qm Gesamtfläche im Blankenhorn Palais in der Stadtmitte, Wilhelmstraße 7, Dienstag bis Sonntag, 14 bis 18 Uhr.

Rüdlins Bauernhof Vom Müllheimer Ortsteil Vögisheim führt eine schmale Straße zur Hofstelle Zizingen, die bereits auf Auggener Gemarkung liegt. Eine kurze Landpartie vorbei an Gemüsefeldern und Wiesen, die Geflügelschar am Hühnermobil zeigt im Zweifel, wo's lang geht. Im grünen Abseits also eine beliebte Quelle für ackerfrisches Gemüse und ein recht großes Hofladensortiment; das gute Bauernbrot kommt direkt aus dem Steinofen, immer gibt es Eier von freilaufenden Hühnern, dann und wann auch frisches Schlachtgeflügel (Suppenhühner und Freilandhähnchen mit 2-3 kg Gewicht, diese vorbestellen). Zudem wirkt die Fahrt nach Zizingen anregend: der Duft von Erde, Feldfrüchten und frischem Brot weckt Lebensgeister. 79424 Auggen-Zizingen, Dorfstraße 1, Tel. 07631-2580, Mi 8-18 Uhr, Sa von 7.30-12.30 Uhr.

WARTECK, Niederweiler Das Traditionsformat Dorfgasthaus wurde in Müllheim-Niederweiler dank der Initiative des lokalen Winzers, Gutsbesitzers und obendrein Ortsvorstehers Friedrich Schneider erfolgreich wiederbelebt. Die Warteck wurde zum robusten Treffpunkt an zentraler

Ein Haus der Grundversorgung – Warteck, Niederweiler

Stelle. Vom Feierabendbier unter Kastanien über die Skatrunde bis zum Vereinsgespräch, von Vesper bis Sonntagsbraten, von Damenkranz bis Dämmerschoppen geht hier alles. Die sachdienlich möblierten Gasträume mit Holztischen und Kachelofeneck passen zum unprätentiösen Betriebslauf; anstrengend sind das grün-gelbe Licht aus Weinflaschenlampen und eine unter Volllast mitunter laute Akustik. Im ersten Stock gibt es als Extra einen großen Bühnensaal für Veranstaltungen,

Hohe kulinarische Ansprüche erlaube man sich anderswo. Die Warteck ist eine Alltagseinkehr mit Basisküche, volksnahen Preisen und ebensolcher Stimmung. Gastronomische Grundversorgung an einer Schnittstelle zwischen Kleinstadt und Dorf, wichtig und richtig.

Gasthaus Warteck, Weilertalstr. 7, 79379 Müllheim-Niederweiler, Tel. 07631-705888. ♣ stimmig-geselliger Wirtsgarten. Gästezimmer, **Preise**: günstig-mittel.

KLEMMBACHMÜHLE, Müllheim-Niederweiler Die Klemmbachmühle, erbaut 1760 als Gipsmühle, ist ein Romantiknest; drinnen mit einem Strauß von Antiquitäten nostalgisch ausstaffiert, draußen die Terrasse über dem rauschenden Bach und schattige Plätze unter einem weit auskragenden Mühlendach. Das denkmalgeschützte Anwesen wird vom langjährigen Gastgeber Dieter Supe bewußt niedertourig geführt.

Klausurgastronomie – in der Klemmbachmühle

Es gibt ein überschaubares Angebot an Vespern und kleineren warmen Speisen, die mit einer Hand abzuzählen sind und jeweils tagesaktuell auf einer kleinen Tafel angeboten oder auch nur angesagt werden, nachmittags auch eine kleine Kuchenauswahl. Die Speisen gewinnen durch die Beschränkung, was auf den Tisch kommt, paßt zum persönlichen System im Haus.

Statt konfektioniertem Allerlei also eine Nischengastronomie mit persönlicher Handschrift; der Käse kommt vom Fachhändler aus Mulhouse, die Weine ausschließlich vom Müllheimer Referenzweingut Dörflinger, das entsprechend breit vertreten ist. Insgesamt passen idyllische Lage, kompaktes Angebot und der persönliche Betriebslauf gut zusammen. Am angenehmsten wirkt die Klemmbachmühle bei Hitze als Sommerfrische am Bach, auch ein ruhiges Winterversteck am Kachelofen, niemals ein Laufsteg.

Klemmbachmühle, 79379 Müllheim-Niederweiler, Römerstraße 7, Tel. 07631-2800; klemmbachmuehle.de, ♣ sommerfrisch gelegene Terrasse mit Tischen am Bach und unterm weiten Mühldach. **Preise**: mittel.

Weingut Hermann Dörflinger, Müllheim, siehe S. 351 f. Zu Müllheim-Zunzingen und Müllheim-Britzingen, siehe Seite 279 und ab S. 283.

Laden brummt, Pinsa schmeckt – ein Schlag Italien in Vögisheim

PINSERIA DON CICCIO, **Müllheim-Vögisheim** Basis der Pinsa Romana ist ein oval ausgeformter Sauerteigfladen, der zuvor lang ruhen durfte. Die möglichen Belag-Varianten sind zahlreich wie bei einer Pizza, die lange Teigruhe, eine aromatische Tomaten-Basis, auch die krossen, kräftig ausgebackenen, vom Kneten und Ausformen auf Reismehl etwas rauhen Ränder sorgen bei der Vögisheimer Pinsa für Charakter – das Mundgefühl ist frisch und rustikal, aber nicht primitiv.

Die Karte bietet neben den Pinsa-Standards mitunter auch ein Burger-Upgrade auf Basis des Pinsa-Brotteiges, zudem gibt es eine Tafel mit Extras des Tages, vor allem aber eine gastfreundliche, quirlige Stimmung und mit Francesco Canale einen motivierten Gastgeber. Der Wirt trägt Kappe, hat seine Augen überall und turnt zwischen Küche, Bartresen und eng gesetzten Reihen, parliert und serviert. So kommt der Laden auf eine Schlagzahl, die man zuvor für unmöglich gehalten hätte. Lange Jahre war das äußerlich schmucklose Anwesen (ex Traube) gastronomisch zu vernachlässigen, jetzt brummt die Hütte an der Kurve, als gäbe es morgen keine Pinsa. Doch die gibt es hoffentlich noch lange (sofern man reserviert hat) – Forza Italia.

Ristorante, Pinseria Don Cicco, 79379 Müllheim-Vögisheim, Brunnenstraße 21, Tel. 07631-9317626, ♣ kleine Terrasse an der S-Kurve der Dorfstraße.

Blick zum Blauen – Emil Bizer, 1942

„Er nannte mir keine Gründe, sondern ging mit mir spazieren."
René Schickele, Himmlische Landschaft.

Mit Emil Bizer auf die Himmelswiese

Die Landstraße 125 von Müllheim nach Zunzingen streift zunächst ein starkwüchsiges Neubaugebiet und führt dann über eine kleine Anhöhe. Die wird von älteren Einheimischen auch *Judengalgen* genannt. Auf Wanderwegweisern und Karten des Schwarzwaldvereins bleibt die Kuppe namenlos, obwohl es sich um einen gut dokumentierten historischen Flurnamen handelt und um einen Scheitel mit Aussicht. Auch der Markgräfler Maler Emil Bizer wählte für Hochblauen-Motive häufig eine Perspektive, wie sie die Höhe zwischen Niederweiler und Zunzingen bietet.

Bizer und sein Schriftsteller-Freund René Schickele sind in den späten 1920er Jahren oft über die Feldwege zwischen Römerberg, Niederweiler, Himmelswiese und Judengalgen gezogen. 1942, als das nebenstehende Bild entstand, war Bizers Weggefährte aber schon im südfranzösischen Exil verstorben.

Sünder und Häscher Nach einer Sage aus dem 19. Jahrhundert erinnert der alte Flurname an die Hinrichtung eines Juden durch Hans Hartmann von Habsperg. Der Hochgeborene war Mitte des 16. Jahrhunderts Oberamtmann der Herrschaft Badenweiler. Über seine Amtsführung heißt es der Sage nach:

Blauenblick am Judengalgen

Als er nun eines Tags mit seinem Diener und dem Hatschier von Müllheim gegen Sulzburg ritt, gewahrte er, von der Höhe aus, den Juden, der bei Erblickung des Landvogts eilig die Flucht ergriff. Letzterer ließ ihn jedoch durch seine Begleiter einfangen und dessen Zwerchsack untersuchen, worin sich ein paar Hühner fanden, die der Jude, wie er eingestand, in Zunzingen gestohlen hatte. Da erinnerte Hapsperg denselben an seine Drohung und ließ ihn durch seine Leute ohne weiteres an den nächsten Nußbaum aufknüpfen. Dieser Platz, welcher an dem Kreuzweg liegt, wird davon noch heute der Judengalgen genannt. Nachher berichtete der Landvogt dem Markgrafen, daß er den Juden, vorbehältlich der höheren Genehmigung, habe henken lassen, und bat um deren Ertheilung. Diese erfolgte zwar, jedoch mit der Weisung, künftig die Todesurtheile nicht nach, sondern vor der Vollstreckung bestätigen zu lassen.

Blick von der Himmelswiese In Emil Bizers Wander- und Skizzenbuch, das im Markgräfler Museum in Müllheim ausliegt, finden sich auch knappe Tagebuchnotizen. Einträge zu Wetter, Himmel, Begleitung und Gesundheit gehören fast immer dazu: „Schöner Tag. Gang durch die Ebene. Noch sind die Matten

Frühling im Weinberg, aus dem Jahreszeiten-Zyklus, Emil Bizer, 1934

grün. Herbstliche Färbung. Erkältet." Emil Bizers Werke zeigen häufig einen Blick auf Felder und Weinberge der Vorbergzone, wie ihn die Hügel um Zunzingen bieten oder auch die Rebwege am Niederweiler Innerberg.

Der „Frühling" aus Bizers Vier-Jahreszeiten-Zyklus erinnert – mit Reben, Bammerthaus und blühendem Pfirsichbaum – an eine Partie beim Niederweiler Friedhof, sie beginnt nahe beim Wanderwegweiser *In den Hürsten* (322 m). Von hier sind es nur ein paar Minuten hoch zur Himmelswiese, die neben einem weithin sichtbaren Rebhäusle beginnt. Weiter bis zum Wegweiser Römerberg (425 m) geht man bei laufend zunehmender

Gehen hilft – Herbst am Innerberg

Aussicht. Die Himmelswiese liegt, wie sie heißt, das Panorama ist imposant und ein Judengalgen scheint weit. Erste Zweifel, was noch auf einen zukommen könnte, wachsen allenfalls beim Blick auf die dynamischen Müllheimer Baugrenzen.

Auch die haupt- und nebenamtlich Hochkorrekten werden sich weiter verbreiten. Ihre Widersacher werden sie nicht „henken“, jedenfalls nicht ohne Rückendeckung aus Berlin und Brüssel. Sie werden einen vielmehr subtil drangsalieren und auf Linie bringen. Von der Sprachüberwachung bis zur Bewirtschaftung von Katastrophen aller Art versuchen Wokeness-Spitzel und militante Prediger*innen, ihren moralischen Absolutismus als letzte Wahrheit zu verkünden. Moral ist ihre Religion, Ungläubige sind zu bekehren. „Geeignete Maßnahmen sind zu ergreifen“, wie es in den Dossiers der Sicherheitsorgane heißt.

Bei Verdruß am Zeitgeschehen mag ein Satz aus René Schickeles Heimatbuch Himmlische Landschaft helfen: „Er nannte mir keine Gründe, sondern er ging mit mir spazieren.“ Beim Gehen kommen einem Freunde und Gegner näher.

Nahe der Himmelswiese – Rebhaus-Pergola am Innerberg

Schneeglöckchen am Römerberg Für leidenschaftliche Fußgänger taugt auch Robert Walser (1878-1956) als stiller Begleiter. Der Schweizer Schriftsteller, Geher und ewige Sucher befand: „Entzückend schön und uralt gut und einfach ist es ja, zu Fuß zu gehen." Walser hatte es als Autor und Mensch nicht leicht. Verkannt und verarmt, unstet und einsam, hörte er als Fünfzigjähriger mit dem Schreiben auf. Nach 78 Jahren, am Weihnachtstag 1956, legte sich der gemütskranke Walser auf einem Spaziergang rücklings in den Schnee. Er starb mit ausgestreckten Armen. Einer seiner Sätze, die bleiben: „Sicherheiten dürfen nichts Starres werden, sonst brechen sie."

Beim Gehen geschieht manches von allein, man muß sich nur Zeit lassen zwischen Himmelswiese und Römerweg. Im März 1919 schrieb Walser in der Neuen Zürcher Zeitung: „Ich habe Schneeglöckchen gesehen; in Gärten und auf dem Wagen einer Bäuerin, die zu Markt fuhr. Ich wollte einen Busch davon kaufen, dachte aber, es schicke sich für einen stämmigen Menschen, wie ich bin, nicht recht, nach so zartem Wesen zu fragen."

„Geduld bringt Rosen."

Kann man Zweifel subtiler ausdrücken? Zu wem passen Schneeglöckchen? Kann ich Menschen trauen, die einen Blumenstrauß an der Tankstelle kaufen? An welcher Tür klopfe ich, wenn mein Lebenstil den neuen Sittenwächtern nicht mehr paßt? Wer beizeiten Fragen stellt, hat Vorsprung. Wichtig bleiben Gelassenheit und Zuversicht; nochmal Robert Walser: „Nur hübsch ausharren. Das Gute kommt schon. Gutes ist uns immer näher, als wir glauben. Geduld bringt Rosen. Dieser alte, gute Spruch fiel mir ein, als ich letzthin Schneeglöckchen sah."

Robert Walser öffnet mit einfach scheinenden Sätzen manches Fenster. Allerdings nur für jene, die schauen wollen. *Ein bißchen genauer hinkucken* reicht nicht. Vielleicht paßt hier auch die Ahnung, daß nur wenige Spaziergänger alle Sinne nutzen. Vielen genügt eine eingeschränkte Wahrnehmung, andere folgen einer fixen Idee. Höhenmeter, Fettverbrennung, Downhill, der Hund muß raus. Schade um die Blüten, die unterwegs erst nach und nach erscheinen.

Gehen im Sommer – mit Puder zwischen den Zehen

Lehm zwischen den Zehen Oft heißt es: „Der Weg ist das Ziel." Wer das ernst nimmt, muß genauer auf den Weg schauen. Wo Menschen sind, gibt es Wege. Wege sind humane Zeichen, sie erzählen Geschichten. Wege entstehen durch Begängnis und sie verschwinden ohne diese. Erst ist Landschaft, dann kommt der Pfadfinder, dann die Siedlung. Zwischen Häusern wachsen Jagdpfade, Feldwege, Flucht- und Marktfrauenwege, Schmugglerpfade, Liebespfade; erst viel später Spazierwege.

Jeder Weg hat Sinn und Charakter, manche Wege können sogar verführen. Zum Thema Sommer und Feldweg hat mir ein Markgräfler Landbewohner aus seiner Jugend erzählt: Auf lehmigen Feldwegen gingen die Kinder in der Nachkriegszeit oft barfuß. In der Sommerhitze bildeten sich Risse in den Wegspuren. In ausgefahrenen Furchen wurden die Lehmscherben unter Viehhufen und Wagenrädern zu Mehl vermahlen. Ein Vergnügen war es damals, barfuß in den Fahrpuren zu gehen und das puderfeine Mehl zwischen den Zehen zu spüren.

Heute schmückt sich manche Gemeinde, auch das nahe Badenweiler, mit einem Park der Sinne. Dort gibt es Barfußwege

Auch ein Stück Kultur – historisches Wegschild am Innerberg

mit Einstreu wie im Hamsterkäfig. Gleichzeitig wachsen gegenüber am Badenweiler Römerberg die schönsten Aussichtsbänke zu. Der alte Schützenweg vom Wegweiser Römerberg zur Schwärze, könnte auch ein Park der Sinne sein. Könnte, wenn dort ein paar Aussichtspunkte auf Badenweiler offen gehalten würden. Nebenbei: auch die historischen Wegweiser sind ein Kulturgut, leider rotten die Emailleschilder der ehemaligen Kurverwaltung Badenweiler vor sich hin. Ein Naturparkweg verkommt, teure Hüpfburgen haben Konjunktur. Auch eine Entwicklung.

Rote Ampeln, sanfte Monster Dem französischen Historiker Emmanuel Todd sind alle Gesellschaften suspekt, die vor einer roten Ampel bedingungslosen Gehorsam zeigen. Wer die nordeuropäische Achtung vor Ampeln kennt und die südeuropäische Lässigkeit im Umgang mit ihnen, ahnt, daß es in Europa sehr verschiedene Geschwindigkeiten gibt. Was kein Fehler sein muß, Gleichschaltung gibt es bekanntlich nur im totalen Staat.

Andererseits wird Enzensbergers *Sanftes Monster Brüssel*

Vom Innerberg (Römerberg) zur Himmelswiese

Wege und Mittel finden, Klimagehorsam, Energiebedarfsausweise, Idealgewicht und Sprache weiter zu harmonisieren. Zudem kann jede Ampel durch Gesundheitsvokabeln ersetzt werden. Der Idealmensch hat Flugscham und Bratwurstallergie, hinterläßt Fußabdrücke und fühlt sich in Muttis Laufstall am sichersten. Der Markgräfler wird Eigensinn und Gelassenheit, die einen Ackerbürger auszeichnen, noch gut gebrauchen können. Auch zur Abwehr sanfter Monster.

Adressen und Hinweise

Auf den Spuren von Schickele und Bizer läßt sich eine Runde über den Römerberg am Niederweiler Friedhof beginnen (Parkplatz; Wanderwegweiser, 299 m, Einkehr Warteck nahebei, vgl. S. 264). Am Fuß der Reben am Innerberg erinnert der Blick auf Badenweiler und den Blauen immer noch an Bizers Motive auf den folgenden Seiten.

Ausgangspunkt Friedhof Niederweiler Der Markgräfler Weinweg führt – zunächst wenige Meter asphaltiert – über die Wegweiser Auf dem Rust (317 m) entlang einer ka-

Emil Bizer, Innerberg und Blauen, ca. 1950

pitalen, bald 200 m langen Bruchsteinmauer zum Wegweiser In den Hürsten, 322 m. Am Rande: Die Mauer soll umfassend saniert werden, wg. Ökopunkten, vgl. dazu auch S. 218.

Von Niederweiler zur Himmelswiese Hürste sind verbuschte Böschungen, die hier wiederum Rain genannt werden. Feldraine gehörten früher zum Landschaftsbild wie jene Lesesteinhaufen, Einzelbäume und Ochsenkarren, die bei Emil Bizer als Motive so häufig erscheinen wie die Landfrau mit dem Kopftuch.

Vom Wegweiser Bei den Hürsten geht es auf der Route des Markgräfler Weinweges aufwärts zum 406 m hohen Innerberg, nach der prominenten Weinlage auch Römerberg genannt. Die sogenannte Himmelswiese beginnt westlich des Fernmeldemastes auf dem Innerberg, bzw. oberhalb von dem gut sichtbaren Bammerthäusle; man geht auf diesem Wegabschnitt entlang der Reben mit weitem Blick auf Blauen, Badenweiler, Rheintal und Vogesen, wie bereits auf den Seiten 272 und 277 zu sehen. Der Weinweg führt von der Himmelswiese weiter zum Wegweiser Römerberg (425 m); er bleibt ein Panoramaweg zwischen Reben und Waldrand, mit dem schönsten Blick auf den Hochblauen und Badenweiler.

Daß die Wirtschaftswege am Römerberg eine lange Geschichte ha-

Chrützweg – hier am Rosenberg bei Zunzingen

ben, sieht man am groben Bruchstein (Gestück), der als Unterbau an steileren Wegpartien verbaut wurde. Die unregelmäßigen Bruch- und Feldsteine sind längst rund getreten. In der Weghierarchie liegen solche Wege zwischen regelmäßig gepflasterten Wegen und jenen, die keinen konstruktiven Unterbau haben, oder nur einen aus losem Geröll. Darunter kommen dann jene Pfade, die allein durch Begängnis entstehen und bei nachlassender Nutzung vergehen.

Ab Wegweiser Römerberg drei Fortsetzungen: 1. Der Hohleweg führt als Talweg in 2 km nach Zunzingen (lohnend, Einkehr Krone, ein geschnitzter Wegweiser kündigt das Gasthaus an). 2. Der Britzinger Weg führt in 2,5 km über die Philippslinde (417 m) nach Britzingen (ebenfalls lohnend, schöne Wegpartie beim Austritt in die Reben oberhalb von Britzingen). 3. Der Schützenweg führt in 1,6 km als Waldpfad zum Schwärzesattel zwischen Badenweiler und Britzingen. Von dort in knapp 2 km weiter zur Burgruine Neuenfels. Zur Schwärze schöne Wegführung am Steilhang des eichenbewaldeten Römerbergs. Nahe dem Scheitelpunkt des Schützenwegs (und einer Sitzbank), ändert sich der Baumbestand auf wenigen Metern von Eiche zu Buche. Eine kleine Änderung der Hanglage genügt hier, damit die höheren Niederschlagsansprüche von Buchen erfüllt werden.

Wurstsalat, Schnitzel & Kachelofenbrot – Krone, Zunzingen

KRONE, Müllheim-Zunzingen. Die Stärke der Krone ist ihre Beschränkung. Was es nicht gibt, kann nicht mißlingen. Was in der Krone auf den Tisch kommt, hat Substanz und es paßt zum Familienbetrieb mit Tradition. Wirt Adolf und Köchin Tina Rüdlin sind seit bald 40 Jahren die Garanten der Charaktereinkehr. Dazu kommen Aushilfen, mitunter hilft auch mal der Sohn Arndt. Ewig kann es die Krone in dieser Form nicht mehr geben, es wäre deshalb fahrlässig, den Besuch auf die lange Bank zu schieben.

Es gibt Vesper mit gutem selbstgebackenem Kachelofenbrot und eine Hand voll warmer Gerichte in der Bratwurst-, Schäufele- und Schnitzelklasse, diese auf Wunsch mit einem selbst gezogenen Sößle. Dazu gibt es soliden hausgemachten Kartoffelsalat und frische gemischte Salate, die in ihrer Klarheit besonders sind. Die Vesper reichen vom Strammer Max über Hausmacher bis Münsterkäs', wobei der Wurstsalat im streichholzdünnen Feinschnitt, feinsauer angemacht, zu den stillen Spezialitäten des Hauses zählt. Der Käsesalat, auch der fulminante Specksalat kämen für Gäste in Frage, die im Aufbautraining stehen.

An Sommertagen sitzt der Gast ländlich im Hinterhof unter dem ausladenden Scheunendach, an kalten Tagen spendet der flaschengrüne Kachelofen Behaglichkeit im Sechstisch-Gastraum, der selten für alle ausreicht, also gehört das Nebenzimmer zur Krone, wie der beachtliche Zulauf.

Der Wirt macht die Rechnung – Adolf Rüdlin, Krone, Zunzingen

Beim Weinangebot existieren Alternativen zum Faß- und WG-Wein, u.a. von Dörflinger, Müllheim und Schlumberger, Laufen. Das Getränkeangebot wird um Espresso in Originalqualität bereichert. Trotz des kompakten Angebotes herrscht in der Krone bisweilen ein Andrang, als seien andernorts die Pfannen rationiert und so fragt man sich einmal mehr: warum begreifen so wenige Gastgeber, was ankommt. Komm' doch mal runter vom Gekünstle, möchte man den Akrobaten raten.

Eigenheiten gehören zu einer Charaktereinkehr, wozu auch Wartezeiten in der Hochsaison zählen, wenn der Familienbetrieb an seine Grenzen stößt. Die Zuwendung von Patron Adolf hat zwei Seiten: hokken und reden geht zugleich, hocken und laufen geht aber nicht – und dann soll er auch noch kassieren. Stammgäste haben aber einen Blick für offene Zeitfenster im Leben eines Gastwirtes.

Über alles gesehen ist die Krone eine Institution in der Klasse „solide Landschänke". Was die Zukunft angeht, wünscht man der Familie eine Lösung der drängenden Generationenfrage, mit der die Existenz der Krone unmittelbar verbunden ist.

Gasthaus Krone (Familie Rüdlin), 79379 Müllheim-Zunzingen, Tel. 07631-2984, ♣ rustikale Terrasse im Hof, krone-zunzingen.de, **Preise:** günstig.

Fuchs und Hase, Idylle und Panorama

Weinweg und Weinberg um Britzingen

Britzingen wird vom Rebland umarmt und in Britzingen beginnt auch eine besonders reizvolle Partie des Markgräfler Wiiwegle. Die gute Wegstunde zwischen Britzingen und Sulzburg gilt als Königsetappe, die Weinlagen heißen zutreffend Rosenberg und Sonnhole. Aus Süden, vom Innerberg kommend, führt einen der Britzinger Weg dorfeinwärts, aber wie: Über die Reben am Rosenberg geht es zur Schwärzestraße und zum Wanderwegkreuz Krebsmatt am Ehebach. Und stets liegt Britzingen wie auf dem Präsentierteller rebumkränzt, vom Kirchturm gekrönt, solardachgeschmückt.

Die Weinwegroute verläuft dann im Rücken des Dorfes: bald beginnt ein federnd weicher Wiesenweg, der ebenfalls zu den zarteren Passagen des Wiiwegle gehört. Im Sommer könnte man hier im kurzen Gras auch mal barfuß gehen.

Lebenslinien am Weg: So zwanzig, dreißig Jahre dauert es, bis man die richtigen Schuhe am Fuß hat, und nochmal so lange, bis man sie an einem passenden Ort wieder ausziehen kann. Um Britzingen ginge das ganz gut, an einem Winkel zwischen Sonnhole, Bergsmatte und Muggardter Berg. Hinter wilden Hecken dösen Schuppen und Holzbeugen; Gärten im

Rebumkränzt – Britzingen

Wechsel mit Obst- und Mähwiesen. Am Wegkreuz Sonnhole geht es hoch zu einem Panoramaweg, der nicht nur so heißt. Die Route verläuft an den Bergsmatten entlang blütenreicher Magerwiesen, auch ein Abstecher hoch in Richtung Wegweiser Tannwald lohnt sich.

Britzingen, Sonnhole, Bergsmatten: im Frühjahr Orchideen und Obstblüte, im Herbst Weinlese und Farben wie im Malkasten. Unten windet sich die Badische Weinstraße durch das Schatzkästlein am Oberrhein. Zumindest von oben sieht das gelobte Land noch aus, als sei nichts gewesen in den letzten drei Jahrzehnten. Selbst Neubaugebiete wirken vom Britzinger Waldrand aus betrachtet fast niedlich. Genießen Sie zunächst das Panorama, ab Seite 289 schauen wir dann etwas genauer auf die Landschaft.

Ein Tisch am Weg Verborgen hinter Rebhügeln erscheint der Weiler Muggardt, ein wenig Krähwinkel, ein bißchen Galeriestimmung und Lebensfindung. Keine hundert Einwohner, eine Dorfstraße, zwei Brunnen, ein Atelier, gepflegte Hausgärten.

Wiiwegle und Bettlerpfad führen mitten durch das romanti-

Treffpunkt der Agendagruppe Muggardt

sche Tälchen. Wenn das Wort von der versteckten Idylle irgendwo paßt, dann in Muggardt, am Bach lang. Auch die Einwohner schauen hier etwas anders als in der Vorstadt. Der Wanderer wird hier nicht beargwöhnt, sondern betrachtet.

Leider ist der Weiler schon lange gasthausfrei, was bei der Lage besonders schmerzt. Ein Traum, wenn in Muggardt ein aufrechter Landgasthof an der Biegung des Bettlerpfades liegen würde. Aber daraus wird nichts mehr, für das längst geschlossene *Café Sacher* fand sich seinerzeit kein neuer Gastgeber.

„Es will doch keiner am Sunndig schaffe", sagt mir ein Muggardter, der Laub vor seiner Hofeinfahrt zusammenkehrt. „Sind die Menschen am Sonntag jetzt zufriedener, mit ihrer Freizeit", frage ich zurück. „Hesch au wieder recht." Dialektik am Wiiwegli. Außerdem hat ein guter Mann von Muggardt eine massive Holzbank auf sein Anwesen gestellt, ein Dachstuhl drüber gezimmert und ein Schild geschnitzt: „Muggardter Schdammdisch". Ein kommunales Sitz- und Schwätzangebot seit vorne im Café Sacher „s'Loch zu isch," wie man in Muggardt auch sagt.

Höhe gewinnen – Markgräfler Weinweg am Muggardter Berg

Ein Tisch als Angebot an jene, die des Weges kommen. Eingeborene, Wanderer, Zugezogene. Es gibt Bürgerforen und Agendagruppen sonder Zahl. Man kann als freier Bürger aber auch einen Tisch an den Weg stellen und den Dingen ihren Lauf lassen. Die Abteilungsleiter werden jetzt fragen, ob es an diesem Tisch auch etwas zu trinken gibt und wenn ja, wann und zu welchem Preis. Das Leben antwortet: wer würdig ist, findet einen Tisch. In Muggardt und sonstwo.

Kein Gasthaus, aber viel zu sehen: Ausgerechnet in Muggardt wirken manche Gärten, als hätte sie ein Designer arrangiert. Ausrangiertes, Blechgießkannen, Kompostmieten, krumme Beete, gepflegte Unordnung, bloß keine klare Kante. Falls den Landlust-Fotografen mal die Ideen ausgehen, in Muggardt gibt es noch genug Motive. Allein schon, wie die kapitale Bruchsteinmauer vom Ort hoch zum Wanderparkplatz an der Muggardter Höhe führt, ist eine Sehenswürdigkeit. Heute fahren wir zum Wandern hoch, Generationen gingen hier zur Arbeit.

Auch das Bammerthäusle auf der Muggardter Höhe war

Kanne leer – Herbst im Garten

einmal Arbeitsplatz und Wetterschutz. Der Bammert war ein Rebwart zur Abwehr von Vögeln, mit und ohne Federn. Auch das Muggardter Häusle liegt so begnadet im Land, als kämen bald welche vom Film vorbei. Wenn die Pfirsichbäume dort oben blühen, beginnt der Frühling im Markgräflerland.

Vom Rübengarten zum Blumengarten Bauerngärten, wie wir sie heute sehen, mitunter auch verklären, sind kein altes Kulturerbe. Sowenig wie Rabatten und blühende Hofeinfahrten. Die Bauerngärten auf dem Land waren ursprünglich der Not gehorchende Kraut- und Rübengärten. Blumen, Ästhetik und all die netten, mitunter auch albern-dekorativen Elemente kamen erst viel später, als Städter auf's Land zogen.

Der idealisierte Bauerngarten von heute ist eine Vermischung unterschiedlicher Stile: in einer ersten Zuzugswelle brachten Ärzte, Lehrer, Pfarrer und Studierte ihre Vorstellungen vom Guten und Schönen aufs Land; in der Stadt ausgebildete Gärtner brachten neue Sorten und Kulturmethoden mit.

 Blick vom Bammerthaus am Muggardter Berg

Herbst im Rebland – Britzingen und Hochblauen

Es kam zur Verschmelzung ländlicher Elemente wie Nutzpflanzen und Kräuter mit städtischen Zierpflanzen und Exoten.

Generationen danach fand schließlich die Sprache der Innerlichkeit den Weg in badische Hausgärten. Das Klangspiel der Asienfahrer, Anti-AKW-Wimpel, auch der gepflegte Nonkonformismus der Muggardter Gärten sind nur Beispiele unter vielen. Da und dort wehen tibetische Gebetsfahnen in Markgräfler Gärten, die sowenig Bauerngärten sind, wie die Dörfer noch Bauerndörfer sind.

Hügel in weichem Licht Weg und Landschaft finden auf dem Wiiwegle nicht überall so harmonisch zueinander wie zwischen Britzingen und Sulzburg. Die Vorbergzone liegt wie ein ausgerollter Motivteppich vor einem.

Bei allem Liebreiz ist das Markgräflerland natürlich keine deutsche Toskana. Wenn an dem einfältigen Vergleich etwas einleuchtet, dann ist es die ähnliche Wahrnehmung der Landschaft. Beide Regionen bieten Abwechslung auf überschau-

Rote Stunde bei Muggardt

barem Raum und Gefälligkeit auf den ersten Blick, solche Szenarien erscheinen uns anmutig. Beide Regionen wurden in Jahrhunderten aber mehrfach umgegraben, gestaltet und verändert. So entstanden Kulturlandschaften befreit vom Extremen, zugängliches Land, ideal für Bewirtschaftung und Bewanderung.

Anders als im Gebirge, in Steppen oder am offenen Meer muß sich der Betrachter weder in der Toskana noch im Markgräflerland seine Bilder selbst erschaffen. Es braucht keine ästhetische oder assoziative Phantasie. Man sieht eine strukturierte Kulturlandschaft, Harmonie und Geborgenheit bei mäßiger Offenheit. Schönheit, die ohne Begründung wirkt.

In der Markgräfler Hügellandschaft wird die Geometrie der Felder und Rebberge von Einzelelementen betont. Baumsolitäre, die gelben Säulen der Pappeln im Herbst, die massigen Kirchtürme von Britzingen, Betberg, Laufen und St. Ilgen. Der Hintergrund gerahmt von den Vogesen, weich gezeichnet vom

Dunst im Rheintal. Nur das Kernkraftwerk Fessenheim paßt nicht ins Bild, aber auch hier Versöhnliches. Die Anlage wird seit 2020 vom Netz genommen und rückgebaut.

Ideal und Realität Auch die idealisierte Toskana bietet einen steten Wechsel von Geometrie und Akzent bei überschaubarer Ausdehnung. Wobei die oft bemühten Zypressen in der Toskana sowenig heimisch sind, wie manches mediterrane Accessoire hierzulande.

Ähnlichkeiten bei landschaftsprägenden Elementen sind ohnehin nur zufällig: Walnuß- und Obstbaumsolitäre, die im Markgräflerland ein Bild bestimmen können, haben in der Toskana keine Entsprechung. Die Olivenbäume stehen dort in Hainen. Die klaren Hausformen toskanischer Gehöfte haben die städtische Renaissance-Architektur wie in Siena und Florenz zum Vorbild. Historische Höfe im Markgräflerland orientierten sich an der ländlichen Notwendigkeit, jedenfalls nicht

Milde Sorte – Spätherbst bei Sulzburg

an urbaner Eleganz. Unter dem Torbogen einer Markgräfler Einfahrt mußte der beladene Heuwagen durchkommen, die hohen Steintreppen der Laufener Winzerhöfe dienen nicht der Repräsentation. Die Weinkeller waren so hoch, daß eine Treppe den höhergelegenen Wohnraum erschließen mußte.

Bekanntlich gibt es von der Uckermark („Toskana des Nordens") bis zum Kraichgau („Badische Toskana") ein Dutzend deutsche Provinzen, die mit fremden Federn werben. Im Fall des Markgräflerlands gelten mildernde Umstände. Wer an einem hellen Herbsttag im Rebland zwischen Britzingen und Sulzburg unterwegs ist, weiß warum.

Keine Landschaft ohne Narben Das Romantische ist freilich nur ein Aspekt der Landschaft. Ebenso wichtig ist der historische Prozeß, der ein Land formt und verformt. Aus historischer Sicht gibt es keine ideale Landschaft, sondern nur den steten Wechsel. Gleich welche Päpste, Vögte oder Weltenretter gerade das Sagen haben, jede Art der Nutzung bleibt eine Episode in der dynamischen Entwicklungsgeschichte von Landschaft.

Wein macht Landschaft – Reben bei Muggardt

Auch der ruhigste Winkel einer Kulturlandschaft, die verwachsene Wegspur, die verfallende Trockenmauer ist Resultat eines Gewitters von natürlichen Einflüssen und menschlichen Motiven. Erosion, Rodung und Besiedlung zerstörten nicht nur, sie gestalten auch. Von einer Obrigkeit verwaltetes Land hat andere Grenzen und Wege als das Mosaik kleinbäuerlicher Landwirtschaft. Wo Vollernter verkehren, sind Weinbergpfirsiche und bewachsene Randstreifen ein Störfaktor.

Die Handlese aus Kleinlagen, der Apfelsaft aus Streuobst schmeckt nicht nur anders, solche Produkte prägen auch eine Landschaft. Schützen durch nützen, Konsum kann Landschaft erhalten. Wobei modischer Verzicht nicht immer zur anmutigen Landschaft führt. Tofu statt Fleisch, Funktionsjacke statt Wollpullover, heißt weniger Erlös bei Schafhaltung und Weidewirtschaft, was letztendlich zum Verbuschen und Zuwachsen ganzer Landstriche führt. Das Moralin derer, die keine Tiere essen mögen, garantiert noch keine abwechslungsreiche Kulturlandschaft. Das Markgräfler Hügelland sähe anders aus, wenn Abstinente und Veganer das Sagen hätten.

Landschaft blüht und vergeht – bei St. Ilgen

Energiewende heißt Landschaftswende Auch die im zentralbeheizten Deutschland so beliebten Urwälder haben indirekt zu einer historischen Ernährungskrise beigetragen. Weil große Säugetiere unter dem dicht geschlossenen Dach von Baumkronen kein Futter mehr fanden, kam den Jägern von damals die fette Beute abhanden. Ein paar tausend Jahre, Hungerkrisen und Ideallandschaften später, konnten die Maler der Romantik den anmutigen Zauber von Waldweiden idealisieren: auf Jäger folgten Waldbauern, die Holz nutzten und Vieh in die Wälder trieben. Eine neue Form der Weidewirtschaft entstand, die ebenso zu einer besonderen Landschaft führte wie der Obstbau, wie der technisierte Weinbau des 21. Jahrhunderts.

Noch vor 50 Jahren produzierte ein Landwirt Lebensmittel für 14 Menschen, heute für 140. Die ländlich-bäurische Prägung des Markgräflerlandes durch kleine Feldschläge in der Ebene und Wein- und Obstkulturen am Hang hat sich mit diesem enormen Strukturwandel flächendeckend verändert. Wo noch unbebautes Land bleibt, prägen großflächige Sonderkulturen (oder wachsende Baugebiete) die Ebene, wo das Hügelland maschinenbearbeitbar ist, steht Wein und Obst, der Rest verbuscht und verwaldet. Subventionierte Restflächen dienen der Weidewirtschaft oder als Öko-Brache.

Ob man beim Maisanbau von einer Kulturlandschaft sprechen kann, ist eine andere Frage. Bei der Biomasseproduktion

Weinbau ist Landschaftsgestaltung – um Laufen

geht es stets um Subventionsschöpfung, die ganze Landstriche verändert hat. Heute dient ein Viertel der deutschen Maisanbaufläche der Energiegewinnung, womit auch die Phrase von der *Grünen Energie* eine neue Dimension bekommt. Als Folge der Energiewende sind die Pachtpreise für Ackerland in zehn Jahren um 50 % gestiegen. Die agrarindustrielle Bewirtschaftung der Rheinebene reicht längst bis in die Vorberge. Der neue Landwirt ist Unternehmer, promoviert in Subventionsmanagement. Ober sticht Unter, mit und ohne Bio-Siegel. Getrieben von der Energieplanwirtschaft verändert die Agrarindustrie das Land mehr als Generationen konventionellen Landbaus davor. Für Nostalgiker bleiben Symbolprojekte, alles wie gehabt.

Die Weite des Wanderers All das und manches mehr kann einem durch den Kopf gehen, auf der Einstunden-Etappe des Weinweges von Britzingen nach Sulzburg. Eine Landschaft ändert sich aber nicht nur optisch, manchmal begegnen einem knatternde Quads zwischen der Muggardter Höhe und dem Castellberg. Seit Robert Walser wissen wir aber, alles ist auch sein Gegenteil. Und die Stille nach einem Quad ist vielleicht die schönste.

Der Wanderer hört in der Stille am weitesten, sein Horizont dehnt sich aus. Soweit ich höre, gehört der Raum zu mir. Das erfährt der Wanderer aber nur unterwegs. Der Markgräfler Weinweg führt im Bild oben über beide Seiten.

Eine kulinarische Burg – der Hirschen in Britzingen

Adressen und Hinweise

Touren am Wein Es gibt kaum eine ansprechendere Passage auf dem Markgräfler Weinweg als die fünf Kilometer zwischen Britzingen, Muggardt und Sulzburg. Das Wiiwegle (partienweise auch der Bettlerpfad) führt auf halber Höhe durch die Vorbergzone, häufig mit Panorama auf Rheintal und Vogesen. Man bewegt sich hier auf einer Markgräfler Ideallinie, harmonischer wandern geht fast nicht.

Ausgangspunkte ab Britzingen Wanderwegweiser in der Dorfmitte (dort: WG, Hirschen, Dorfcafé & Laden); weitere Wegweiser nahe der Schwärzestraße nach Badenweiler (Krebsmatt/Sonnhole). Wer länger gehen möchte, nimmt die schöne Partie über Innerberg/Römerberg dazu und startet bereits beim Wegweiser am Niederweiler Friedhof, vgl. S. 277f ; von dort sind es dann 4 km bis Britzingen, bzw. gut 9 km bis rüber nach Sulzburg;

Weinweg ab Muggardt Ein guter Ausgangspunkt für die Partien bis Staufen wäre auch der Weiler Muggardt bei Britzingen. Wanderweg-

Abendservice erledigt – Martin Schumacher, Hirschen Britzingen

weiser Kleematt an der Straße nach Muggardt, oder am Wanderparkplatz Muggardter Höhe (406 m) am Ende der Dorfstraße.

HIRSCHEN, Britzingen. Der Hirschen ist ein Ziel, das einen Umweg lohnt, man sieht das schon an den Limousinen der Gäste – die begehrten Tische werden allerdings nicht nach Hubraum vergeben. Der Montagsstammtisch vom Turnverein genießt alte Rechte, ebenso manche eingesessene Runde anonymer Kulinariker. Da keine Wartelisten geführt werden, hilft oft nur wiederholter Anlauf oder man versucht es auf gut Glück. Man habe Geduld und respektiere die Lokalregeln, wie das bei Institutionen üblich ist. Fester Charakter und gekonntes Handwerk zeichnen den Hirschen als Landgasthof aus, selbst mediale Lobeshymnen konnten den Wesenskern des Hauses bislang nicht schädigen. Es gibt wenige Häuser im Südwesten, die so zuverlässig auf Kurs bleiben.

Faßwein und Turnverein also, Gans, Spargel, Forellen, Filets, Cordon bleu und Wild, im Haus gereifter Schinken und Schlachtplatte – und alles geht gut zusammen und paßt gut zu einem Familienbetrieb in konventionell-gemütlichen Wirtsräumen.

Martin Schumacher ist dabei mehr als ein Küchenchef, denn er lebt jenen gewachsenen Qualitätsbegriff, von dem heute alle reden, nach dem freilich die wenigsten handeln. Seine Sachen machen so gut es geht. Was sich einfach anhört, ist hier gelebte Praxis. In den Reben,

Großer Bahnhof – einparken mit 4 PS am Hirschen in Britzingen

von denen er als Vollzeitkoch nicht lassen kann, beim Wild und bei den großen Stücken, die er selbst verarbeitet, vom Schwanz zur Schulter, mindestens. Neben dem Showgewerbe, das Gastronomie andernorts geworden ist, wirkt Schumacher wie ein souveräner Handwerksmeister. Erfahrung + Können = feinbürgerliche Küche. Besonders für präzis zubereitetes Fleisch hat Schumacher ein Händle. Manches Stück vom Weiderind, ein Kotelett oder auch das Wild aus Britzinger Jagd kommt hier so präzise auf den Teller, wie wir es in hochklassigen Häusern gerne hätten.

Nie klingt die Hirschenkarte exaltiert, eher erwartbar, sie bietet keine Wunder, bringt mitunter auch Gassenhauer wie Rindsroulade, Kalbfleischküchle und Rahmgulasch; natürlich auch saisonale Schwerpunkte wie Spargel und Gans. Den Wunsch nach Kreationen oder Trendgerichten muß man anderswo stillen, bei Standardpositionen wie Schnitzel und Filet ist der Hirschen eine Bank. Auch die Suppenschüssel steht fest auf dem Tisch, das Cordon bleu hat einen Ehrenplatz.

Unter den kalten Vespern fällt der Schinkenspeck von der eigenen Sau auf, hauchdünn aufgeschnitten ist er eine delikate Vorspeise für alle, die bei einem Fettrand nicht in Deckung gehen. Zu den festen Werten des Hirschen zählt der glänzende, lauwarme Kartoffelsalat ebenso wie die goldbraunen Brägele, die zur S-Klasse im Markgräflerland gehören. Das Flaschenweinangebot ist voll befriedigend, auf der Karte stehen

Neue Mitte – Dorfladen-Café, Britzingen

die Genossenschaft nebenan sowie namhafte Privatgüter der Region. In der Summe sind es aufrichtiges Handwerk und Verlässlichkeit, die das Haus zur kulinarischen Burg machen. Für alle, die rechtzeitig reservieren oder vom Turnverein kommen.

Hirschen (Fam. Schumacher), 79379 Müllheim-Britzingen, Tel. 07631-5457 (unbedingt reservieren). Gästezimmer, **Preise:** mittel.

Dorfladen und Café Das Britzinger Dorfcafé ist ein – in weiten Teilen geglückter – Versuch, einen genossenschaflich organisierten und bewirteten Treffpunkt im Dorf zu etablieren. Dazu wurde ein denkmalgeschütztes Anwesen in zentraler Lage vor wenigen Jahren umfassend und ansehnlich saniert, es bietet einen Einkaufsladen inklusive Cafébetrieb mit gut 20 Sitzplätzen; es gibt Frühstück, kleine Vesper, Flammkuchen, die frische Suppe des Tages, eigenen Kuchen, Torten etc. Der atmosphärische Freisitz im Innenhof unter der Kastanie könnte der richtige Ort für eine Etappe auf einer Weinweg-Wanderung sein, lokalen Proviant gibt es im Laden-Café, für Lokalkolorit sorgt die belebte Markgräflerstraße vor dem Hof. Ein nützliches Format, viele Impulse und neues Leben in der Dorfmitte.

Dorfladen und Café, Ortsmitte, werktags ab 7.30 Uhr, am Sonntag Brötchenverkauf, ♣ großer Innenhof mit genug Schatten, Tel. 07631-749 01 70.

Alle Wege führen in den Garten: Gärtnerei Gräfin von Zeppelin

16

Landlust in Laufen

Allein, wie die Landstraße 125 nach Laufen führt. Gleich aus welcher Richtung, Weinberge flankieren die Zufahrt. Auf der Ortsdurchfahrt, die zutreffend Weinstraße heißt, reihen sich die Haltepunkte. Obst in Innenhöfen, eine Staudengärtnerei, größer als mancher städtische Marktplatz, ein Hofladen im Gewölbekeller. Landlust zum Mitnehmen.

Der Reihe nach von Süden kommend: Vom Demeter Hofladen sind es nur ein paar Meter zur Vollwert-Schreinerei von JONNY BRÄNDLIN, wo Markgräfler Walnuß- oder Kirschstämme zu Eßtischen werden. Kapitale Stücke, an denen Generationen Platz haben, wenn sie denn Zeit zu einem gemeinsamen Essen finden.

Nur zwei Schwünge der Weinstraße weiter das VDP-Weingut SCHLUMBERGER-BERNHART, fein und familiär, eine Referenz im Land. Gleich gegenüber Gemüse und Erzeugerprodukte im Gewölbekeller, dann ein Radatelier für Reparatur und Veredlung von Rennmaschinen. Wenig weiter wieder ein Hofladen, dessen Tomatensortiment einen kleinen Sommerausflug rechtfertigt – eine Ortsmitte als Schaufenster. Zusammenfassung: es gibt Ortsdurchfahrten mit dem Charme eines Tunnels und es gibt Dörfer, in denen man gleich mehrmals anhalten könnte, sollte.

Blühende Landschaft – am Weinweg bei Laufen

Made in Markgräflerland Und dann käme mit der Staudengärtnerei GRÄFIN VON ZEPPELIN noch ein Höhepunkt. Eine in Generationen gewachsene Institution, über deren immense Sortenfülle, Raritäten und einladende Lage das meiste schon -zig mal geschrieben wurde.

„Im Garten wächst mehr, als man gesät hat", heißt es in England mehrdeutig. In nachmodernen Zeiten ist das Schwarze unter den Fingernägeln längst zu einem Distinktionsmerkmal geworden. Deshalb wachsen in einer Gärtnerei nicht nur Pflanzen. Noble Schwielen dürfen gerne im Umgang mit einem handgeschmiedeten Spaten erworben sein, der Strohhut sollte zur Schürze passen, auch der Hund braucht dann und wann was Neues. Wir ahnen auch in Laufen, die Unschuld vom Lande war einmal.

Vor Jahren wurde die Gärtnerei um einen geräumigen Glaspavillon erweitert, mit LILIEN CAFÉ, großer Freiterrasse und einem Garten- und Fachbuchsortiment, das auch einige augenzwinkernde Kompendien bereit hält. Und natürlich gibt es auf einer Garteninsel, auf der sich Schönes und Nützliches so

Im Reich der Pfingstrosen – Staudengärtnerei Gräfin von Zeppelin

trefflich befruchten, ausgesuchtes Handwerkszeug, sowie ein Sortiment an Devotionalien.

Blüten und Brücken Das Pflanzensortiment wird außerhalb des fast 500 Quadratmeter großen Verkaufs- und Café-Pavillons präsentiert, alle Stauden stehen im Freiland auf vier Hektar weiten Südhängen oberhalb vom Laufener Kirchturm: 2.500 winterharte Gartenpflanzen, darunter 500 Sorten Schwertlilien, 300 Taglilien, 200 Pfingstrosen, 60 Türkenmohnsorten und mancher rare Blütentraum. Dazu kommen saisonale, botanische und optische Themenarrangements. Mehr über die einzigartige Sortimentsbreite und parkweite Präsentation der Staudengärtnerei Gräfin von Zeppelin zu schreiben, hieße, Lilien nach Laufen tragen.

Auf einem ihrer letzten Ausflüge besuchte meine Mutter die Staudengärtnerei Gräfin von Zeppelin zusammen mit einer Freundin. Mutter schenkte ihrer fürsorglichen Begleitung damals eine zartrosa blühende Pfingstrose für deren Garten. Die Pfingstrose blüht Jahr für Jahr und die Erinnerung blüht auch. Manchmal werden Blüten zu Brücken.

Landmarken in Laufen – Staudengärtnerei und Kirche St. Johannis

Dorfläden und Aktivmärkte Das reiche Sortiment an Laufens Weinstraße ist auch deshalb bemerkenswert, weil einige Dörfer längs der Weinstraße ihre Funktion als Einkaufsort praktisch verloren haben. Daran ändern auch einzelne Dorfläden wenig. In Staufen-Grunern gibt es eine erfolgreiche Initiative, auch der Laden in Britzingen hat sich etabliert. Die Entwicklung zu Convenience aus dem Aktivmarkt kann freilich kein Dorfladen aufhalten. Trotzdem bleibt jeder Versuch wichtig, die produktive Vielfalt der Region zu erhalten.

Weiter im Süden, längs der Bundesstraße um Auggen und Schliengen, ist der Prozeß der innerörtlichen Auszehrung fast abgeschlossen. Am Ortsrand hängen Netto und Penny am Kreisel, in der alten Mitte Leerstand, Nagelstudios und ambulante Pizza.

Auf dem freien Feld zwischen Laufen und Ballrechten-Dottingen gibt es auch einen schön bunten Edeka-Aktivmarkt. Die Leute gehen gerne hin, das Personal ist freundlich, das Sortiment breit, ein Hähnchenmobil wartet auf dem Parkplatz. Neben den üblichen fünfzig Yoghurtsorten bietet die Kühl-

Erste Lage an der Weinstraße – Weingut Schlumberger-Bernhart

theke auch Veggie-Gyros und fleischfreie Schnitzel. So erfährt man zum sozialen Stand der Dinge bei Edeka mitunter mehr als in mancher Studie. 2,99 Euro Schnittblumen aus fernen Ländern gibt es dort natürlich auch, Laufener Pfingstrosen nicht. Die gedeihen exklusiv in der Staudengärtnerei, quellfrischen Schlumberger Gutedel und reife Ochsenherzen gibt es ebenfalls nur direkt beim Erzeuger.

Staudengärtnerei Gräfin von Zeppelin, Lilien Café, 79295 Sulzburg-Laufen, Tel. 07634-69716. Kultiviert werden ca. 2500 winterharte Stauden, Schwerpunkt Prachtstauden, Versandkatalog im Fachbuchstil, Buchhandlung im großzügigen Verkaufspavillon, Themen- und Sonderveranstaltungen, ♣ Lilien-Café mit Freiterrasse; staudengaertnerei.com.

Schreinerei Jonny B. Spezialität sind klar und sauber gearbeitete Teile aus heimischem Massivholz, das der Kunde im Lager selbst aussuchen kann. Stilistisch überzeugende Arbeit, motivierte Leute, gute Beratung. 79295 Sulzburg-Laufen, Tel. 07634-69059; jonnyb.de.

Rad Unikat, Philipp Lanz, Praxis für (Vintage-) Rennräder und Zubehör, Weinstraße 18, Tel 0176-81629411; rad-unikat.de.

Privatweingut Schlumberger-Bernhart, Weinstraße 19, vgl. S. 383.

Ein gemütliches Städtle abseits großer Straßen

17

Im Grenzland um Sulzburg

Das Markgräflerland kennt keine exakten Grenzen, weder historisch, noch geographisch. Jenseits einer Linie Sulzburg-Heitersheim, spätestens nördlich vom Eschbach, ändert sich aber die Markgräfler Landschaft. Die Vorberge werden flacher, der Blick weiter. Die Staufener Bucht kommt ins Bild, der Breisgau beginnt – es heißt ja auch *Staufen im Breisgau.* Da ist zwar kein schroffer Übergang, aber eine Akzentverschiebung. Selbst Markgräfler Eigennamen klingen im Norden anders: Nahe der Schweizer Grenze heißt es auf Wegschildern Wii-Weg*li,* nördlich von Müllheim wird daraus das Wii-Weg*le.*

Markgräfler Linien reichen zurück bis ins 15. Jahrhundert, aber sie sind nicht trennscharf. Die Vereinigung der mittelalterlichen Herrschaften von Badenweiler, Sausenburg und Rötteln gilt zumindest als ein möglicher Geburtsakt der Region. Ein eindeutig umrissenes Territorium oder gar einen eigenständigen Kleinstaat namens Markgräflerland gab es aber zu keiner Epoche in der Geschichte des Landstrichs. Sowenig wie es ein allseits akzeptiertes städtisches Zentrum im Markgräflerland gab oder gibt; indifferent bleiben die Markgräfler Grenzen bis heute.

Geographen, Linguisten, Lokalpolitiker, Winzer und Weinfreunde – jeder definiert sein Markgräflerland nach Gusto.

Hier kommt jeder durch – Sulzburgs Stadttor

Mit dem Rheinknie hat das Markgräflerland im Südwesten immerhin eine klare Grenze. Im Norden ist es anders: Staufen liegt im Breisgau, gehört für manchen aber noch zum Club, wenigstens *a weng*. Auf dem Batzenberg, in Ebringen, noch in Freiburg-St. Georgen wächst Gutedel, also kann das Markgräflerland nicht weit sein. Über das sagen Geographen sogar, es reiche bis an den Kaiserstuhl. Sulzburg, soviel ist sicher, liegt nicht weit außerhalb des Markgräflerlandes.

Blühen und Verblühen Sulzburg, die ehemalige Bergbausiedlung hat sich zum lauschigen Kleinstädtle gemausert. Der mit weitem Abstand größte Arbeitgeber Sulzburgs heißt HEKATRON. Die zur Schweizer SECURITAS GRUPPE gehörende Firma produziert Brandmeldesysteme, wächst und wächst, stört aber nicht weiter. Angefangen hat die regionale Firmengeschichte in der leeren Ernst-Leitz-Schule, heute produziert Hekatron mit gut 800 Mitarbeitern keine Abgase, sondern Rauchmelder.

Die Kleinstadt Sulzburg hat gerade mal 1.800 Einwohner, mit St. Cyriak eine frühromanische Kirche, mit Hekatron einen

Standfest – frühromanische Kirche St. Cyriak, Sulzburg

Hidden Champion, auch ein paar kleinere Ateliers, ein beachtliches Gästehaus mit Vergangenheit und zu guter Letzt mit dem *Hirschen* das Gourmetlokal im Südwesten. So wird eine Sulzburger Städtlerunde zum kontrastreichen Themenpfad.

Hinter Sulzburgs Mitte beginnt der hohe Schwarzwald, das Tal wird eng und enger, beim *Waldhotel Bad Sulzburg* wird der Sulzbach zur Klamm. Die Talschlußlage ohne Durchgangsverkehr wirkt sedierend und zeitfern; aber auch schon in den Läden um den Marktplatz gibt es müde Schaufenster. Dennoch hat der kleine Stadtkern noch etwas von der gewachsenen Struktur, die andere Gemeinden gerne hätten oder verkrampft herbeiplanen. Mit albern möblierten Fußgängerzonen und Brunnen, aus denen „Kein Trinkwasser" tröpfelt.

Unterwegs im Städtle Im Sommer hat Sulzburg etwas Anregendes, die Wege kreuzen sich im Städtle, man kennt und grüßt sich. Eine Bäckerei gibt es noch, die Apotheke sieht aus wie eine Apotheke, am Freitagvormittag ist Markt, Gemüse und Lokalnachrichten.

Geburtshaus einer Legende: Ernst Leitz' Elternhaus (vor Sanierung)

Aus der frühen Blütezeit Sulzburgs sind ein paar ansprechend renovierte Stadthäuser und Villen mit verspielten Laubsägegiebeln und dekorativem Fries erhalten. Eine zweite Blüte erlebt auch das denkmalgeschützte Geburtshaus der Kameralegende Ernst Leitz. Über lange Jahre war die verwahrloste Liegenschaft ein lokalpolitisches Sorgenkind. Dies, obwohl das ehemals klösterliche Anwesen direkt neben der Kirche St. Cyriak steht, die zum historischen Inventar der Stadt gehört. Die tausend Jahre alte, frühromanische Kirche ist einer der ältesten Sakralbauten im Land.

Ernst Leitz wurde als Sohn einer Lehrerfamilie 1843 in Sulzburg geboren, bereits mit 22 Jahren war er Teilhaber der später zur Weltmarke aufsteigenden Werkstätte in Wetzlar. Der eigentliche Welterfolg der Firma, die Serienfertigung der legendären Leica-Kleinbildkameras in den 1920er Jahren, fällt aber in die Zeit seines gleichnamigen Sohnes. Durch die Initiative der Laufener Winzerfamilie Schlumberger-Bernhart wurde das hinfällige Baudenkmal zum feinen Gästehaus *Dormitorium*. Wo vor Jahren noch Putz blätterte, beginnen nun Ferientage mit Morgensonne auf der Frühstücksterrasse (vgl. S. 324).

Alte Substanz, neue Herberge – Dormitorium im ehem. Leitz Haus

Vom Hirschen ins Himmelreich Sulzburg liegt im Tal des Sulzbachs wie in einer Wiege, auch die handliche Altstadt bietet Geborgenheit. Im bürgerlichen *Rebstock* wird der Wurstsalat seit jeher „mit farbenfrohen Rohkostsalaten umlegt". Am Marktplatz steht ein sehr rustikaler Weinbrunnen, von dem es heißt, er gehöre zum Inventar wie das Stadttor.

Kein Steinwurf entfernt vom Sürpflerbrunnen die kulinarische Hochburg *Hirschen* (S. 321), wo auch umlegt wird, aber nicht mit farbenfrohen Salaten. Über alles gesehen bietet Sulzburg kleinstädtische Kontraste wie selten im Markgräflerland, eigentlich fehlen nur noch Fachgeschäfte für Klangschalen und Duftkerzen. Kanderns Kernstadt, ebenfalls mit Bergbaugeschichte, ist in mancher Hinsicht ähnlich, aber auch belebter und dynamischer.

Ein Bummelant könnte in Sulzburg durch stille Gassen ziehen und dem Sulzbach folgen. Danach vielleicht auf einem Panoramaweg durch die Reben jenes Buckels, der abwechselnd Kastelberg oder Castellberg genannt wird. Namen und Begriffe ändern sich mit der Zeit, die markante Kegelform des 440 m hohen Burgberges und der Weinbau ebendort bleiben.

Aufwendige Restauration – Trockenmauern am Castellberg

Man könnte auch vom Dormitorium bei der Kirche St. Cyriak auf der Route vom Bettlerpfad hoch in Richtung Himmelreich gehen. Der Name trifft die Verhältnisse: der kleine Schloßberg am Fuß der Burghalde ist einer jener Sonnenhänge, die zwei Kirchtürme weiter kaum noch jemand kennt, also hat man seine Ruhe im Himmelreich. Man könnte dort auf einer Bank sitzen, mit den Füßen im Laub rascheln, auf's Städtle schauen – ein Mikroziel, kombiniert mit einer Einkehr ein Halbtagesprogramm. So einfach kann Leben im Südwesten sein.

Finale oder Auftakt Sulzburg mit dem Castellberg und seiner mal liebenswerten, mal behäbigen Marktfleckenstimmung könnte auch ein Auftakt (oder Finale) einer längeren Markgräflerland-Wanderung sein. Der Markgräfler Weinweg führt zwar über Staufen hinaus nach Freiburg-St. Georgen, aber das Markgräflerland im engeren Sinne, der kleinräumige Wechsel von Dörfern, Weinbergen, Hügelland und Vorbergzone bekommt um Staufen einen anderen Klang. Freiburg kommt näher, der Takt ändert sich. Mehr Verkehr, mehr von allem.

Es blüht und düftet – Rebmauern am Castellberg

Anonyme Architektur Der kurze Anstieg von Sulzburg zum Castellberg lohnt nicht nur wegen des Panoramas, sondern auch wegen der Trockenmauern. Die zusammengenommen gut zwei Kilometer langen Mauern und drei Treppenanlagen wurden zwischen 2006 und 2010 im Rahmen eines Landesförderprojektes vorbildlich restauriert. Nun blüht, huscht und raschelt es längs der Biotope, die Steinmassen sorgen zudem für ein besonders warmes Kleinklima.

Fast alle Hanglagen der europäischen Agrarlandschaft waren einst geprägt von Trockenmauern, die so kunstfertig wie mühevoll aufgesetzt wurden. Ohne Mörtel, reine Handarbeit. Solche Mauern sind das Gegenteil der gebauten Ausrufezeichen von Stararchitekten. Es sind anonyme Bauwerke, nicht zum Ruhm von Erbauer oder Auftraggeber, sondern allein zum Nutzen der Landwirtschaft gebaut.

Bei gutem Ausgangsmaterial schafft ein geübter Maurer etwa einen Quadratmeter pro Tag. Bereits in einer meterhohen Mauer ist eine Tonne Steinmaterial je laufendem Meter verbaut und die Kosten liegen bei etwa 600-700 Euro. Der

Ein Quadratmeter pro Tag – Trockenmauer am Castellberg

Materialbedarf je Quadratmeter wächst jedoch im Quadrat der Höhe, weil der Mauerfuß aus statischen Gründen immer breiter werden muß. Für eine zwei Meter hohe Mauer müssen am Mauerfuß vier Tonnen Steine je Quadratmeter verbaut werden.

Der römische Baumeister Vitruv hat sich in seiner Architekturlehre ausgiebig mit Trockenmauern befaßt und diese nach Baumaterial klassifiziert. Vom unsicheren *Opus incertum* aus unregelmäßigem Bruchstein bis zum *Opus quadratum* aus behauenen Quadern, die gleichmäßige Lagenbänder bilden.

Gleich wie Details ausfallen, jede stabile Mauer wird geadelt vom Schweiß der Erbauer, nicht durch den Namen des Baumeisters. Sie bezieht ihre Schönheit aus der Logik der Schwerkraft und dem Können des Maurers. Handwerker, die solche Projekte ausführen können, sind so rar wie gute Architekten.

QR-Codes und analoge Karten Ein „Ökologischer Weinkulturpfad" wurde am Castellberg angelegt, Tafeln unterrichten über Flora, Fauna und Aspekte des Kleinklimas. Bei Bedarf können Informationen zu Biotop und Bewohnern auch über QR-Code abgerufen werden. Trockenmauerinfos auf dem Smartphone,

Steillage heißt Handarbeit – Arbeitspause am Castellberg

mehr Zusammenprall der Kulturen geht kaum.

Der hierzulande wenig bekannte sächsische Kartograph und Wegeforscher Dr. Rolf Böhm bezeichnet die Maximalausschilderung der Natur als Lehrpfaditis oder Multisignaturitis. Böhms handgezeichnete Karten der Sächsischen Schweiz sind vom Meister samt und sonders selbst erwandert und gezeichnet; 1.000 Arbeitsstunden je Kartenblatt. In solchen Karten steckt enormer Aufwand, Fertigkeit und Beharrlichkeit, ähnlich wie in einer Trockenmauer. Seit über 40 Jahren durchmißt Kartograph Böhm seine Heimat – „Canaletto der Wanderkarten" ist sein Ehrentitel. Wenn wir so einen im Südwesten hätten, würde das Gehen noch mehr Freude bereiten (boehmwanderkarten.de). An dieser Stelle ein Lob der 1 : 25.000 Wanderkarten*, die der Schwarzwaldverein zusammen mit dem Landesamt für Geoinformation herausgibt; an denen sich alle Touren- und Wegweiserangaben in diesem Buch orientieren.

* **Wanderkarten** Das Markgräflerland decken die Blätter W256 Müllheim und W265 Lörrach ab; mit wichtigen Wegen und Wanderwegweiser-Standorten, detailgenau bis zur Einzelhausdarstellung. Für ambitionierte Wanderer sind diese Karten durch nichts zu ersetzen.

Bäuerin vor Britzingen, Emil Bizer, um 1942

Gemalte Landschaft Die Steillagen am Castellberg sehen pittoresk aus, sind aber schwer zu bearbeiten. Die Schinderei will kaum mehr einer auf sich nehmen, wer bei 20 ° Hangneigung Unkraut zwischen den Stöcken gehackt hat, weiß warum. Einmal beobachtete ich eine Gruppe Landarbeiter und kein deutsches Wort war zu hören. Ohne Wanderarbeiter aus Osteuropa gäbe es weder restaurierte Rebmauern noch Weinbau in Steillagen. Das steht zwar auf keinem Schild, gehört aber auch zum Weinkulturpfad am Castellberg.

Im Markgräflerland gibt es keinen Canaletto der Landkarte, aber unvergessene Landschaftsmaler. Die beiden Kuppen zwischen Sulzburg und Ballrechten waren für EMIL BIZER (1881-1957) ein beliebtes Motiv. Der Maler des Markgräflerlandes wählte häufig eine Perspektive von Britzingen aus nach Norden, mit den Kuppen von Castellberg und Fohrenberg im Hintergrund.

Bizers bäurisch geprägtes Markgräflerland existert nur noch in der Erinnerung, auch die Arbeit einer Landfrau ist den meisten Berufspendlern fremd. Man soll die Krampferei auf dem

Arbeitsplatz Britzingen

Feld nicht idealisieren, die Haltung des Kopftuchmädels berührt mich dennoch. Vielleicht verleiht eine Hacke mehr Würde als ein Smartphone. Das historische Foto vom Gang zur Arbeit hängt übrigens im Nebenzimmer des Britzinger *Hirschen*, einem der wenigen echten und gediegenen Landgasthöfe der Region. Senior-Wirtin Schumacher erinnert sich noch, wie es früher nach der Rebarbeit am Tresen zuging. „Jeder kam auf ein Glas rein, oft standen die Männer in zwei Reihen am Tresen."

Blick in den Breisgau Wer vom Castellberg gen Staufener Burgberg und zum Tuniberg blickt, sieht den Übergang vom Markgräflerland in den Breisgau, von der Landschaft zum Ballungsraum. Es ist ein undramatischer Wechsel ohne harte Grenze. Dörfer werden städtischer, Speckgürtel breiter. Im Wandel vom Beständigen zum Flexiblen wirkt Staufens historische Altstadt noch immer wie eine Zeitkapsel; im letzten Kapitel ab Seite 327 schauen wir dort vorbei.

Laub raschelt, Sonne lacht – Herbst am Schloßberg

Adressen und Hinweise

Sulzburg liegt am Anfang vom Ende des Sulzbachtales, kein Durchgangsverkehr, wenig Umtrieb. Kleinstädtisches und Ländliches kommen zusammen. Der unten beschriebene Bettlerpfad-Schloßbergweg von Sulzburg-Mitte in Richtung Castellberg verläuft reizvoller als die Wiiwegle-Route aus der Unterstadt zum Castellberg. Oder man geht los beim Parkplatz unterhalb der Castellberghütte (an der Landstraße 125 nach Dottingen).

Günstige Ausgangspunkte ab Sulzburg Unterhaltsam ist es, vom Wegweiser am Marktplatz ausgehend durch die Gassen am Sulzbach zu streifen. Weiter dann von der Kirche St. Cyriak/Dormitorium auf der alten Route des Bettlerpfades den Sonnenhang am Schloßberg hoch. Vorbei an einem verwitterten Wegweiser, auf dem vier Worte stehen: „Schlössleberg, Himmelreich, Kastelberg, Ballrechten." Ein paar Schritte weiter bergaufwärts, erscheint dann ein Wanderwegkreuz des Schwarzwaldvereins, Am Kosakenwäldele, 360 m. Das weist den richtigen Weg in Richtung Schloßberg und

Rolly vor Hirschen – in Sulzburg

der Wanderwegkreuze Vorderer Castellberg (1,6 km) und Castellberg. Das Himmelreich beginnt am Schloßberg in Gestalt einiger Sonnenbänke mit Blick auf das Sulzbachtal. Weiter Richtung Castellberg, oder runter ins Städtle zur Einkehr.

HIRSCHEN, Sulzburg Unter den Gourmetadressen im Südwesten ist der Hirschen gesetzt. So war es, so ist es und so wird es sein. Einst prägte der orthodox-französische Stil des Patrons Hans-Paul Steiner die Küche. Unter Leitung von Tochter Douce Steiner und Ehemann Udo Weiler hat sich die Küche in Richtung moderater Moderne entwickelt: leichtere Saucen und Fonds, frischere Optik, tiefere Teller. Geblieben sind Souveränität und Konstanz. Wer einen produktnahen Regionalstil schätzt, sollte freilich bedenken, daß vom Hirschen und seinen Gästen keine kulinarische Revolution ausgerufen wird.

Produkt, Service, auch die dynamische Entwicklung der Preise, alles zeigt dem Gast: wir folgen dem Kanon und zwei Sterne befördern auch den kulinarischen Gehorsam. Gänseleberterrine, Hummer, Steinbutt, Kaviar und weitere Säulenheilige der Statusgastronomie haben ihren Stammplatz im Hirschen. Geschmackssache, ob der Gast darin Uniform oder Luxus erkennt. Wobei ähnlicher Luxus (nicht nur im Hirschen) auch ermüden kann. Kalibriert makelloses Dessertobst ziert einen Sulzburger Teller wie in Baiersbronn. Ein Dessert mit wilden Weinbergpfirsichen

Gastronomischer Zwölfender – Hirschen, Sulzburg

habe ich noch in keinem Gourmetlokal Badens bekommen. Vom Reiz alter Landsorten wird oft geschwärmt, auf dem Teller liegt Flugobst.

Unbestritten bleibt: seit Jahrzehnten zählt der Hirschen zu den herausragenden Adressen im Südwesten, wobei sein Rang meist durch Leistung und weniger durch mediales Tamtam bestätigt wird. Die Ausstattung der beiden Speisezimmer wurde in den Jahren nur punktuell verändert, der Hauptraum links des Eingangs bietet mehr Atmosphäre. Der Service agiert – auch angesichts der Raumgröße und des lauten Parketts – mitunter etwas überpräsent. Altgediente unter den Mitarbeiterinnen wirken routiniert, aber nur wenig elegant. Einzelerlebnisse am Tisch soll man freilich nicht breittreten. Unterm Strich erfüllt der Hirschen hohen Anspruch zu ebensolchem Tarif. Die jüngsten Preissteigerungen (speziell beim einst preiswürdigen Werktags-Mittagsmenü) stellen den Freundeskreis dieser Alltagsfeier auf eine harte Probe. »'S hett, solang's hett«, sagen Eidgenossen zur Endlichkeit von Ressourcen. Wehe dem gastronomischen Südwesten, wenn der Franken nicht mehr so leicht zu Tisch kommt.

Auf der opulenten Weinkarte Namen und Etikette, eher vereinzelt offene und regionale Weine von Rang; wer sucht, findet auch wenige Einstiegsmöglichkeiten. Ein Vierspänner, am Mittag eingenommen, kann einen Werktag zum Feiertag machen. Und das zählt für mich – auch wegen der entspannten Stimmung unter der Woche – zu den eigentlichen Reizen des Hauses. Als letzter Gang käme eines der begehrten Zimmer im Haus in Frage.

Mittags in der Laube – Maison Eric, Sulzburg

Hirschen, 79295 Sulzburg, Hauptstraße 69, Tel. 07634-8208, douce-steiner.de. Neun Gästezimmer und Suiten, inkludiert ein üppiges, serviertes Frühstück. ♣ Kleiner Innenhof.

LA MAISON ERIC, Sulzburg La Maison Eric ist ein Kleinod, das bedeutet auch: familiäre Stimmung, persönliche Handschrift der Gastgeber, wie in einem bewirteten Speisezimmer. Hinten raus lockt ein schattiger Laubengang, dazu kommen ein paar Tische locker gestellt im Garten. Geboten wird seit Sommer 2020 ein Mittagsmenü (um 50 Euro), danach bleibt das Haus noch am Nachmittag geöffnet, für Kaffee, Kuchen und Kleinigkeiten.

Dagmar und Eric Grandgirard sind geübte Gastgeber, die nach 30 Jahren am Gast, einen Gang runter geschaltet haben. Falls es später wird, gibt es zwei Zimmer und ein Appartement unterm Dach – die Versuchung einer Weinkarte soll dank kurzer Wege zunehmen.

Eine feine Landpartie also, aber kein bunter Landhausstil. Das historische Fachwerk und die sommerkühle Laube zum Garten sind ein Platz, um in halbprivater Atmosphäre einzukehren. Schön, daß es so eigensinnige Adressen noch gibt.

La Maison Eric, 79295 Sulzburg, Im Brühl 7, Tel. 07634-6110. ♣ stimmungsvolle Laube, ruhiger Garten. Unterm Dach des Hauses: ein gepflegtes Appartement, zwei Gästezimmer, Details: la-maison-eric.de.

Schöner schlafen – Dormitorium in Sulzburg

Dormitorium Hotel (garni), Sulzburg Mit der Verwandlung des denkmalgeschützten Anwesens in ein persönlich geführtes Kleinhotel erfüllte sich Claudia Schlumberger-Bernhart einen Lebenswunsch. Es war wohl eine glückliche Fügung, daß ein Anwesen mit solcher Vergangenheit – ursprünglich eine klösterliche Schlafstelle, später Ernst Leitz' Geburtshaus – auf den Markt kam, als die Nachfolgefrage im Laufener Weingut der Familie geregelt war. Die weinaffine Tochter des Hauses übernimmt seit 2020 die Rolle der Mutter im Weingut und die packte nochmal etwas Neues an. Dazu gehörten der Umbau und Grundsanierung mit allen Risiken und Abgründen von Brandschutz bis Fluchtweg. Heute sieht man von den Mühen und Investitionen nur das positive Ergebnis: zehn freundliche Zimmer, ein heller Frühstücks- und Aufenthaltsraum, eine morgensonnige Terrasse, auf der ein Frühstück leicht zur ersten Feier des Tages werden könnte.

In der Klasse Kleinhotel mit persönlicher Note und besonderer Lage gibt es in und um Sulzburg nichts Vergleichbares. Selbstverständlich ist der Weinkühlschrank mit gutseigenen Weinen bestückt und natürlich bietet die Gastgeberin nicht nur Zimmer, sondern auch ihr lokales Wissen an, wenn es um kulinarische oder geographische Ausflüge geht. Somit wäre hier eine Basis zur Erkundung des Dreiländerecks, man kann sich in so einem Dormitorium aber auch ganz gut verstecken und von der Haustür weg in Richtung Himmelreich losziehen. Entsprechende Wegweiser nahebei.

Wild swimming – Naturbadestelle Sulzburg

Dormitorium (Hotel Garni am Klostergarten), Claudia Schlumberger-Bernhart, Klosterplatz 2, 79295 Sulzburg, dormitorium-sulzburg.de. Telefon: 07634-8992. Ein Einzel-, neun Doppelzimmer (Standard, Komfort, Suite).

Naturbadestelle Sulzburg Wo der Sulzbach aus dem schattigen Tal fließt, auf der Höhe eines alten Jüdischen Friedhofs, wurde vor langer, langer Zeit ein Badeweiher mit Staumauer, angelegt. Dazu etwas einfache Infrastruktur, kleiner Parkplatz, große Liegewiese – das Sulzburger Naturfreibad, garantiert naturtrüb. Lange schien die Zukunft des beliebten Humanbiotops unklar, wegen Naturschutz, Entenbesuch (mitsamt korrespondierenden Zekarien) sowie ökologischer Fundamentalopposition (gegen Badende, für Amphibien). Nach einigem Ringen hat man sich mit der Stadtverwaltung aus rechtlichen und finanziellen Gründen auf eine unbeaufsichtige Badestelle verständigt. Das freut die treuen Anhänger dieses Kuriosums ebenso wie sporadisch vorbeischauende Wasservögel. Das Schwimmen im Teich ist je nach Jahreszeit und Besucherzahl erfrischend bis kurios; Obacht wer empfindlich auf Zekarien reagiert! Der Kiosk mit gedeckter Terrasse wird in der Sommersaison bewirtet und lokal gerne besucht, auch von Nichtschwimmern, Fußbadenden und anderen Minderheiten. In der Summe eine Sommerfrische mit integriertem Feuchtbiotop, das allerlei seltene Arten anzieht.

Burg leuchtet, Tourismus brummt

18

Staufener Ansichten

Staufen liegt im Breisgau und der Breisgau ist nicht das Markgräflerland. Andererseits gedeiht das Markgräfler Lebensmittel Gutedel am Staufener Schloßberg in genießbarer Form und am Fuße desselben fließt Gutedel direkt aus einem Premium-Weinbrunnen. Von der Rebe zum Gaumen geht in Staufen ohne große Umstände, was ebenfalls für Markgräfler Gene spricht.

Die Grenze zwischen Breisgau und Markgräflerland war ohnehin nie eine scharfe Linie, sondern meist ein Ergebnis historischer Wechselfälle. Nach drei Jahrhunderten Religionsstreit und Erbfolgekrieg fiel das reformierte Territorium schließlich an Markgraf Karl Friedrich von Baden-Durlach. Der verbot 1783 die Leibeigenschaft und förderte in den evangelisch-reformierten Teilen des Markgräflerlandes den Land- und Weinbau. Der Breisgau blieb unter Freiburger Einfluß und damit vorderösterreichisch-katholisch. Dazwischen keine Grenze, sondern Badische Lösungen, Koalitionen, Überläufer. Mittendrin seit 1250 Jahren Staufen mit dem Schatz einer historischen Altstadt, an deren romantische Dichte und Substanz keine andere Gemeinde im Markgräflerland herankommt.

Gepflastert bis zum Brunnen am Markt – Staufener Altstadt

Auch der Markgräfler Weinweg hält sich nicht an Grenzen, er führt von Sulzburg über Staufens historische Mitte durch den Breisgau bis nach Freiburg-St. Georgen. Was ein Grund mehr wäre, auf einer Runde im gelobten Land eine oft gelobte Kleinstadt zu besuchen, die Charakter hat. Staufen wirkt historischer, auch bürgerlich selbstbewußter und touristisch attraktiver als manch anderes Ziel im Südwesten. Man betrachte nur den Parkplatz am Schladerer Platz. „S' Schtädtle isch voll", pflegen Einheimische zu sagen – und ein voller Parkplatz kann nicht irren.

Pflaster statt Rolltreppen Als »Kleinod des Breisgaus« zählt Staufen zu den meistbesuchten Orten in der Südwestecke. Die schöne Wendung vom *Ereignis einer Stadt* paßt am ehesten zu Staufen. Eine Altstadt gemütlich wie ein Nest, charmante Gassen, handlicher Rathausplatz. Staufen hatte 2020 sein 1250-jähriges Jubiläum. Die Stadtgründung ist älter als Freiburg, das historische Ensemble präsentiert sich fußgängerfreundlich, auch die kleinteilige Ladenstruktur ist beacht-

Vorne Weinberge, hinten Ökoäpfel – Staufener Schloßberg

lich. Es gibt Studios, Galerien und Ateliers, unter anderem für Cashmere, Maßschuhe, Rahmengenähtes und Taschen aus zweiter Hand, Bioresonanz und Körperarbeit. Auch kulinarisch wird Staufen bestens versorgt, der Wochenmarkt am Mittwoch und Samstag brummt, Manufakturen für Panini, Kirschtorte, Jahrgangskaffee und alte Landsorten sind am Ort, einen XL-Weinbrunnen gibt es auch. Staufen ist eine Schwarmstadt-Miniatur. Wer die Nebenwirkungen solcher Attraktivität betrachten möchte, kann dies am besten vom Schloßberg aus. Man sieht die Draufsicht eines Gemeinwesens, das seine Grenzen sprengt. Städtebaulich und ästhetisch.

Immerhin: die unvermeidliche Heitzmann-Bäckereifiliale am Rathausplatz zeigt nicht das gewohnte Penetranzblau, sondern mediterranes Gelb. Gässle, Bächle, Erker und als Extra eine Zähringer Burgruine auf dem rebumkränzten Schloßberg, dessen Trockenmauern restauriert wurden als stände oben eine Akropolis. Zum Städtle grüßen Steillagen, im Norden Obstwiesen, die ein Themenpfad erschließt.

Historische Verdichtung – in der Kirchstraße

Staufen, dir geht es besser, könnten Besucher aus U-Bahnvierteln denken. Hier gibt es keine Rolltreppen in den Untergrund, sondern historisches Pflaster zum Marktbrunnen. Zwischenbilanz: Geschichte wohin man schaut, trinkbare Landschaften und ein besonders kleinteiliger Einzelhandel für gewisse Stunden zwischen Espresso und Prosecco.

Faustmenü & Nachverdichtung Zu allem kommt noch jene Fauststory, die für Präsenz in schier jedem Reiseführer sorgt. Nach der Sage ist der Magier Dr. Faustus 1539 bei alchimistischen Versuchen im *Leuen* vom Teufel geholt worden, welcher ihm „das Genick abgebrochen und seine arme Seele der ewigen Verdammnis überantwortet hat." So steht es jedenfalls am *Löwen*, der in alter Pracht am Platze steht und natürlich ein Faustmenü anbietet. Dazu kommt noch eine ebenfalls medienwirksame, leider reale Teufelei: eine mißratene Geothermie-Bohrung beim Rathaus sorgt seit Jahren für massive Bauschäden in der Altstadt, mittlerweile haben sich die He-

Unseren Milchschaum gib' uns heute – am Marktplatz, Staufen

bungen des historischen Grunds aber abgeschwächt. Fazit: Staufens Altstadt mag sich bewegen, als Ziel bleibt sie unsinkbar.

Freilich gibt es nicht nur ein Staufen. Oben auf dem Millionenbuckel Bötzen residiert neues Geld neben Restbürgertum. Man schätzt Burgblick, Diskretion und Torkamera. An seinen Rändern erinnert Staufen dagegen eher daran, daß auch im schönsten Breisgau ästhetische Fragen sekundär sind, wenn die Investitionssumme stimmt. Von Süden aus gesehen erinnern die Wohntürme am Falkenstein Nr. 1 bis 14 an einen zweiten Staufener Burgring. Das Hochhaus-Ensemble mit 250 Wohnungen wurde einst erstellt für Berufssoldaten des ehemaligen Nato-Flugplatzes im nahen Bremgarten. Die Zeit heilt aber auch in Staufen manchen Anblick, der turmhohe Nachlass der Luftwaffe gehört für manchen – trotz Plattenbau-West-Ästhetik – bereits zum Erbe der lokalen Baugeschichte; ein Verfahren zum Denkmalschutz wurde eingeleitet.

Eine weitere Welle verdichteten Bauens rollt derzeit. Ein Teil-

Lachs geht immer – Vesperbrettle bei Schwarzwaldschön

areal der Traditionsbrennerei SCHLADERER wird zum schicken Ensemble, also wachsen Lofts, wo einst Obstbrände lagerten. Auch nahe der neuen Umfahrung am Vogesenring wird es eng und enger werden, natürlich auf Staufener Art: dauerbegrünt, energieeffizient, klimagerecht. Deo te absolvo! Ein Staufener kommentierte den modernen Wohnungsbau, nebst der zu erwartenden Emissions- und Scheidungsintensität: „Da finden zwei Anwälte ihr Auskommen."

Einkaufen & Einkehren Im historischen Kern spürt der Tagesbesucher freilich wenig vom sozialen Druck, geht es dort doch ums Zubehör für ein gutes Leben. Zu einer Staufener Ladenrunde gehört die Regeneration, etwa im Traditionshaus *Café Decker*, einem Urmeter der Breisgauer Kaffeehäuser mit Vollsortiment. Viel besucht, gut gepolstert, auf recht gediegene Art unmodern.

Zum Inventar kulinarischer Klassiker zählt auch die *Krone*, direkt beim Brunnen am unteren Beginn der Altstadt: statt neumodischer Kreationen und Klimmzüge, eine zuverlässige feinbürgerliche Einkehr, für jene, die nicht den letzten Schrei,

Gruß aus Italien – Massimiliano Toffanin, Al dente

sondern eine gepflegte Küche schätzen.

Zeitgenössisch geht es am Rathausplatz bei *Schwarzwaldschön* zu, wo der Gast wie an der Biegung des großen Flusses sieht, wer und was auf der Hauptstraße so längs kommt. Schwarzwaldschön heißt aber auch: draußen sitzt man deutlich unterhaltsamer als drinnen. Wer genug Treibgut inspiziert hat, kann sich wieder den Canapés mit hausgebeiztem Lachs widmen, die hier auf einem Holzbrett gereicht werden. Spätes Frühstück, Mittagstisch vor satter Altstadtkulisse, Vesper und Kuchenauswahl gibt es zudem, alles freilich nur bis zum frühen Abend. Moderne Gastronomen achten auf die Feierabend-Balance, was in so prominenter Lauflage vermutlich leichter fällt, als weiter talaufwärts in der Münstertäler Armengasse.

Gleich ums Eck, in der Hauptstraße 43, wartet *Al dente* mit modern präsentierter Italianità. Der Revieritaliener *Massimiliano Toffanin* lockt mit seinen kommunikativen Cafébar-Bistro- und Feinkost-Angebot. Zwischen Vormittags-Imbiss, Mittagspasta und einem schnellen Caffè al banco geht hier fast alles. Die breite und qualitative Auswahl aus der Theke ließe sich zudem zu gemischten Antipasti kombinieren und

Schöner Bummeln – Altstadt Staufen

mit einem Fläschle aus dem Fundus krönen; außerdem wären da noch belegte Panini aus dem Kontaktgrill, sowie die Primi Piatti von der Tafel, alles einladend unkompliziert. Al dente heißt somit auch: Hier gibt es soziale und kulinarische Grundversorgung wie sie jeder Altstadt gut tut; aldente-staufen.de.

In direkter Nachbarschaft von Al Dente, die Bauernhofeis-Theke *Kalte Sophie;* wieder ein Haus weiter, Hauptstraße 39, das Weingut *H. Ulmann.* Ein Traditionshaus mit Reben in erster Lage am Schloßberg, darunter trockener Riesling Kabinett sowie Breisgauer Gutedel.

Bei Sneakermüdigkeit hilft der Second-Feet-Schuhsalon *Classic Shoes* von *Bernd Herkenrath,* Hauptstraße 48, mit professionell aufgearbeiteten Rahmengenähten für Sie und Ihn, Taschen & Reisegepäck, Pflegeprodukten und Zubehör für jene, die zum aufrechten Gang neigen.

Die bunte Reihe von Besonderem und Kuriosem ließe sich noch bis zur Ermüdung fortsetzen, wozu auch Fluktuation, Schließungen und Neueröffnungen zählen; Staufen macht da keine Ausnahme. Dennoch, Bummelstunden in Staufen blei-

Einkehren seit 1906 – Bahnhöfle, Staufen

ben – sozial und konsumatorisch – allemal anregender als die geschlossene Veranstaltung in einem Shopping-Center.

Was die Einkehr am Laufsteg längs der Hauptstraße betrifft, gibt es neben den auf Seite 334 anmoderierten Adressen natürlich noch einige andere Optionen. Freilich erwarten nur Optimisten vor reizender Kulisse stets die reine Lehre. Ich erinnere an das erste kulinarische Paradox: Vorne am Meer steigt nicht zwingend die Güte der Fischsuppe. Nachfolgend Möglichkeiten, die etwas abseits der Lauflagen liegen.

Adressen und Hinweise

BAHNHÖFLE, Staufen Das runderneuerte Lokal gehört zu den Gastronomie-Legenden der Stadt, mittlerweile wird Anwesen in 4. Generation bewirtet. Ein Platz zum Treffen, zum bürgerlich Essen, vor allem zum rustikal draußen Sitzen unter Kastanien, ebenso geeignet nach einer Radtour oder Wanderung. Es gibt Tagesmenüs, preiswerte Mittagsangebote sowie eine kompakte Abendkarte, diese mit den Burgern des Hauses

Saniert und wiederbelebt – die Mayer Mühle, Staufen

und handgeschnitzten Pommes. Zudem besteht die Chance, Bio-Staufener im Habitat zu besichtigen. Eine praktische Universaleinkehr; recht übersichtliche Weinauswahl.

Bahnhöfle, Staufen, Bahnhofstraße 6, Tel. 07633-6190, ♣ Biergarten unter Kastanien; bahnhöfle-staufen.de.

ONKEL KARLS/Mayer Mühle, Staufen Nur Schritte vom Staufener Bahnhof entfernt liegt die Mayer-Mühle am Rand der Altstadt. Ein denkmalgeschütztes Hofgut, ein aufwändiges Sanierungsprojekt. 2016 wurden Ferienwohnungen im sanierten Teil des Anwesens eingerichtet; Ende 2019 dann die Gastronomie *Onkel Karls*. Freigelegtes Sichtmauerwerk auf zwei Stockwerken, eine Bar, die Freiterrasse am alten Mühlrad. Alles wirkt solide gebaut, kommunikativ und niederschwellig angelegt. Bei Onkel Karls wird man zweifellos satt, mehr kulinarisch Bemerkenswertes ist mir dort bislang noch nicht widerfahren. Dennoch, die Liegenschaft hat etwas und eine Halbe mit eingeschränktem Burgblick wäre schon mal ein Anfang.

Onkel Karls, Mayer-Mühle Staufen, Bahnhofstraße 6c, Tel. 07633-802 42 26; ♣ Terrasse, onkel-karls.de.

Slow Coffee – Zapfstation bei Coffee & More, Staufen

COFFEE & MORE, Staufen Ein Platz für Kaffeeliebhaber. Familie Schüle bespielt in ihrem romantischen Altstadtwinkel seit über zwanzig Jahren eine Kaffeestube mit eigener Rösterei, Verkauf und Versand. Gut zwei Dutzend Kaffee- und Espressomischungen werden im heimeligen Fachwerkhaus röstfrisch eingetütet, dazu kommen Origin Spezialitäten und spezielle Sondermischungen für Gastronomiekunden.

Der Duft von Kaffeebohnen und selbstgebackenem Kuchen zieht durch die beiden verwinkelten Stuben, manche kommen zum Tratsch, andere auf eine espressokurze Auszeit. Ein lässiger Platz mit Atmosphäre und einem improvisierten Freisitz neben der St. Martinskirche, aber nicht nur: Thomas Schüles Kaffee hat Referenzqualität, als Bohne, in der Tasse. Der Röstmeister im Kaufmann weiß, daß Qualität immer geht. Heißt: ausgesuchte Rohware beim Einkauf, langsame und damit schonende Röstung, wie sie auf kleinen Anlagen möglich ist: gut 20 Minuten bei 200 °C, statt zwei Minuten bei 450-600 °C wie bei Industrieware. Der Unterschied ist schmeckbar, Crema und Aroma verbessern sich signifikant.

Es brüht die Chefin – Alexandra Schüle, Coffee & More, Staufen

Der Erfolg von Schüles Mischungen spricht für sich, neben Kunden im In- und Ausland setzen auch italienisch geführte Bars auf Coffee & More Röstungen. Für Kaffeeliebhaber, die das beste Ergebnis mit ihrer Maschine erzielen wollen, sind solche Mischungen fast Pflicht. Für alle anderen Besucher ein atmosphärischer Ort, der gut zum Staufener Gefüge paßt.

Coffee & More (Familie Schüle), 79219 Staufen, St. Johannesgasse 14, Tel. 07633-98 18 24; zu Ladenzeiten sowie am Sonntag, ♣ einige kleinere Tische auf Gasse und Kirchplatz. Rösterei im Gewerbepark auf dem Flugplatzareal in Eschbach; coffeeandmore.de.

OBSTPARADIES, Staufen In gut zehn Jahren hat sich das Obstparadies vom Projekt zur Erfolgsgeschichte entwickelt. Mittlerweile werden auf 17 Hektar in der Hügelzone nordöstlich vom Staufener Schloßberg mehr als 50 Obstsorten kultiviert. Im Lauf der Jahre wurden zudem über eintausend hochstämmige Obstbäume gesetzt, darunter Raritäten wie nordische Zitrone, Kiwi und Kaki. Der Bioland-Betrieb setzt auf Sortenvielfalt, ganzheitliche Anbaumethoden und konsequente Selbstver-

Vielfalt vom Schloßberg – Obstparadies Staufen

marktung von frischem Obst, Säften, Sirup, Essig, Fruchtaufstrich und Likören.

Der integrierte Anbau im Obstparadies ist kein modisches Etikett, sondern eine umfassende Aufgabe. Zum Nutzgarten Eden gehören Nisthilfen, Trocken- und Feuchtbiotope, Vogelhecken und Totholzreviere; vor allem jedoch der Wille zum Beobachten, Lenken und Gestalten, damit sich Biodiversität aufbaut, ergänzt und fördert. Somit steht der Betrieb für ein Systemdenken in Anbau und Vermarktung. Ein Geschäftsmodell, das im segmentierten und mengenfixierten Erwerbsobstanbau noch immer die Ausnahme ist. Nach zehn Jahren der Pionierarbeit wurde das Obstparadies im Jahr 2019 Sieger im Bundeswettbewerb Ökologischer Landbau. Eine exemplarische Adresse, die schmeckt und hoffen läßt.

Obstparadies (Fam. Geng), 79219 Staufen, Verkauf wochentags, Im Gaisgraben 17, Tel. 07633-980 73 40 (zu beachten: im Obst- und Gemüsesortiment sind einige Produkte von Partnerbetrieben); obstparadies.de, Führungen in den Anlagen von April bis Oktober, Apfelfest und Sortenausstellung im Oktober.

Sommerfrisch – Hofgastronomie auf der Breite

Günstige Ausgangspunkte

Von Süden kommend zieht das Markgräfler Wii-Wegle durch Staufens historisches Zentrum und führt dann, die Bötzenstraße aufwärts, ins Umland gen Ehrenstetter Ölberg. So bekommt der Besucher auch en passant einen Eindruck von den mannigfaltigen Aspekten einer kleinen wohlgenährten Stadt im Breisgau. Burgblick, Altstadtgassen, Rast im historischen Zentrum, alles liegt am Weg.

Touren ab Staufen Zentrale Wanderwegweiser in Staufen stehen an der Fußgängerbrücke über den Neumagen (Ludwig Fichter Steg) und wenige Meter weiter stadteinwärts (Gasthaus Kreuz-Post, 286 m).

Zwei Kilometer weiter im Norden, höher und waldnäher, liegt der Wegweiser unterhalb der Kapelle am Gotthardhof (St. Gotthardhof, 350 m). Vor Jahren konnte man in der Sommerfrische am Waldrand noch einkehren und mit Burgblick und Vogesenpanorama vespern. Tische standen locker verteilt auf Rasen, davor ein Jägerzaun, dahinter die Weite der Rheinebene und ein Cinemascope-Sonnenuntergang über den Vogesen. Danach stand ‚Privat' am Gartentor, die Gastronomie an einem magischen Platz nahe Staufen war erloschen, danach stand das Anwesen zum Verkauf.

Gelobtes Land in Sicht: Blick vom Ehrenstetter Ölberg gen Staufen

Auf der Breite bei Staufen In der Rückschau wird das frühe 21. Jahrhundert eine Epoche sein, in der man mit ein paar Handbewegungen jedes Reiseziel buchen konnte, während man für ein Feierabend-Vesper vor heimischer Kulisse immer weiter fahren muß. Immerhin, es gibt Ausnahmen. Bei den Siedlerhöfen Auf der Breite ist Hof-Gastronomie im zeitgenösssisch-lässigen Stil entstanden, im Sommer auch mal mit Grillen, Chillen und ähnlichen Indifferenzen, zum Wochenende Extras wie Bratwürste, Brägele und Salat, Lauchtorte, am Sonntag Braten.

Auf der Breite, Hofgastronomie bei Staufen Kulinarisches & musikalisches Programm, aktuelle Saisonzeiten: aufderbreite.de

Rebland – Lebland Vielleicht sind die Verkehrskreisel am Ortseingang das Symbol des modernen Landlebens. Keiner daheim, alle in den Reben, war einmal. Heute gilt: Keiner daheim, alle am Rotieren. Provinz heißt Mobilität, Unschärfe, neue Chancen. Auch im gelobten Land wechseln die Ansichten unvermittelt. Bilder werden bunter, trauriger, reicher. Das war der Sinn der Übung.

Alles g'schwätzt

Was ich noch zu sagen hätte

Kulturgut und Lebensmittel

Leitkultur Gutedel

Vom Gutedel ist hier öfter die Rede. Gutedel steht für eine Weinsorte, für Lebensart und Landschaft, auch für einen Wanderweg, der wie ein roter Faden durchs Markgräflerland führt. Gutedel und Markgräfler Wiiwegle sind Einstiegschancen. Oft beginnt das Markgräflerland mit einem Glas Gutedel. Mit einem Wein, der ohne Sommelier und Make-up schmeckt. Naturrein, ohne Zugabe von Restsüße und leicht löslichem Frohsinn.

Eine Weinsprache mit gewagten Vergleichen und starkem Abgang paßt nicht zum Gutedel. Der schmeckt, oder auch nicht, fertig ab. Man kann Weingenuß auch zu Tode kultivieren, ich brauche aber keine Intensivlyriker, die „salzige Pikanz" und „stahlige Säure" durch die Probierstube treiben.

Gutedel hat keine Pikanz und mit seiner Säure prahlt er nicht. Die großen, grüngelben, sonnenseits zart rehbraunen Beeren sind saftig und dünnschalig. „Gutedel mostet gut", heißt es. Daß die Beeren als Tafeltraube hervorragend schmekken, gehört im Markgräflerland zur Allgemeinbildung. Kernloses Gefräs aus dem Supermarkt essen wir nicht.

Ein durchgegorener, trocken ausgebauter, ungesüßter, dezent säurefrischer Gutedel paßt zur Feier des Alltags, aber auch

Warme Tage, kühle Nächte – Vorbergzone ist Gutedelland

zu Hochzeit und Scheidung – ein Begleiter in allen Lebenslagen, der ohne Weinprosa schmeckt. Eine durch Erfahrung und langjährigen Umgang gefestigte Sensorik genügt, im Volksmund auch als Geschmack bekannt.

Gutedel seit 1780 Erste Gutedelreben wurden um 1780 vermutlich aus der Genfersee Region vom Markgraf Karl Friedrich ins Südbadische importiert, wo sie bis heute prächtig gedeihen. Speziell auf den tiefgründigen Böden der Markgräfler Vorbergzone, wo auf heiße Sommertage kühlere Herbstnächte folgen, was die zarten Fruchtaromen des Gutedels erhält. Die Sorte eignet sich auch für höhere Lagen, im Feldberger Paradies gedeiht Gutedel auf beinahe 500 Metern.

Im Rebland zwischen Staufen und Weil wächst Gutedel auf einem Drittel der Fläche, gut 1.100 Hektar. Markgräflerland ist Gutedelland und zwar ziemlich exklusiv. In Sachsen und im ostdeutschen Weinviertel Saale-Unstrut gibt es noch winzige Gutedelenklaven. Im Wallis und in der französischsprachigen Westschweiz wird Gutedel – als *Fendant* und *Chasselas* – ähnlich intensiv kultiviert wie im Markgräflerland, aber oft als breiter, alkoholreicher Ratsherrenwein ausgebaut.

Markgräfler Ikonen – Hochblauen und Rebhaus

Nachdem sich die Weinwelt an intensiv duftenden Globalweinen sattgetrunken hat, liegen leichte, elegante Regionalspezialitäten wie der Gutedel im Trend, was erfreulich und gefährlich zugleich ist. Auch der Gutedel läßt sich dank moderner Kellertechnik nicht nur sauber vergären, sondern auch zurechtmachen, aufbrezeln, mit Restsüße frisieren, alkoholisch anreichern, aromatisch pushen. Spezielle Turbohefestämme und enzymatische Helferlein können ein zurückhaltendes Mauerblümchen in Richtung Fruchtbonbon verwandeln. Säure, Restzuckergehalt und Sensorik lassen sich zielgruppengerecht einstellen. Solche „modern gemachten" Gutedel schmecken auf den ersten Schluck, mitunter auch penetrant nach Absicht und Obstcocktail.

Ob forciertes Weindesign zu einem Klassiker wie Gutedel paßt, muß jeder Weinfreund selbst entscheiden. Ich brauche keine gestylten Podest- und Siegerweine, die irgendwelche Gutedel-Cup-Wettbewerbe gewinnen. Mir schmeckt er wie gewachsen: frisch und leicht wie Quellwasser, zwischen 10 und 11 % Alkohol, schüchtern fruchtbetont, mit mild-bekömmlicher Säure, um die fünf Gramm pro Liter. Vor allem

Bekömmlich und saftig – Markgräfler Gutedel

aber durchgegoren, also klassisch trocken ohne schmeckbaren Restzucker, der immer unter vier Gramm pro Liter liegen sollte. Dazu vielleicht noch ein Hauch an Gärkohlensäure, die einem unschuldigen Gutedel etwas erfrischend Animierendes gibt.

Dieses Buch ist kein Weinseminar Machen Sie es wie die Einheimischen: suchen Sie sich zwei, drei Lebenswinzer und halten Sie ihnen die Treue. Weinbau ist Langstrecke, ein neuer Jahrgang bringt Abwechslung, aber keine Endsieger. Wenn man Winzer kennt, die Jahr für Jahr das Beste aus den Möglichkeiten machen, dann genügt das und es paßt zur Landschaft. Auf neudeutsch heißt das auch authentisch.

Wer zuverlässige Quellen kennt, kann auf Weinlyrik verzichten. Wichtiger wäre es, auf trocken ausgebaute Weine mit dem Prädikat *Kabinett* zu achten. Kabinettweine dürfen nicht angereichert werden, sie haben also nicht mehr Alkohol als der natürliche Traubenzucker bringt. Leider könnte das bewährte Prädikat *Kabinett* einer Novellierung der Weingesetze zum Opfer fallen, VDP-Weingüter haben es zugunsten eigener Quali-

Feiner Mensch, guter Wein – Karlheinz Ruser, Lörrach-Tüllingen

tätsklassen bereits aufgegeben. Weiter wichtig: besser Handlese aus typischem Terroir als Maschinenlese aus Großlagen. Zwischen sechs und zehn Euro kosten solche Einzelstücke. Wo sonst gibt es so viel Genuß für so kleines Geld?

Ein Gutedelwinzer sollte ein Überzeugungstäter sein. Einer, der seinem Geschmack folgt und nicht Trends nachwinzert. Handwerker statt Winemaker. Fast überflüssig zu erwähnen, daß solche Persönlichkeiten nicht nur Gutedel können. Meine Auswahl, Reihenfolge ohne Wertung von Süd nach Nord:

Weingut Karlheinz Ruser, Lörrach-Tüllingen Ein kleines Privatgut mit drei Hektar Anbaufläche, ein erfahrener Winzer, aber einer von der stillen Sorte, der die große Trommel nie mochte und sie jetzt, in seinen reifen Jahren, schon gar nicht mehr braucht. Ruser ist einer, der lieber seine Weine sprechen läßt. Seine leichten, quellfrischen Gutedel munden ohne Make-up, es sind reine Lebensmittel. Unter Clubmitgliedern gilt Ruser Gutedel als Ganztageswein: leicht, fast wasserhell, filigran fruchtig, erfrischend wie Morgentau. Wenn das zu Unrecht vergessene Wort Frühschoppen zu einem Wein paßt, dann zu Rusers Gutedel, der wie alle jüngeren Jahrgänge als ‚Badischer Landwein' vermarktet wird, weil Ruser von amtlichen Qualitätsklassen und dem korrespondieren-

Kollektion Karlheinz Ruser

den Prämierungszirkus ebenso wenig hält, wie vom derzeit modischen Gewese um Natur- und Orange-Weine. Die charmante Untertreibung Landwein, wird auf Rusers Etiketten durch den feinen Hinweis „Handlese RK" ergänzt, wobei man das Kürzel je nachdem als Ruser Karlheinz oder Ruser Kabinett interpretieren könnte. Aber das sind Nebenschauplätze. Rusers hauchzart moussierender Gutedel bringt mitunter nur um die 10,5 Volumenprozent Alkohol auf die Waage. Ein Wein, der nach einem langen Abend bis zur Ernüchterung eingenommen werden kann.

Neben dem Gutedel gäbe es noch den Müller-Thurgau mit elegantem Profil, so ausgebaut, daß die lange unterschätzte Sorte ihr aromatisches Potential offenbart, ohne aufdringlich zu werden. Rusers weiße und rote Burgunder haben Kraft, erschlagen einen aber nicht. Der Weißburgunder ist ein erwachsener Wein, der fast zu allem geht, was auch für die Spätburgunder gilt, von denen auch reifere Jahrgänge zu haben sind. Sekt brut nature, herrlich erfrischender Rosé, Hefeschnäpse und Obstbrände komplettieren ein Sortiment, das in seiner Art und Preiswürdigkeit exklusiv im Südwesten ist. Ruser Weinbau, 79539 Lörrach-Tüllingen, Sodgasse 7, Tel. 07621-49620; weinbau-ruser.de

Qualitätsweine im Wortsinn – Weingut Dörflinger, Müllheim

Weingut Lämmlin-Schindler, Schliengen-Mauchen Mit seinen Burgunder seit jeher ein Begriff im Markgräflerland. Die tiefen Spätburgunder Rotweine wären ein Thema für sich, die eleganten Weißburgunder auch, aber bleiben wir beim Gutedel, speziell bei der VDP-Qualitätsstufe ‚Ortswein'. Diese trockenen Lagengutedel, speziell auch solche von alten Reben, gelingen außergewöhnlich: animierend, recht leicht und dennoch mit klarer Struktur. Angereicherte, schwere Jungs kann heute jeder, leichte und aromatisch selbstständige, sortenreine Weißweine sind eine Klasse für sich und die gibt es hier, aus biologischem Anbau. Schliengen-Mauchen (beim Gasthaus Krone), Müllheimer Straße 4, Tel. 07635-440; laemmlin-schindler.de.

Weingut Hermann Dörflinger, Müllheim Wenn ein Winzer einen klassisch-trockenen Gutedel in Referenzqualität produziert, dann ist es Hermann Dörflinger. In einem Weingut, das sich anfühlt wie ein Weingut und so aussieht wie ein Weingut, werden seit Generationen klassische, also restlos durchgegorene Markgräfler Weine erzeugt. Nicht mal so, mal so, sondern einer Haltung verpflichtet. Naturrein, ohne Zusatz von Restsüße und Make-up. Das durch Inflation entwertete Wort „Qualitätswein" erhält hier jene Bedeutung, die ihm zukommt – Qualität als Ergebnis einer Lebensaufgabe. Weinbau ist bei Familie Dörflinger keine Angelegenheit von aromatischen Stellschrauben, sondern eine Verpflichtung, die jedes Jahr im Weinberg anfängt: Ertragsreduzierung,

Weinbau als Lebensaufgabe – Weingut Dörflinger, Müllheim

sorgfältiger Pflanzenschutz, Handlese aller Lagen. Im Keller wird nicht gemacht, was möglich ist, sondern was den Charakter der Weine unterstreicht. Also kein aromatischer Obstsalat, sondern klassischer Gutedel in all seiner lagen- und jahrgangstypischen Vielfalt. Vom Badenweiler Römerberg, Müllheimer Reggenhag und Müllheimer Pfaffenstück – Kleinklima und Boden sorgen für die geschmackliche Differenzierung. Dörflinger Weine wären somit eine Antwort auf den uniformen Weltweingeschmack, mit vordergründig lauter Aromatik. Dies gilt auch für Müller-Thurgau, weiße und graue Burgunder; wobei die Spätburgunder Rotweine guter Jahrgänge ein verblüffendes Lagerpotential haben, das vor spontaner Zuneigung geschützt sein will.

Auch was Atmosphäre und Gastfreundschaft angeht, ist das Weingut Dörflinger exemplarisch: Gastgeber, die nicht hinter hohen Mauern leben, sondern einen Winzerhof umtreiben, dessen Tore jedem Weinfreund offen stehen. Eine in Jahrzehnten gereifte Probierstube dient als Herzkammer, sie wirkt im Marketinggetue von heute wie eine Kapelle. Kein Klimbim, sondern ein unverrückbar schwerer Holztisch, eine lange Bank, ein Kachelofen, gedämpftes Licht und steter Nachschub aus dem Keller. Hier erfährt der Weinfreund, was die Hinwendung zu einer Lebensaufgabe bedeutet, vor allem, wie sie schmeckt. So eine Stube kann niemand kopieren, weil sie gelebt werden muß. Ein Reich der Sinne, das im Markgräflerland seinesgleichen sucht. Weingut Dörflinger, Müllheim, Mühlenstraße 7, Tel. 07631-2207.

Stimmige Weine – Ulrich Bernhart, Weingut Schlumberger-Bernhart

Weingut Schlumberger-Bernhart (VDP), Laufen Ein vergleichsweise kleines Familienweingut mit neun Hektar Rebfläche und einem breiten, durchweg klassisch-trocken ausgebauten Sortiment, das den Wünschen fortgeschrittener Weinfreunde gerecht wird. Der fruchtig-elegante Gutedel mit leichten 11 % Alkohol überzeugt mich seit Jahren. Es ist ein animierender Jedentag-Wein, der sich auf der Höhe der Zeit trinkt. Reintönig, zugänglich, schlank, aber nicht flach, was den feinen Unterschied ausmacht. Wer mit so einem Gute-Laune-Gutedel nicht klarkommt, kann weiter Pinot-Grigio-Irrtümer beim Discounter kaufen.

Fast überflüssig zu schreiben, daß eine Beschränkung auf Gutedel hier übermenschliche Disziplin erfordert. Das Profil authentisch, reintönig und unverbastelt gilt auch für andere Sorten des Hauses: darunter Riesling, Auxerrois, Burgunder und Chardonnay. Die höheren Qualitäten bei Spätburgunder/Pinot Noir zeigen zudem, welches Potential im Markgräfler Weinbau liegt, wenn auf Menge zugunsten von Qualität verzichtet wird. Winzersekte, darunter ein Chardonnay brut nature ganz ohne Dosage, sowie gelungene Obst- und Hausbrände runden das überzeugende Sortiment. Weingut Schlumberger-Bernhart, Sulzburg-Laufen, Weinstraße 19, Tel. 07634-8992.

Wer sein Gutedel- und Winzer-Spektrum erweitern möchte, wird auch hier gut versorgt: **Aenis**, Binzen (Ecovin); **Brenneisen**, Egringen; **Heinemann**, Scherzingen; **Ziereisen**, Efringen-Kirchen.

Die perfekte Gartenwirtschaft liegt im Funkloch

Glück im Freien – Gartenwirtschaften

Eine Gartenwirtschaft ist eine Gartenwirtschaft, also keine Verlegenheitslösung zwischen Hinterhof und Parkplatz. Ein Biergarten ist auch schön, aber keine Gartenwirtschaft. Der Biergarten braucht Kastanienschatten, eine Gartenwirtschaft lebt von Licht und Blüte.

Im Markgräflerland gibt es vieles, aber keine Strandbar und kaum richtige Gartenwirtschaften. Die ideale Gartenwirtschaft liegt am Rand, sie schenkt Weltferne und Inselgefühl. Vielleicht streut eine Glyzinie ihre blaßblauen Blüten über locker gestellte Tische. Später im Sommer stehen Malven im Wind und Taubenschwänzchen saugen an Blütenkelchen.

Blechtische & Blumenbeete Heiter stimmen bunte Blechtische auf einem kurz geschnittenen Rasen, am Rand womöglich ein buchsgefaßtes Gemüsebeet und ein knorriger Holunder beim Lattenzaun, wo auch die Tonne mit Regenwasser stehen könnte. Zum Glück einer Einkehr unter freiem Himmel reimte der Romantiker Conrad Ferdinand Meyer: „Schwarzschattende Kastanie, mein windgeregtes Sommerzelt."

Statt der Biergarten-Kastanien ziert die Gartenwirtschaft

Im grünen Bereich – Herr Martin im Hirschen, Egerten

eine Weinlaub-Pergola, gerne mit anschließendem Staudengarten wie im *Ochsen*, in Müllheim-Feldberg. Zur Gartenwirtschaft paßt die kulinarische Abrüstung. Mir sind Blumen im Beet lieber als Blütenblätter auf dem Wurstsalat.

Ein Wirtsgarten mit weitem Horizont hilft beim Träumen, Weinkühler und Stofftischtuch verringern die Entfernung zum Paradies. Noch nie habe ich verlorene Zeit verbracht, wo Tische im Rasen verteilt standen und Weingläser auf den Tischen waren. In der idealen Gartenwirtschaft sollte der Umschwung nicht penibel manikürt sein; lässig wie ein getragenes Tweedsakko wirkt entspannter. Kieswege und Beete in der Schwebe zwischen kultiviert und natürlich. Apart, wenn sich auf einer weitläufigen Terrasse ein paar patinierte Tische auf ausgetretenen Sandsteinplatten verlieren. Ein Plastikstuhl kann einen ganzen Garten versauen.

Klang statt Lärm Der Service darf nicht hetzen, man ist ja nicht auf der Flucht. Die ideale Gartenwirtschaft liegt in einem Funkloch, man hört Töne, statt Lärm. Vogelstimmen und

Gutedel und Hochsommer – Ochsengarten, Müllheim-Feldberg

Schritte, das Klickern der Eiswürfel im Weinkühler, Musik des Daseins. Glück des Augenblicks, wenn sich Ort, Gäste und Speisen zur perfekten Welle vereinen, was selten genug vorkommt. Gut 100 Jahre nach C. F. Meyer gibt es Geländefahrzeuge, aber kein Gelände für verträumte Gartenwirtschaften.

Da ist es nur konsequent, wenn die zeitgenössische Gartenwirtschaft ohne Garten auskommt. Als Schwundform des Gartens ist die mediterrane Verkübelung beliebt, gerne mit Plastikpötten. Eigentlich müßten solche Orte Kübelwirtschaft heißen. Die Kübelwirtschaft eignet sich zur Intensivhaltung von Gästen, die Smartphones und Sonnenbrillen ausführen.

Manchmal sitzen auch Menschen hinter Kübeln, an deren siebenachtellangen Hosenbeinen Troddeln hängen. In solcher Verfassung gehört die Kübelwirtschaft zum deutschen Sommermärchen und es wird verständlich, weshalb lebenskluge Menschen, die entspannt essen möchten, oft den Schutz eines Speiseraumes suchen. Ein offenes Fenster ist reizvoller als eine falsche Gartenwirtschaft.

In die Nähe schweifen

Tiefen der Provinz

Versteckt im Eggener Tal liegt Gennenbach. Ein Dutzend Höfe, zwei Wanderwegweiser am gleichnamigen Wasserlauf. Im Winter gibt es Feldsalat, wenn ein Schild an der Abzweigung von der Kreisstraße 4984 hängt. Gennenbach gehört wie das noch versteckter gelegene Rheintal zu Feldberg, das wiederum zum Amtsbezirk Müllheim/Baden gehört. Das mag jetzt etwas überzwerch klingen, die Verhältnisse im Südbadischen sind aber nicht immer einfach. Die meisten Orte im *Oberland* sind mittlerweile auf asphaltierten Straßen zu erreichen, der Asphalt liegt aber nicht überall faltenfrei gebügelt. Fahren Sie mal von Niedereggenen nach Feuerbach, oder von Käsacker nach Vogelbach, von Hammerstein über Egisholz auf die Egerten. In manchen Teil eines Ortsteils muß man wollen.

Maikuchen und Fasnachtsfeuer Die Gennenbacher (nicht die Gengenbacher!) stellen am 1. Mai Tische an den Bach, es gibt dann Kaffee und selbstgebackene Kuchen, ein besinnlicher Brauch, der sich hoffentlich noch lange hält. Ein stiller Maifeiertag wäre das, passend zur abgehenden Kirschblüte; milde Gaben für ein Hilfsprojekt in Brasilien werden angenommen.

„Bruche 'ner Stegge? Vorne am Rai liege 'ne Hufe."

Die Schiibe soll surre In der Regel feiert der Markgräfler leise, gerne auch mit sich selbst. Am Fasnachtsausklang geht es auch mal etwas lebhafter zu. Das Scheibenfeuer ist ein alter Brauch zur Begrüßung des Frühjahrs, oder auch, um am Feuerschein zu stehen, mit einer Wurst am Stecken. Am Wochenende nach Aschermittwoch brennen deshalb Holzstapel auf den Höhen des Markgräflerlandes, ob am Samstagabend oder am Sonntagabend hängt von lokaler Sitte ab. Gleich wann, glühende Holzscheiben und fromme Sprüche surren immer gen Tal, später am Abend glühen Nase und Wangen.

Die Zufahrtswege zum Scheibenfeuer sind nicht immer asphaltiert, auf den Stalten bei Feldberg kommt man aber problemlos, die Himmelswiese oberhalb vom Niederweiler-Friedhof ist etwas anspruchsvoller im Zustieg, ebenso der Lipberg, der auf halbem Weg zwischen Rheinebene und Himmel liegt.

Auf dem Lipberg lodert das Feuer am Samstagabend, das Scheibenschlagen dort ist ohnehin eine spezielle Veranstaltung. Einst stürzte unter einer Stimmungswoge ein Teil der provisorischen Festhütte ein. Der Veranstalter, die Freiwillige

Feuer marsch – Samstagabend auf dem Lipberg bei Badenweiler

Feuerwehr Badenweiler, Abteilung Lipburg-Sehringen, konnte die Statik seither entschieden verbessern. Nach wie vor kann aber niemand mit letzter Sicherheit sagen, wann und wie der Samstagabend nach Aschermittwoch ausgeht.

Profis kommen zum Scheibenfeuer mit selbst geschnittenen Haselstecken und einem Ring trockener Buchenscheiben (erhältlich an gutsortierten Tankstellen oder in letzten Manufakturen, vgl. S. 122). Die Frage, ob viereckige oder sechseckige Scheiben besser abgehen, kann Diskussionen auslösen. Unverzichtbar ist ein Sackmesser zum Anspitzen der Stecken sowie schwer entflammbare Schutzkleidung. Ein hasenbraunes Breitcord-Sakko mit farblich abgestimmtem Flanellhemd und Schildkappe, wie im Bild oben links, wäre perfekt.

Auswärtige sind willkommen. Wer zum ersten Mal in der Öffentlichkeit Scheiben schlagen will, sollte vorher schwarz trainieren, oder ein Dorf weiter inkognito aufschlagen. Manches auf dem Scheibenfeuer ist für Erstbesucher auch schwer zu verstehen, etwa wenn Lokalmatador Christian Hilfe anbietet: „Bruche 'ner Stegge? Vorne am Rai liege 'ne Hufe."

Zur Blüte kommen alle, zur Ernte wenige

Blühen und verblühen Bleiben wir in der Markgräfler Provinz: Von Niedereggenen, das zu Schliengen gehört, führt eine bereits auf Seite 173 gewürdigte Gemeindeverbindungsstraße letzter Ordnung über die Stelli nach Feuerbach. Die Eggener Straße ist eine reizende Strecke durch idealtypisches Markgräfler Hügelland. Die Route wäre in der Michelinkarte sicher grün markiert, wenn die Experten von Michelin so tief in die Provinz kämen.

Auf der Höhe zwischen Niedereggenen und Feuerbach liegt der Wanderparkplatz *Stelli.* Mitte April gibt es dort ein Kirschblütenfest mit Kaffee, Kuchen, Brauereigarnituren und Lokalkolorit. Keine große Sache, auch regional nur ein C-Event. Neuerdings kommt immer mehr internationales Publikum zur Kirschblüte ins Eggener Tal. Urbane Nomaden haben ein Herz für alte Bäume und urige Feste. Hochstämme schneiden und ernten machen dann die anderen. Wochenend-Ökologen kaufen ihr Obst bei Alnatura.

Ein paar Außenseiter gibt es trotzdem noch. Sie tuckern mit dem Fendt Fix auf ihre Matte, stellen eine Holzleiter an den Baum und dem Nachbarn einen Korb Goldparmänen vor die

Veteranen unter sich – Fendt, Apfelbaum & Holzleiter

Tür. Einfach so, ohne Worte. Oder jene, die mit 70 und Hüfte wirklich einen Allrad brauchen, weil sie damit auf ihre Wiese fahren, die hier Matte heißt. Auf die Obstmatte fahren, Bäume schneiden und Feuer machen. Was der Deutschen Umwelthilfe aber auch nicht paßt.

Ein paar Baumveteranen stehen noch an den Panoramawegen von der Stelli rüber zur St. Johannis Breite, oder ein Tal weiter um Feuerbach. Von dort könnte man auf einer Nebenstraße über die Feuerbacher Höhe nach Kandern gondeln, über Restbestände der Kulturlandschaft an Amellenbuck- und Gaishaldenweg (vgl. S. 175). Es gibt dort etwas Alpenblick und Wiesen mit großkronigem Streuobst, einst landschaftsprägend, jetzt ein Pflegefall. Die meisten Bäume sind im Veteranenalter, wie jene, die noch Holzleitern stellen.

Die fünf Apfelsorten Gala, Jonagold, Topaz, Golden Delicious und Braeburn machen gut 90 % des Einzelhandelsumsatzes aus. Dutzendweise süddeutsche Lokalsorten stehen oben an der Feuerbacher Höhe, dito Birnen. Zu den wenigen Erzeugern, die sortenreine Säfte aus Streuobst anbieten, gehört Wolfgang Sprich aus Kandern, vgl. S. 164.

Wie lange noch? Idealismus auf der Holzleiter

Hinzuweisen wäre an dieser Stelle noch auf die Bedrohung der Bestände durch Hüftleiden jener stillen Idealisten, die Hochstämme pflegen. Von ihnen gibt es kein Foto mit Bürgermeister und Scheckübergabe. Also verschwinden Biotoplandschaften, während inszenierte Heimattage, Weltrettungs-Demos und andere Schauveranstaltungen Hochkonjunktur haben.

Landschaft kommt, Landschaft geht Hochstämme brauchen einen, der auf die Leiter steigt, nicht Delphine streichelt. Auch die steile Blumenwiese mit den schönen Margeriten ist keine Gottesgabe, sie muß mindestens einmal im Jahre gemäht oder beweidet werden, was nicht mit dem Mountainbike geht. Nach zwei Jahren Zuschauen wird Grünland zum Gestrüpp.

Landschaft kommt und geht. Schon das alte Arkadien mit seiner zaunlosen Hirtenidylle war eine vorübergehende Kulturform, wie die Obstwiese heute. Streuobst ist keine alte, sondern eine vergleichsweise junge Kulturform. Sie entstand als Folge der in Südwestdeutschland üblichen Realteilung land-

Wie lange noch – letztes Streuobst auf der Feuerbacher Höhe

wirtschaftlicher Anwesen. Die Erbfolge, bei der Nachkommen zu gleichen Teilen erben, führte häufig zu immer kleineren Parzellen, auch zu ärmlicheren Verhältnissen. Kleinlandwirte und Selbstversorger waren gezwungen, jedes Stück Land zu bewirtschaften. Die gemischte Nutzung als Weideland und zum Obstanbau für Tafel- und Brennobst ist ein Beispiel. Nebenerwerbler, Hobbymoster und Idealisten werden die anmutig wirkende Kulturform noch ein paar Jahre erhalten. Dann kommt Neues.

Da und dort erinnern ein paar grüne Kreuze an den Wandel der Provinz. Kulturland stirbt langsam, ohne Großdemo. Der politisch induzierte Bauboom, auch eine zur Staatsreligion erhobene Energiewende heizen die Flächenkonkurrenz weiter an. Wo Nahrungsmittel gedeihen, wachsen auch Energiepflanzen. Ich kann auf ein Ökotopia mit Biofuels und Subventionsirrsinn verzichten. Essbare Landschaften und lokale Strukturen wären mir wichtiger. Rebberge, Obstwiesen, Steillagen, Weide- und Grünlandwirtschaft, gutes Gemüse.

Bitte keine Illusionen, die Kleinflächenlandwirtschaft wird

Bedrohte Landschaft – Reb- und Obstland im Eggener Tal

in Zukunft noch mehr zum Nischendasein. Es geht weiter in Richtung Folienkultur, Spargelwüste, Energieacker und industrieller Landwirtschaft. Von Streuobst und Emmer wird die dynamisch wachsende Weltbevölkerung nicht satt. Unser aller Wachstum bleibt ein Fetisch von Vögten und Eliten, die gerne ackern lassen und den Zehnten fordern.

Alle lieben alte Obstbäume Nicht der Landwirt, sondern die Nachfrage bestimmt Anbauform und Landschaftsbild. Auch in unserer satten Region regiert die Doppelmoral. In den Sortenkatalogen für Erwerbsobst werden Früchte als „großfallend" und „transportstabil" beschrieben, ihr Geschmack „süßlich und mittel bis gut". *Süßlichmittelgut* klingt nach Spaßgesellschaft, paßt zur Work-Life-Balance.

Große Frucht, makellose Optik und hohes Ertragspotential rangieren fast immer vor aromatischen Kriterien. Also hat auch die heimische Obstwirtschaft ihre Plantagen optimiert, was auch die Obststände an der Landstraße belegen. Was dort so bäurisch drapiert ausliegt, schmeckt oft nicht besser als

Großfruchtend, süßlichmittelgut – moderne Pflaumensorte

Handelsware. Gegen neue Ertragswunder haben Lokalsorten keinen Stich – und natürlich ist nicht jede neue Sorte schlecht. Nur ernten muß halt jemand, und Erntehelfer finden und bezahlen.

„Mit reifen Zwetschgen können die nichts anfangen“, sagt mir ein Obstbauer, der an Großvermarkter abliefert. Er hat seine aromatischen Bühler gerodet und großfruchtende Sorten gepflanzt, wie sie der Handel nachfragt. Darunter *Caçakas Schöne* : „festes Fruchtfleisch, gut präsentierend“ oder *Tophit* : „sehr gut transportfähig“. Pflaumengroße Kirschen, Zwetschgen wie Hühnereier, ein Ideal von Handel und Kunde.

Die Mehrheit sieht in der Landwirtschaft eine Serviceagentur für billige, jederzeit verfügbare Lebensmittel, gerne auch einen Blitzableiter für naive Vorstellungen von Naturschutz und Ökologie. Vom heimischen Landwirt fordern, im Supermarkt Superfood und Red Bull kaufen. Alle lieben Hochstämme, das Mostobst will aber keiner haben. Großvermarkter zahlen derzeit unter 10 Cent je Kilo. Dafür bückt sich niemand.

Ohne Anhängerkupplung wirst du ein Fremder bleiben

Landlust wie gewachsen

Ich lebe in einem kleinen Paradies am Fuß des Blauen, in meiner Nachbarschaft herrscht die brutalst mögliche Idylle. Gesunde Männer im wehrfähigen Alter besitzen Motorsägen, Stihl oder Husqvarna. Schienenlänge ab 40 Zentimeter, geeignet zum »Dauereinsatz in der Starkholzernte«. Wer im Markgräfler Outback mit Scherzartikeln aus dem Baumarkt auftaucht, hat verloren. Das gilt auch für Hofbesen, Spaltäxte und Sackmesser. Thai-Chi heißt bei uns Kettenschärfen.

Im Club gilt eine Kleiderordnung. Englische Wachsjacken, wie sie akademische Hobbygärtner zum Einkauf von verpackter Blumenerde tragen, sind hier draußen tabu. Arbeitskleidung mit Schnittschutzausstattung sorgt nicht nur im Forst für Respekt. Zudem bewege man tunlichst keinen metallicfarbenen Pseudokombi mit integriertem Hundekäfig. Es soll Frauen geben, die SUVs fahren, damit ihre Hunde bei einem Unfall unversehrt bleiben, die wohnen aber nicht hier.

An Lifestyle-Fahrzeugen und Elektroautos erkennt man migrierte Neubürger. Ideal als Clubausweis wäre ein Unimog, oder irgendwas mit grüner Nummer. Ersatzweise ein Kombi mit Anhängerkupplung. Ein Euro-4 Diesel geht auch, wir fahren ungern in Großstädte. Wir besuchen die Vernissage bei Raiffeisen.

Wir haben nichts gegen Kräuter

Neubürger bedenke Ohne Anhängerkupplung wirst Du ein Fremder bleiben. Aufsitzmäher gelten als Prothesen für Pensionäre, mit einem Balkenmäher oder einem Allmäher von AS ist man dagegen gut aufgestellt. Neulich hat ein Nachbar den 9600er von Agria gekauft. Ein Hang-Sichelmulcher mit Fernsteuerung, gebraucht für 20.000 Euronen. Noch Fragen?

Ein Zierrasen fällt hier draußen auf, seine manikürte Anmutung hat was vom Fünftagebart der Zwangskreativen. Schwarze Kittel trägt man hier zur Beerdigung, außerdem mögen wir keine Leute, die komplizierte Brillen tragen und viel reden. Wir haben auch nichts gegen Veganer und frische Kräuter, solange sie nicht auf dem Wurstsalat landen. Beim Wurstsalat hört der Spaß auf. Bitte kein Bürgerforum zum Thema Wurstsalat!

Schon lange vor der Energiewende, Jahrzehnte bevor Photovoltaik und Subventionsschöpfung zum Volkssport wurden, haben wir Sonnenenergie geerntet. Wir haben geballte Energie stammweise umgehauen, in Meterrollen zersägt und am Waldrand akkumuliert. Ein Ster Buche wiegt gut 400 kg, fast 2.000 Kilowattstunden Leistung sind darin gespeichert. Bis die

Wir fahren ungern in große Städte

in einen fetten Tesla mit seinem 80 kWh Akku passen, müssen die noch lange stricken. Wenn es einen Funken Gerechtigkeit gäbe, müßten Motorsägen subventioniert werden. Unser Pufferspeicher heißt Holzbeuge.

Mediatoren und Marderfallen Hier gilt die Devise, jeder kann kommen, aber wir brauchen keinen. Die Sprache von Zertifizierern und Mediatoren, die uns einen vom guten Leben erzählen, verstehen wir nicht. Wir haben keine Bewegungsmelder, der Nachbar sieht sowieso alles. Vor lauter Achtsamkeit bewegen sich hier Gardinen. Wir fangen Marder in Lebendfallen und setzen sie dort aus, wo die eifrigsten Naturschützer wohnen. Am Wendehammer im Neubaugebiet.

Überall stehen jetzt Stände mit Bauernbrot an der Straße. Natürlich ist längst nicht alles Bauernbrot, was so heißt. Das neue Landbrot schmeckt manchmal wie vom Tütenbäcker. Es ist herrlich hier draußen, nur für die Teigruhe bleibt oft keine Zeit.

Ortsübliche Entsorgung von Schnittgut

Nomaden und Eingeborene

Sie verdienen gut, sie grüßen knapp und sie beherrschen das Neutrallächeln. Wenn ihre Abteilung wegen Optimierung des Portfolios restrukturiert wird, ziehen sie ein Land weiter und lächeln dort so wissend und abwaschbar wie hier. Sie arbeiten gerne in der Schweiz oder in der Cloud, sie haben ein Firmenpaßwort und Rückenprobleme.

Früher nannten wir sie *Syngentas*, nach dem Basler Agrochemiekonzern, der gehört aber schon länger zu *ChemChina*. Auf Neujahrsempfängen werden die Expats als „Liebe Neubürgerinnen und Neubürger" begrüßt. Als Nomaden schätzen sie weiche Standortvorteile. Hanglage, Kulturabo, Privatschule. Sie sagen Teamtag zum Betriebsausflug, Townhall zur Mehrzweckhalle und kennen einen, der mit seiner Abfindung ein Garagenweingut aufmachen möchte.

Ich bin ein Anhänger der Normalverteilung. Unter Eingeborenen und Zugezogenen gibt es solche und solche. Oben auf der Kurve sitzen immer jene, die nach einer bewährten Karriereregel leben: *viel da und nix frech zum Chef*. Kein Grund zur Aufregung, solange ich draußen Feuer machen und im Haus Bücher schreiben kann, komme ich gut klar.

Neulich haben wir Feuer gemacht. Als die Flammen loderten, rief ein Spaziergänger aus sicherer Entfernung Pfui. Mein Nachbar hätte nicht Pfui gerufen, er hätte gefragt, ob er noch was drauflegen kann.

Blauenhaus und Alpenblick, Emil Bizer, um 1930

Gemischte Gefühle auf dem Hochblauen

Der 1.165 m hohe Blauen ist der Hausberg des Markgräflerlandes. Oft gemalt, bedichtet und besucht. *O wie wechsle Berg und Thal, Land und Wasser überall,* reimte Johann Peter Hebel auf dem Blauen und so steht es noch heute am Aufgang zum Blauenturm. René Schickele hat in der HIMMLISCHEN LANDSCHAFT dem Bergbriefträger und der Blauenwirtsfamilie Haas ein Kapitel gewidmet:

Der Briefträger kommt oben heiser an und muß sich dauernd räuspern, wenn er mit Vater Haas, dem Blauenwirt, redet. Bei seiner Heimkehr riecht er nach Grog, aber seine Stimme ist klar.

Er trägt in seiner Tasche Schlüsselblumen hinauf und Schneeklumpen an den Stiefeln hinunter, und wo er stehenbleibt, bildet sich eine Wasserlache. Unten fragt man ihn gern, ob heute Alpensicht sei. Er hat noch nie „Nein“ gesagt, denn er ist gut Freund mit Vater Haas.

Sanierungsfall mit Alpensicht Bis heute wechseln Berg und Tal beim Blick vom Blauen, ebenso ergeht es der Gastronomie. Seit einem Verkauf der Liegenschaft vor Jahren geben sich Eigentümer, Teileigentümer, Pächter und Subgastronomen in

Blick traumhaft, Gastronomie wechselhaft

munterer Folge die Hand. Mal wird gewerkelt, mal mit großer Kelle renoviert, danach kurzerhand geschlossen – 2020 galt Vorhang zu und viele Fragen offen; ein Bauzaun bewahrte das Anwesen vor der Zuwendung von Gästen. Die kommen trotz allem zahlreich. Dem Blauen vergibt man vieles.

An Versprechen aus Kreisen der Eigentümer war bislang kein Mangel. Meist heißt es, bald wird alles besser und schöner. Ein Spielcasino in einem Nebengebäude war auch schon im

Gespräch. Zum Jahreswechsel 2020/21 wurde erneut Großes angekündigt, inklusive „zeitnahem“ Hotelbetrieb. Geöffnet hat derzeit der Kiosk des hohen Hauses.

Kluge Besucher kommen mit Proviant auf den Markgräfler Hausberg und schätzen die unzerstörbare Sicht, Alpenblick kennt keine Öffnungszeiten. Es bleibt die Frage: Was muß im gelobten Land noch geschehen, damit es mit seinem höchsten Berg wieder aufwärts geht?

In Schliengen, am Buck

Schliengener Buck

Auch im Markgräflerland gibt es unsichtbare Grenzlinen. Eine davon verläuft am Schliengener Buck, am Ortsausgang von Schliengen wo die Bundesstraße 3 zu einem langen Anstieg gen Süden ansetzt. Ziemlich an der Kante liegt auch das äußerlich unscheinbare, innerlich aber bemerkenswerte Gasthaus *Am Berg* (vgl. S. 149).

Vor ein, zwei Generationen, als Müllheim noch eine kleine, selbstbewußte Kreisstadt war, begann fremdes Gebiet gleich hinter dem Schliengener Buck, nicht erst an der Schweizer Grenze. Die Grenzen sind mittlerweile unschärfer geworden, aber noch immer gilt, ein alter Müllheimer fährt nicht grundlos über den Schliengener Buck. Dahinter kommt nämlich erst mal nichts, dann die Kalte Herberge. Dort war früher eine Relaisstation für Pferde und Kutschen, heute gehört die Nobelherberge für Freizeit- und Turnierpferde einem Schweizer Unternehmer der Medizintechnik.

Südlich der Kalten Herberge geht es immer leicht abwärts bis zur Engemühle, wo es wirklich recht eng wird. Man sieht dort kaum Müllheimer Gesichter, in Gupf, Welmlingen und Wintersweiler ist es nicht viel besser.

Von Süden aus gesehen, ist es genau andersrum. Ich kenne eine Dame aus Haltingen, die volltankt, bevor sie nach Müllheim fährt.

Bäume schaffen Räume

Mein Freund der Nußbaum

Walnußbäume haben landschaftsprägenden Charakter, was aber nur ein Teil der Geschichte ist. In seinem Verhältnis zum Nußbaum zeigt der Mensch auch etwas von seinem Wesen. Wer Nußbäume schätzt, weiß, wie sich der Herbst anfühlt: beim Knacken der Schale, beim Schälen der elfenbeinfarbenen Kerne. Beim Leben von der Hand in den Mund.

Zu frischen Nüssen passen die Gutedeltrauben und ein scharf gebackenes Bauernbrot mit dunkler Krume. Frische Nüsse/Bauernbrot/Gutedel wäre ein Dreiklang, würdig jeder Markgräfler Landgaststätte. Und was steht im Herbst in aufgerüschten Häusern auf dem Tisch? Ganzjahresbutter zu aufgebackenem Stangenbrot; lassen wir das.

Walnußbäume zeigen im Herbst keine spektakuläre Färbung. In den ersten kalten Nächten wird ihr Laub schlammbraun, beim nächsten Windstoß segeln die großen Blätter zu Boden. Wenn es einer jener Föhntage ist, die es im Südwesten öfter gibt, dann raschelt trockenes Laub unter den Schritten der Nußsammler wie eine kleine Herbstmusik.

Walnußblätter und Schalen enthalten viel Gerbstoff und

Juglon, das die Haut dunkel färbt. Zwischen den Händen zerrieben, duftet trockenes Walnußlaub intensiv, auf dem Kompost verrottet es schlecht. Vom frischen, grünen Laub wissen ältere Landarbeiter, daß es in die Gesäßtaschen gesteckt, bei der Gartenarbeit Fliegen und Geziefer fernhält und antiseptisch wirkt, ja sogar den Wolf (zwischen den Beinen) auf Distanz hält. Mit seinem dichten Blätterdach ist der Walnußbaum ein guter Schattenspender, an warmen Abenden hält er Mükken auf Distanz.

Schatten, Holz, Öl In den letzten Jahren sorgte die aus Nordamerika zugewanderte Walnußfruchtfliege auch am Oberrhein für Probleme. Die Fliege sticht die grüne Schale im Sommer an und legt dort ihre Eier ab. Die Maden fressen sich dann nach innen, die Nuß bekommt erst schwarze Flecken und wird später ganz schwarz. Wenn der Befall früh im Sommer erfolgt, kann sich die Nuß nicht richtig entwickeln. Größere Nüsse, die erst später befallen werden, sind oft innen noch genießbar.

Walnußöl ist eine Spezialität, die zu einer anderen Markgräfler Spezialität paßt. Zum Feldsalat, der flächig im Rheintal kultiviert wird, in seiner wilden, schmalblättrigen und delikateren Form aber auch vereinzelt zwischen Rebzeilen wächst.

Zu dunkelgrünen Blattsalaten, auch zu bitteren Sorten wie Radicchio und Chicorée paßt eine Vinaigrette mit Walnußöl (eventuell eins zu eins mit Olivenöl); etwas Walnußöl verfeinert auch den Kartoffelsalat. Wobei beim Nußöl die schonende Pressung frischer Ware unmittelbar zur Qualität beiträgt, zwei Kilo Kerne geben etwa einen Liter Öl, das nicht billig sein kann. Gutes Walnußöl hat nichts mit den oft ranzigen Ölen aus Industrieproduktion gemein, die dem Ruf des Nußöls schaden. Walnußöl ist maximal zwölf Monate haltbar, es taugt nicht zum Erhitzen und Braten.

Zu guter Letzt liefert der Walnußbaum ein lebhaft gemasertes Holz, das derzeit zu den begehrten heimischen Möbelhölzern zählt.

Die besonders intensiv gezeichneten Wurzel- und Maser-

Walnuss in Walnussholzschale

knollen werden auch zu Gewehrschäften und Humidoren verarbeitet. Und wer bis hierher alles gelesen hat, wird an einem Nußbaum vielleicht nicht mehr achtlos vorbeigehen.

Ölmühle Eberhardt, Badenweiler-Oberweiler. Ein Schild an der Weilertalstraße weist zur historischen Anlage am Klemmbach. Die kleine Nebenerwerbs-Mühle bietet Walnußöl, das mittlerweile auf einer hydraulischen Presse gepreßt wird. Weilertalstraße 8 (am Ortseingang eines der ersten Häuser rechts, im Innenhof), Hinweisschild an der Straße, Tel. 07632-7604.

Peters Ölmühle, seit 15 Jahren produziert Peter Busch in seiner kleinen Ölmühle bei Ballrechten-Dottingen kalt mit der Schneckenpresse erzeugte Speiseöle. Als Spezialität frisches Leinöl, außerdem Walnußöl, Sesamöl, Aprikosenkern- und Mandelöl (alle Bio-Qualität, informative Internet-Seite: peters-ölmühle.de). Verkauf direkt ab Mühle, 79282 Ballrechten, Ziegelhofstraße 19 (in Rg. der gleichnamigen Strauße), freitags 15 bis 18.30 Uhr, Tel. 07634-6949747.

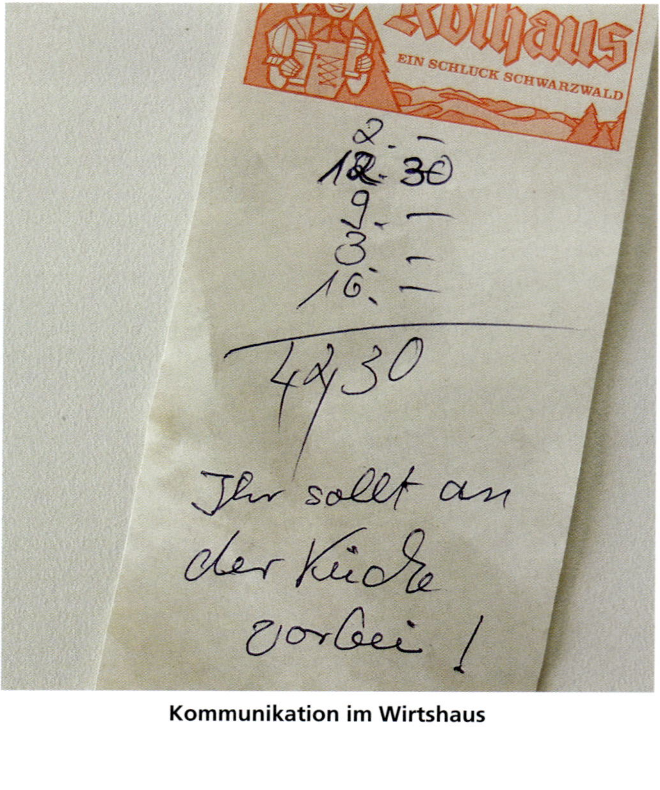

Kommunikation im Wirtshaus

Gasthaus und Wirtshaus

Ein Wirtshaus wird vom Charakter des Wirtes geprägt, nicht von den Marotten der Gäste. Im Wirtshaus hat der Wirt das letzte Wort, gerne auch eine Wirtin. Wenn der Name des Gastgebers das Haus überstrahlt, dann handelt es sich um ein Wirtshaus. Das Wirtshaus gehört zu jenen sozialen Errungenschaften, die zu alt und zu wichtig sind, um modern zu werden.

Die *Lotte* in Staufen war ein Wirtshaus, der *Adolf* in Zunzingen ist noch eines, der *Geitlinger* auf der Egerten ist auch eins, obwohl außen Gasthaus draufsteht. „Sie sind hier im Wirtshaus, nicht im Gasthaus", sagt der Wirt, wenn Ichlinge ihren Narzissmus oder die fehlende Kinderstube im heiligen Schankraum ausleben. Ein Wirtshaus taugt nicht zur Behandlung von Persönlichkeits- oder Eßstörungen.

Ein guter Wirt erinnert mich an einen Bergführer. Auch weil die Einkehr im souverän geführten Wirtshaus etwas von einer Tour hat, an die man sich noch lange erinnert. Im flachen Gelände kann die Gruppe frei gehen; auf dem schmalen Grat der Prinzipien gibt es aber keine Diskussion, sondern allein Demut und Vertrauen. Das ist weder modisch noch altmodisch, sondern notwendig. Einem Wirtshaus muß man sich hingeben können.

Ein Hock – Zen mit Viertele

Grüßen, Hocken, Abhauen

Natürlich gibt es den Markgräfler nicht. Aber es gibt die Seufzer der Zugezogenen: *So sind sie, die Markgräfler.* Ein Befund, der meist aus Resignation und Bewunderung besteht. Das über Generationen hinweg agrarisch zivilisierte Markgräflerland war eine Region kleiner, bedachter Schritte. Als Landbewohner schätzt der Markgräfler Tradition und Ritual, aber nicht die große Geste. Wer es sich leisten konnte, seinen Hof mit katzenkopfgroßen Steinen zu pflastern, gehörte zu den oberen Tausend.

Rebschnitt, Kirschenernte, Weinlese, Spätlese – man trifft sich mehr als einmal, nicht nur im Weinberg. Ein defensiver Eigensinn, angereichert mit einem Schlag Freigeist, gehört bis heute zur Grundausstattung auf dem Land. Zum Beispiel beim Hocken, wo sich der Ackerbürger nicht gerne stören läßt. Im Gegensatz zum banalen Sitzen hat das Hocken eine meditative Komponente. Absichtsloses Hocken beherrscht der Markgräfler perfekt. Dabei läßt er die Dinge auf sich zukommen wie ein Zen-Meister.

Solange Gutedel im graden Glas ist, kann wenig passieren. Markgräfler sind keine First Mover, sie warten lieber auf ihre Beute. *So, bisch au a weng do* heißt die gesellige Form des

Ergo bibamus . . . kleines Gedeck im Wirtshaus

Ansitzens im kleinen Kreis. Besonders *gädrige Sieche* können sogar im Stehen hocken.

Ein Hock kann aus dem Nichts heraus entstehen. Vor dem Schopf, am Mäuerle der nächsten Werkstatt. Auch in einem Salon, der hier aber Innenhof heißt. Mehr als zwei sind ein Hock, dazu braucht es weder Grund, noch Verabredung. Man kommt, schweigt eine Weile und schaut dann, ob es was zu Trinken gibt. Wie an einer Wasserstelle in der Savanne.

Keine Römer auf dem Hock Beim Verlassen eines Hocks gibt es keine große Geste. *Ich muss abhaue,* sagt der Markgräfler knapp, wenn er den Stammtisch verlässt. Vielleicht nimmt er dann noch ein Fluchtachtele. Richtig gelesen, der Markgräfler trinkt nicht, er nimmt. *Nimmsch no eins,* bedeutet mehr als die Frage nach dem nächsten Glas. *Nimmsch no eins* wird nur gefragt, wer zum Club gehört. Das hierzu unverzichtbare *grade* Glas ist im einschlägigen Fachhandel auch als MARKGRÄFLER BECHER bekannt, erhältlich mit Zehntele- oder Vierteleeichstrich. Zum Beispiel bei *Kellereibedarf Zimber* in Müllheim. Produziert wird der Markgräfler Becher übrigens in Rumänien.

Aus Römern trinken wir nur in Notfällen. Als Dekoration, auch als Wespen- und Touristenfalle sind Wulstgläser aber möglich.

Neben dem falschen und dem „Badischen Viertele" (0,2/0,25 l) gibt es noch das „Auggener Viertele". Dieses misst einen halber Liter und den sollte jeder als Reserve im Kühlschrank haben, der keinen Wein trinken möchte. Eine „Magnum" paßt dagegen immer dann, wenn man mit seiner Frau eine Flasche Wein trinken möchte, sie aber keinen Durst hat. Erwachsene, die im Südwesten *Schoppen* zu einem Glas Wein sagen, sind entweder Tourist, Kurgast, vom Niederrhein oder alles zusammen. Wer im Markgräflerland den *Dubel* geben will, bestellt einen Schoppen feinherben Weißen und stößt mit *Prosit* an. Noch krasser ist nur noch Rhabarberschorle.

Ungeschriebene Regeln Entfernungen auf dem Land sind beträchtlich, die Straßen eng und fordernd, wir fahren gern sportlich. Also zum Grüßen nur die linke Handinnenfläche nach außen, Schulterhöhe genügt. Die Miene bleibt dabei unbewegt, respektive auf Gegenverkehr fokussiert. Beide Hände am Steuer und zwei Finger hoch geht auch.

Wer im Markgräflerland ausnahmsweise aussteigen muß, grüßt nicht mit dreimal Bussi, sondern mit der Hand am Arm. Dabei kommt es auf den Druck an, niemand greift gerne in einen körperwarmen Hundehaufen. Tschüss zum Abschied klingt nach Mittelrhein und Karneval, Adieu geht immer. Wobei das natürlich nicht wörtlich gemeint ist. Wer *à dieu* sagt, wünscht ein Wiedersehen nicht erst beim Herrgott. Aus größeren Menschenansammlungen löst sich der Markgräfler mit einem *Adieu zämme*. Geschwätzige sagen *Also, adieu zämme*.

Der Gustav, der hier an einer engen Stelle der Ortsdurchfahrt lebt, trägt nach einem langen Leben als Landwirt nach wie vor einen blauen Kittel von Mode-Raiffeisen, dazu gerne einen Cordhut in feldhasenbraun. Gustav grüßt wunderschön. Gerade stehend, die Hand selbstbewußt erhoben, dem passierenden Kraftfahrzeug lange nachschauend. Das hat Würde.

Orte

Einkehr, Unterkunft

Erzeuger, Einkaufen, Weingüter

>> und einige Hinweise mehr im Text.

Das **Titelbild** zeigt Josua und Kaleb beim Tragen der Kalebtraube (Motiv: Weingut Dörflinger, Müllheim).

Einst schickte Moses aus der Wüste Paran zwölf Kundschafter aus. Josua und Kaleb brachten nach 40 Tagen eine Weintraube, die sie auf einer Stange trugen und sie erzählten von einem Land, in dem Milch und Honig fließen.

Als Symbol für Reichtum und Luxus wurde die Kalebtraube zunächst im religiösen Kontext verwendet. Danach tauchte das Motiv auch in Weinbaugebieten auf, wo es für Lebensfreude und gemeinsam getragene Verantwortung steht.

Bitte beachten Um Unannehmlichkeiten zu vermeiden, sollten Öffnungzeiten und Ruhetage grundsätzlich aktuell überprüft werden. Angaben in einem Buch können die flexible Praxis vieler Häuser nicht zuverlässig abbilden. Einzelne unverbindliche Hinweise finden Sie nur noch dort, wo sie zur Beschreibung der Art des Hauses beitragen.

Alle Angaben in diesem Buch wurden vom Autor nach bestem Wissen erstellt und von ihm und dem Verlag mit Sorgfalt geprüft. Inhaltliche Fehler, unzutreffende Öffnungsangaben und Adressen, sind dennoch nicht auszuschließen. Daher erfolgen alle Angaben ohne Gewähr des Verlags und des Autors. Beide übernehmen keinerlei Verantwortung oder Haftung für etwaige Unstimmigkeiten.

Danke und Bitte Autor und Verlag danken allen Lesern, die mit Hinweisen, Kritik und Korrekturen zu dieser Auflage beigetragen haben. Anregungen sind uns stets willkommen. Für wichtige und verwertbare Hinweise bedanken wir uns mit einem Freiexemplar aus dem Verlagsprogramm.

Karten: Grafik.Römer, Ihringen.

Fotos: Wolfgang Abel & Archiv Oase Verlag; Norbert Schwab (S. 215), Eberhard Heinrich (S. 220).

“Solche Reisebücher
wünscht man sich auch für andere Ziele.“
GEO SAISON

„Solche Reiseführer sind selten.“
STERN

„Die Ernte von 30 Jahren.“
DER SONNTAG über Freiburger Wunder

„Ein Genuß für alle,
denen nicht nur der Weg das Ziel ist.“
BADISCHE ZEITUNG über Markgräflerland

„Ein recherchesatter Reiseführer,
der wie die meisten seiner Ziele ist – abseits der Masse.“
DIE ZEIT über Lago Maggiore

„Ein sinnvolles Buch. Das ist das höchste Lob.“
FRANKFURTER ALLGEMEINE über Spaniens Paradores

Oase Verlag
D-79410 Badenweiler
oaseverlag.de

ISBN 978-3-88922-075-2
Alle Angaben ohne Gewähr

Herstellung:
Gulde-Druck GmbH • Tübingen

OASE